Administração de pequenos negócios de hospitalidade

Preencha a **ficha de cadastro** no final deste livro
e receba gratuitamente informações
sobre os lançamentos e as promoções da
Editora Campus/Elsevier.

Consulte também nosso catálogo
completo e últimos lançamentos em
www.elsevier.com.br

COLEÇÃO *Eduardo Sanovicz* DE TURISMO

Administração de pequenos negócios de hospitalidade

Conrad Lashley
Ana Paula Spolon

ELSEVIER

Material do Professor na WEB
www.elsevier.com.br/professores

CAMPUS

Do original: Hospitality Retail Management - A Unit Manager's Guide
© 2011, Elsevier Editora Ltda.

Todos os direitos reservados e protegidos pela Lei nº 9.610, de 19/02/1998.
Nenhuma parte deste livro, sem autorização prévia por escrito da editora, poderá ser reproduzida ou transmitida sejam quais forem os meios empregados: eletrônicos, mecânicos, fotográfi cos, gravação ou quaisquer outros.

Copidesque: Tania Heglacy
Revisão: C&C Criações e Textos Ltda.
Editoração Eletrônica: C&C Criações e Textos Ltda.
Tradução: Quase a mesma coisa
    Ana Paula Spolon, Jorge Camargo e Lucas Hack

Elsevier Editora Ltda.
Conhecimento sem Fronteiras
Rua Sete de Setembro, 111 – 16º andar
20050-006 – Centro – Rio de Janeiro – RJ – Brasil

Rua Quintana, 753 – 8º andar
04569-011 – Brooklin – São Paulo – SP

Serviço de Atendimento ao Cliente
0800-0265340
sac@elsevier.com.br

ISBN 978-85-352-4553-0

Nota: Muito zelo e técnica foram empregados na edição desta obra. No entanto, podem ocorrer erros de digitação, impressão ou dúvida conceitual. Em qualquer das hipóteses, solicitamos a comunicação ao nosso Serviço de Atendimento ao Cliente, para que possamos esclarecer ou encaminhar a questão.
Nem a editora nem o autor assumem qualquer responsabilidade por eventuais danos ou perdas a pessoas ou bens, originados do uso desta publicação.

CIP-Brasil. Catalogação-na-fonte
Sindicato Nacional dos Editores de Livros, RJ

Lashley, Conrad
  Administração de pequenos negócios de hospitalidade: guia do gestor / Conrad Lashley; Ana Paula Spolon. - Rio de Janeiro: Elsevier, 2011.

  (Coleção Eduardo Snovicz de Turismo)

  Tradução de: Hospitality retail management.
  Inclui bibliografia.
  ISBN 978-85-352-4553-0

  1. Indústria de hospitalidade - Administração. I. Título.

11-2991.   CDD: 647.94068
                            CDU: 640.4

Autores

Conrad Lashley
Professor. Diretor de Pesquisa e Consultoria da Oxford Gastronomica, na Oxford Brookes University (Inglaterra).

Ana Paula Spolon
Tradutora e professora adjunta da Universidade Federal Fluminense (UFF) para as áreas de Hospitalidade, Hospedagem e Alimentos e Bebidas.

Apresentação

Turismo: ampliar conhecimento para crescer com o Brasil

Atuar no setor do Turismo gera inúmeras oportunidades para as pessoas que estão procurando inserir-se no promissor cenário econômico brasileiro, marcado pela inclusão de milhões de novos consumidores no mercado.

Gerador de expressivos resultados para as comunidades, nas quais se torna parte do ambiente econômico, o turismo recupera a autoestima, contribui para a preservação do meio ambiente, estimula a produção cultural e incentiva centenas de atividades nos mais variados portes.

Trabalhar em Turismo, nos seus vários segmentos e atividades correlatas, pode parecer complicado, mas é uma sequência muito objetiva de atos – trata-se de equacionar corretamente a articulação entre quatro verbos – comer, dormir, comprar e visitar. Estes são os verbos que um passageiro conjuga ao chegar a seu destino, na medida em que se utiliza da oferta gastronômica (ele come fora de casa); da oferta hoteleira (ele dorme fora de casa); da oferta comercial (ele faz compras) e da oferta lúdico-cultural ou natural (ele vai visitar e conhecer o lugar). O que muda é a razão pela qual ele os conjuga: férias e lazer, negócios e eventos, visita a parentes, provar de um prato ou bebida especial, praticar esportes, além de dezenas de outras razões que podemos imaginar.

Como profissional de turismo, venho atuando há vários anos tanto no setor público como no setor privado, especialmente no mercado internacional. Neste sentido, há muito tempo me chama a atenção o crescimento da produção intelectual do turismo brasileiro. Vários colegas vêm escrevendo e refletindo sobre o desenvolvimento do turismo ao longo dos últimos anos, com muita competência. Nossa produção bibliográfica inclusive tem a qualidade de estar distribuída ao longo de praticamente todo o país, incorporando, portanto, contribuições intelectuais que espelham a diversidade e o pluralismo cultural sobre os quais o Brasil está se construindo.

No entanto, quando iniciei minhas atividades docentes na Universidade de São Paulo, em 2008, uma questão de outra qualidade começou a me chamar a atenção: se por um lado é fato que o Brasil construiu uma imagem internacional completamente nova, que o país hoje se coloca como um dos agentes econômica e politicamente destacados no cenário mundial, e que este fato vem se refletindo no turismo brasileiro, por outro, nossa produção intelectual, assim como a reflexão acadêmica de nossos colegas, ainda não se encontrou com a produção estrangeira para um diálogo de qualidade.

Ou seja, encontros como é prática antiga e corrente em diversos setores da produção cultural brasileira – música, teatro ou arquitetura, por exemplo – nos quais a realização de trabalhos construídos em parceria entre autores estrangeiros e brasileiros vem produzindo resultados memoráveis e marcantes, ainda não se verificam no turismo. Apesar do crescimento gerado pela inserção do Brasil no mercado turístico internacional – em volume de passageiros, em volume de conexões aéreas internacionais, em volume expressivo de crescimento no ingresso de dólares na economia brasileira, nossa produção literária em turismo ainda não viveu uma experiência desta qualidade.

Esta é a ideia central desta coleção – partindo de textos instigantes e inovadores de autores estrangeiros, cujos temas são de interesse dos brasileiros, construir uma relação com autores nacionais de uma forma que lhes desse toda a liberdade para reconstituir os textos originais, adaptando-os à realidade latino-americana. A coragem da Editora Elsevier em oferecer seu portfólio a este projeto, confiando no resultado e na capacidade dos autores brasileiros em trazer textos estrangeiros para o ambiente cultural e técnico regional, adaptando relatos e conceitos, deve ser registrada e enaltecida.

Este diálogo tem início agora, também por acompanhar o ciclo de maturação do turismo enquanto atividade econômica no país, em relação ao cenário internacional. Se retornarmos no tempo, é possível traçar uma linha lógica de acontecimentos – a criação do Ministério do Turismo e o redirecionamento da Embratur para atuação internacional, a inserção do tema Eventos na agenda de promoção do país (2003), a criação dos Escritórios Brasileiros de Turismo (2004), o Plano Aquarela e a criação da Marca Brasil (2005) e finalmente a presença do Brasil no Top 10 do *Ranking* ICCA – International Congress & Convention Association em volume de realização de eventos internacionais (2006); e acompanhar a repercussão destes fatos na mídia internacional, que reage, em paralelo à implantação de cada uma das situações descritas, em grande parte pelo peso econômico que o país vai assumindo enquanto mercado consumidor, como resultado das políticas de inclusão social. O turismo beneficia-se deste cenário, pois a imagem do país vai se reconstituindo no imaginário tanto de consumidores como de *decision-makers* ao redor do mundo, e o noticiário referindo-se ao Brasil de forma positiva começou a despontar já ao final da década passada.

Pois bem, um processo de crescimento pode ter como paralelo a adolescência: nosso corpo e nossa alma ficam um pouco contraditórios, a voz muda, os desejos são alternados entre antigos interesses infantis e os novos olhares para a futura vida adulta. Pois é exatamente neste ponto em que nos encontramos hoje, enquanto país, em relação a vários itens da agenda nacional relacionados a turismo. A cada nova etapa vencida ao longo dos últimos anos, surge um novo desafio a enfrentar – legislação, infraestrutura e capacitação, os mais comentados, são a parte visível deste adolescer do turismo brasileiro, rumo a um novo papel no cenário internacional.

Do ponto de vista da produção intelectual brasileira a criação do curso de Lazer e Turismo da Escola de Artes, Ciências e Humanidades (EACH) da Universidade de São Paulo, em 2005, representou a possibilidade de inserir no universo acadêmico uma nova geração de professores e formuladores, cuja formação, por abranger um conjunto amplo de áreas de conhecimento, e destacadamente por trazer a reflexão mais ampla sobre o lazer em suas diversas possibilidades. Ao completar seu sexto ano, tendo já graduado várias turmas e iniciado um ciclo gerador de titulação de seus professores na carreira acadêmica, o curso tem uma contribuição a fazer ao pensamento turístico brasileiro.

Daí o que representa esta coleção. A contribuição de um grupo de profissionais, todos relacionados à academia, todos ligados direta ou indiretamente ao curso de Lazer e Turismo da EACH/USP ou à produção teórica que dialoga com seus postulados, procurando dar corpo ao diálogo entre o turismo no Brasil e suas possibilidades, e a produção intelectual publicada ao redor do mundo, no que ela tem de contribuições a nos ofertar.

No país que conquistou o direito de realizar a Copa do Mundo e os Jogos Olímpicos, a tarefa à qual se propõe esta *coleção inovadora* é trazer aos leitores, sejam estes *profissionais* interessados em ingressar no setor ou já atuantes; sejam empreendedores ou trabalhadores; sejam *estudantes* de nível técnico, superior ou graduados na área, as seguintes contribuições:

- atualização: pois reúne alguns dos melhores e mais consagrados autores estrangeiros, traduzidos e adaptados por autores brasileiros especializados nos segmentos sobre os quais escreveram;
- inovação: pois, a partir dos textos originais, acrescenta conceitos e experiências da literatura turística brasileira profundamente calcados na realidade nacional e na *expertise* e vivência profissionais e acadêmicas de cada um dos autores;
- apoio: pois tem a capacidade de orientar objetivamente aqueles que pretendem ingressar no setor ou rever as práticas que hoje adotam em sua ação cotidiana; e
- reflexão: pois é a primeira coleção produzida após as profundas alterações institucionais pelas quais passou o turismo brasileiro com a criação de um Ministério próprio em 2003. Esta coleção vai refletir os resultados obtidos com o novo patamar alcançado pelas atividades ligadas ao turismo, assim como sua inserção na agenda econômica do país.

Convido todos a desfrutarem da coleção completa. Professores e alunos, profissionais iniciantes e experientes vão encontrar na diversidade de temas que abordamos um processo de reflexão a altura dos desafios do Brasil contemporâneo. Vão encontrar em cada um dos livros, temas que nos desafiam cotidianamente. Nosso objetivo declarado aliás, ao eleger temas e autores, era exatamente o de ampliar o universo de leitores das publicações especializadas em turismo, por meio da abordagem de temas cujo equacionamento é vital para que o Brasil esteja a altura de seu novo patamar.

Esta é a tarefa à qual nos propusemos e agora submetemos a julgamento dos leitores.

Se por um lado é fato que esta nova década assiste a consolidação de um país melhor em termos de qualidade de vida sob todos os aspectos, por outro, esta situação nos cria novos desafios em termos de geração de infraestrutura e qualidade de produtos e serviços para atender este novo patamar de demandas internas e externas.

Nosso objetivo com os livros desta coleção é contribuir, por meio deste inédito dialogo entre as produções intelectuais internacional e brasileira no turismo, para que o país possa enfrentar, e novamente superar, mais este novo desafio.

São Paulo, julho de 2011
Eduardo Sanovicz

Introdução

Há cerca de quatro décadas, a indústria da hospitalidade vem experimentando mudanças rápidas e extremamente significativas. No século XX, embora as indústrias hoteleira e de restauração tenham testemunhado os exemplos das grandes cadeias de negócios que vêm atuando na área de hospitalidade e oferecendo aos clientes sua enorme experiência, nos últimos anos tem-se visto uma expansão exponencial de pequenos negócios independentes da área de hospitalidade, cuja estrutura é bastante qualificada. Essas novas operações oferecem aos clientes uma gama bastante definida de produtos e serviços confiáveis. Diante das incertezas inerentes aos negócios hoteleiros e de restauração, essas operações qualificadas têm atraído uma parcela crescente dos mercados de serviços nas áreas de bares, hotéis e restaurantes. Há centenas – ou milhares – de pequenos negócios em operação, em formato de franquia (muitas vezes gerenciados por um mesmo franqueado) e de empresas independentes.

No entanto, a verdade é que esses pequenos negócios, embora qualificados, enfrentam muitos desafios. Os clientes querem, ao mesmo tempo, as garantias e a padronização das grandes marcas, mas também anseiam pelo toque pessoal e de humanidade típicos das expressões de hospitalidade. Querem encontrar serviços produzidos em massa que, ao mesmo tempo, os reconheçam como indivíduos, dotados de necessidades únicas. Do ponto de vista dos operadores de negócios franqueados, os cardápios padronizados, os produtos de um mesmo fornecedor e o rol de serviços oferecidos, entregues com o auxílio de manuais de procedimento padrão, são uma tentativa de suprir as expectativas do cliente no que diz respeito à uniformidade, mas, no entanto, podem representar também um pesadelo logístico, uma vez que são prestados por meio de centenas de empresas de distribuição. As mesmas dificuldades valem para os negócios independentes que têm as redes de franquias de pequeno porte como parâmetro de qualidade. Este tipo de oferta, baseado na padronização, requer sempre que o gerenciamento da empresa e a equipe que presta o serviço sejam capazes de entender as expectativas do cliente em relação ao produto e ao serviço, a fim de que possa atendê-las satisfatoriamente, bem como responder às suas necessidades individuais.

Nessas circunstâncias, o gestor e o pessoal diretamente envolvido com os clientes têm particular importância para garantir a satisfação do cliente. Clientes satisfeitos têm uma tendência forte de retornar, e construir uma base sólida de clientes leais é um fator fundamental para alcançar vantagem competitiva, o que leva, em última instância, ao crescimento das vendas e ao aumento do lucro empresarial. Embora muitos dos pequenos negócios da área de hospitalidade façam referência a problemas desta natureza em seus relatórios oficiais e em pronunciamentos orientados ao público, uma investigação detalhada sobre qual é realmente a prática do negócio revela que esse conjunto de informações é, essencialmente, teórico. Muitos dos casos dizem respeito a empresas que declaram que as pessoas são o seu bem mais precioso e, no entanto, as tratam como um custo a ser minimizado.

Até hoje, muitos gerentes ainda não compreenderam muito bem o que é necessário para administrar pequenos negócios da área de hospitalidade, sejam franqueados ou independentes. Todos, entretanto, compartilham uma verdade, a de que o gerente é a peça-chave para o sucesso de qualquer tipo de negócio desta natureza. O desempenho do restaurante, do bar ou do hotel é fortemente influenciado pelas habilidades, pelos talentos, pelas prioridades e pela personalidade do gerente da empresa. Estudos comparativos entre diferentes níveis de lucro, de vendas, de rotatividade de pessoal, de satisfação do cliente e de satisfação dos empregados em diferentes tipos de negócio, franqueados ou não, demonstram o quanto é importante o desempenho do gerente para o sucesso da empresa. Além disso, a experiência de muitos pequenos negócios da área de hospitalidade demonstra que a mudança constante da gerência de uma mesma empresa pode provocar alterações dramáticas no desempenho do negócio como um todo.

Este livro tem o objetivo de ser uma ferramenta útil para os programas de gerenciamento de pequenos negócios na área de hospitalidade e também para acadêmicos que sejam responsáveis pela formação de estudantes dedicados à carreira de gerenciamento desses negócios. Deliberadamente, ele é apresentado de modo a funcionar como uma "agenda de intenções", no formato de um guia prático de habilidades e conhecimentos necessários àqueles que ocuparem a posição de gerentes de bares, restaurantes e hotéis, nos contextos dos pequenos negócios da área de hospitalidade. O livro é propositadamente escrito em um estilo informal, sem as referências e citações típicas dos textos acadêmicos. Dentro do contexto universitário, supõe-se que seja prioritária e amplamente utilizado em programas de graduação. Tradicionalmente, os programas de estudos dedicados ao gerenciamento de negócios nas áreas de hospitalidade, lazer e turismo concentram-se nas técnicas e práticas que envolvem as operações de gerenciamento de hospitalidade. Também por isso, o livro é escrito de maneira a ir além da mera abordagem teórica.

O livro parte do princípio de que os gestores responsáveis por essas unidades de negócios, complexas por si mesmas, precisam ser "*praticantes reflexivos*". A urgência da prática diária do trabalho orientado por tarefas pede que os gerentes adotem uma postura ativa de administração, buscando soluções práticas para o negócio. Pelo mesmo motivo, os gerentes também precisam ser capazes de olhar para as suas ações e refletir sobre elas, de modo a serem mais eficientes no futuro. O problema é que esses muitos gestores de pequenos negócios da área de hospitalidade são, por inclinação, como aprendizes "ativistas", para usarmos o termo proposto por Honey e Mumford (1986). Em outras palavras, são, em sua maioria, pessoas que se sentem confortáveis quando tomam iniciativas e "põem ordem nas coisas", mas, no entanto, não se sentem assim para olhar para trás e refletir sobre o que estão fazendo e por que motivo agem de uma ou de outra forma. Recentemente, conhecemos o caso de um gerente de bar que havia recrutado 287 pessoas em um período de seis meses – o seu quadro de pessoal era de cinquenta funcionários. Ele estava recrutando mais de dez pessoas novas a cada semana. Sem dúvida, muito do tempo que ele dedicou ao trabalho, naqueles meses, esteve concentrado na troca de funcionários. Em vez de dedicar o seu tempo para desenvolver técnicas de vendas, cuidar da satisfação do cliente e do aumento dos lucros, ele esteve quase permanentemente envolvido com o recrutamento de pessoas. Se ele tivesse olhado para trás e refletido sobre a situação, talvez tivesse concebido outras maneiras, mais úteis, de empreender o seu tempo. Casos como este são bastante comuns – muitos gerentes se sentem confortáveis mantendo-se ocupados e dedicando pouco tempo à reflexão autocrítica e ativa.

Dadas as necessidades de aprendizado dos gerentes de hoje em dia e do futuro, este texto busca combinar conceitos teóricos e aconselhamento prático, de modo a usar a teoria como uma ferramenta, sem, no entanto, ser excessivamente teórico. Quando apropriado, o texto é ilustrado por exemplos de diferentes tipos de operações de pequenos negócios da área de hospitalidade. No geral, esses exemplos estão inseridos em um contexto que supõe que as operações de pequenos negócios de hospitalidade não são todas iguais. Usando um modelo desenvolvido por Steven Taylor (Lashley e Taylor, 1998), lembremo-nos que existem três tipos básicos de pequenos negócios da área de hospitalidade – as operações dependentes de uma estrutura padronizada, as que estão baseadas no processo de escolha por parte do cliente e as que dependem do estabelecimento de uma certa linha de relacionamento entre o cliente e o negócio. Cada uma dessas categorias de negócio envolve um conjunto diferente de expectativas por parte do cliente, de fatores críticos de sucesso, de conceitos de qualidade de serviço e de exigências em relação ao desempenho dos funcionários que atuam na linha de frente. Por conseguinte, este livro parte do princípio de que não há uma receita de qual é a melhor maneira se gerenciar pequenos negócios da área de hospitalidade, mas de que, provavelmente, existe uma relação entre o tipo de negócio e o modo como os funcionários são gerenciados.

O conteúdo deste livro é resultado de pesquisas e de contatos diretos com pequenas empresas – franqueadas e independentes – atuantes na área de hospitalidade. É um livro cujo conteúdo está muito mais próximo de um programa de treinamento e de desenvolvimento de gerentes do que de um conteúdo tradicional, que se aplique a uma disciplina específica. Parte da seguinte pergunta: o que um gerente de pequenas empresas da área de hospitalidade precisa saber? O conteúdo, portanto, aborda alguns temas-chave que raramente são reunidos em um texto único.

Considerando que os gestores de pequenas empresas da área de hospitalidade dispõem de pouca informação estratégica sobre o mercado, sobre as pessoas ou sobre os parâmetros financeiros, o texto se dedica a fornecer um nível mais abrangente de compreensão acerca dessas questões e a demonstrar como elas orientam o papel tático que um gestor deve desempenhar. O gerente precisa entender que as pessoas são o principal ativo do negócio e, por esta razão, uma boa parte do livro se concentra em compreendê-las e trabalhar com elas. Entender o que as torna confiantes, o que é liderança de equipe, como fazer um recrutamento bem-sucedido e como treinar os funcionários é essencial para o controle dos custos de substituição de pessoal. O que tem acontecido, na prática, é que muitos dos negócios da área de hospitalidade vêm lidando com níveis de substituição de pessoal que equivalem a cada posto de trabalho ser preenchido duas ou três vezes por ano. Para além dos altos custos diretos para o negócio, a alta rotatividade de pessoal cria barreiras para a construção da fidelidade dos clientes em relação à empresa e também para a condição de vantagem competitiva do negócio, pelo fato de comprometer a prestação de serviços de qualidade.

Um segundo tema-chave no livro explora a natureza da especificidade do setor de serviços e as diferentes tipologias de serviços oferecidas aos clientes, bem como as implicações que isso tem para a qualidade do serviço e para o gerenciamento dessa qualidade. Além das variações nas características-chave dos serviços, os clientes fazem uso, em diferentes ocasiões, de uma variedade enorme de operações de pequenos negócios de hospitalidade. Dentro de um bar ou de um restaurante, o mesmo cliente pode ter expectativas diferentes em relação a produtos e serviços determinados, dependendo da "ocasião" da visita. Os gestores, por isso, precisam ter uma compreensão completa do processo de gerenciamento da qualidade dos serviços e dos fatores críticos de sucesso que servirão como parâmetro para a avaliação do cliente em relação à qualidade da visita.

Finalmente, embora não menos importante, o livro explora várias questões associadas ao gerenciamento da empresa, desde o ponto de vista comercial. Em um nível mais direto, os gestores precisam aprender a administrar seu próprio tempo de maneira efetiva e a assegurar que os outros membros da equipe estejam trabalhando em prol das várias metas e objetivos estabelecidos pela empresa. O processo de planejamento do negócio é, portanto, um aspecto fundamental da gestão competente. É por meio desse recurso que os esforços dos membros da equipe são adequados às metas globais de gerenciamento de custos e à geração de receitas que excedam os gastos e gerem lucros. Nesse contexto, o livro recomenda uma abordagem alternativa para o gerenciamento de pessoas, se comparada às abordagens de administração mais tradicionais. Esta abordagem proposta parte da hipótese de que as pessoas são o principal recurso para o aprimoramento dos negócios e mostra que investir nas pessoas, por meio da melhoria de salários e de investimentos em treinamento, pode refletir em melhorias no desempenho final do negócio.

Sumário

Capítulo 1 - Gestão de serviços de hospitalidade 1
Objetivos do capítulo 1
1.1. Serviços de hospitalidade 2
1.2. Habilidades gerenciais 4
1.3. Descontentamento do empregado 4
1.4. Inconsistências no serviço 4
1.5. Necessidades do atendimento ao cliente 5
1.6. Gostos locais e regionais 6
1.7. Negócios grandes *versus* negócios pequenos 6
1.8. A resposta 6
1.9. Sobre serviços 7
1.10. Conclusão 21

Capítulo 2 - Liderança de equipe e motivação 23
Objetivos do capítulo 23
2.1. Que tipo de líder você é? 24
2.2. Estados de ego 25
2.3. Uma questão de escolha? 34
2.4. Trabalhando em equipe 36
2.5. Conclusão 40

Capítulo 3 - Trabalhando com pessoas 43
Objetivos do capítulo 43
3.1 Diferenças entre os indivíduos 44
3.2. Indivíduos em grupos 51
3.3. Influenciando as outras pessoas 53
3.4. Lidando com os conflitos 54
3.5. Pessoas motivadas no trabalho 59
3.6. Compreendendo os indivíduos 60

3.7. Os que satisfazem e os que não satisfazem	60
3.8. Conclusão	62

Capítulo 4 - Retenção e rotatividade de pessoal — 63

Objetivos do capítulo	63
4.1. Causas e tipos de rotatividade de pessoal	64
4.2. Avaliando o custo	67
4.3. Satisfação do funcionário	75
4.4. Conclusão	79

Capítulo 5 - Recrutamento e seleção de pessoas — 81

Objetivos do capítulo	81
5.1. Funcionários flexíveis	82
5.2. O mercado de trabalho local	83
5.3. A disponibilidade de mão de obra no mercado de trabalho	84
5.4. A importância do planejamento antecipado	85
5.5. Atraindo candidatos	89
5.6. Fazendo a seleção	93
5.7. Entrevistas de seleção	95
5.8. Programas de admissão do novo funcionário	96
5.9. Abordagens no recrutamento e na seleção	98
5.10. Conclusão	99

Capítulo 6 - Desenvolvimento e treinamento de funcionários — 101

Objetivos do capítulo	101
6.1. Os benefícios do treinamento	102
6.2. Produtividade aprimorada	103
6.3. Vendas elevadas	105
6.4. Rotatividade de pessoal	106
6.5. Redução de desperdício e de danos de equipamentos	106
6.6. Qualidade aprimorada	107
6.7. Comprometimento organizacional	107
6.8. Habilidade aprimorada para aceitar mudanças	108
6.9. Treinando o seu pessoal	108
6.10. O ABC do treinamento	114
6.11. Conclusão	117

Capítulo 7 - Administrando a qualidade nos serviços — 119

Objetivos do capítulo	119
7.1. Qualidade nos serviços de hospitalidade	120
7.2. Produtos e serviços de hospitalidade	122

7.3.	Administração da qualidade e das atividades na área de hospitalidade	129
7.4.	Prêmios de padrão de qualidade na área de hospitalidade	130
7.5.	Unidade de administração da qualidade total	132
7.6.	Formas de AQT	134
7.7.	Conclusão	135

Capítulo 8 - Administração do tempo e planejamento de atividades 137

Objetivos do capítulo		137
8.1.	Administração do tempo	138
8.2.	Tempo proativo, reativo e passivo	139
8.3.	Tarefas urgentes/importantes	141
8.4.	Planejamento e administração de atividades	144
8.5.	Planejando o acompanhamento	152
8.6.	Revisão do desempenho	153
8.7.	Atualização do desempenho	154
8.8.	Conclusão	155

Capítulo 9 - Geração de vendas e *marketing* 157

Objetivos do capítulo		157
9.1.	*Marketing* de serviços	158
9.2.	Ocasiões de uso por parte dos clientes	160
9.3.	Análise de vendas	171
9.4.	Atividades da concorrência	174
9.5.	Ambiente local	177
9.6.	A Análise *SWOT*	178
9.7.	Conclusão	181

Capítulo 10 - Preparando um plano de negócios para a empresa 183

Objetivos do capítulo		183
10.1.	Descrevendo o negócio	184
10.2.	Declaração de missão, objetivos e ações	184
10.3.	Descrição de produtos e serviços	186
10.4.	Você e seu time	187
10.5.	Pesquisa de mercado	188
10.6.	Clientes	188
10.7.	Principais ocasiões de uso pelos clientes e fatores decisivos de sucesso	190
10.8.	Concorrência	190
10.9.	O ambiente local	193
10.10.	Estratégia competitiva de negócios	194
10.11.	Preços	195

10.12. Promoção e propaganda 195
10.13. Praça 196
10.14. Operações 196
10.15. Previsão de resultados 197
10.16. Declaração de lucro operacional 198
10.17. Redigindo, apresentando e trabalhando com o seu plano de negócios 199
10.18. Trabalhando com o plano de negócios 202
10.19. Conclusão 202

Referências **205**

CAPÍTULO 1
Gestão de serviços de hospitalidade

OBJETIVOS DO CAPÍTULO

Depois de ler este capítulo, você deverá ser capaz de:

- identificar as características-chave dos serviços de hospitalidade;
- identificar diferentes tipos de operações de serviços de hospitalidade;
- explicar os pontos-chave dos tipos de serviços de hospitalidade;
- contrapor e comparar diferentes técnicas de gerenciamento de serviços.

Em que negócio você está envolvido?

No passado, muitas pessoas pensavam que a chave para garantir o sucesso dos negócios da área de hospitalidade era "localização, localização, localização". Em outras palavras, a localização da empresa era tida como o fator mais importante para o sucesso do negócio. No entanto, há muitos bares, restaurantes e negócios de hospitalidade bem-sucedidos que têm localizações ruins e conseguem registrar aumentos sucessivos de vendas e bons níveis de lucro. *O importante não é tanto onde a empresa está localizada, e sim o que se passa dentro dela.*

Este capítulo tem como objetivo mostrar que, embora os serviços de hospitalidade sejam diferentes, os clientes esperam que a qualidade do produto corresponda às suas expectativas. Um bom gestor sabe o que os clientes querem e reconhece que os funcionários – sua seleção, seu treinamento, sua motivação, suas recompensas e a maneira pela qual são gerenciados – são a chave para garantir a satisfação do cliente.

1.1. SERVIÇOS DE HOSPITALIDADE

Organizações que trabalham com hospitalidade fornecem comida e/ou bebida e/ou acomodação, em um contexto de prestação de serviços. Para entender a natureza do negócio que está sendo administrado, é preciso compreender detalhadamente o sentido de cada um desses termos.

Os pequenos negócios da área de hospitalidade fornecem esses serviços de uma das seguintes maneiras:

◀ **Por meio de um negócio vinculado a uma marca**

O negócio é normalmente conduzido sob o nome de uma marca registrada, por intermédio de uma cadeia de restaurantes, bares, cafés, lanchonetes ou hotéis. A marca passa a representar um grupo de atributos ou benefícios que deverá ser entregue ao cliente, que, por sua vez, em geral tem uma ideia bastante clara do que esperar quando entrar no estabelecimento.

◀ **Por meio de um negócio com foco no cliente**

Uma das consequências da vinculação dos negócios a uma marca é a adaptação das características dos produtos e serviços que compõem a marca a tipos particulares de clientes, bem como a diferentes necessidades e experiências. Temas relacionados a idade, gênero, classe social, renda, região, padrões de consumo e necessidades de serviço ajudam os prestadores de serviço a ajustar as características da marca e a compreender as demandas dos clientes.

◀ **Por meio de um negócio padronizado**

Embora varie em função das características da marca e do negócio, a padronização é resultado da exigência dos clientes por consistência e previsibilidade. Normalmente o conjunto de itens oferecidos, os preços cobrados, o projeto de decoração e o projeto de construção são padronizados em todas as unidades do negócio, caso haja mais de uma.

◀ **Por meio de um negócio com foco na qualidade**

Na experiência de hospitalidade deve haver sempre a preocupação em assegurar que os clientes recebam exatamente aquilo que esperam. Em outras palavras, não somente os produtos físicos mas também os tipos de serviços que são entregues devem ser consistentes e estar alinhados às expectativas dos clientes. Desse modo, a gestão do serviço de qualidade, o treinamento de pessoal e a avaliação de desempenho tornam-se ferramentas importantes no gerenciamento do negócio.

◀ **Por meio de um negócio gerenciado por sistemas operacionais**

A busca da consistência e da padronização em centenas ou milhares de empresas normalmente exige que elas funcionem com o suporte de um sistema operacional central que orienta o modo como os produtos são adquiridos, montados e servidos. Em muitos casos, esses sistemas operacionais também determinam como devem ser tratadas outras questões relacionadas a treinamento, recrutamento e gerenciamento de pessoas.

Por meio de um negócio orientado para as vendas

Usando técnicas do setor de bens de varejo, os negócios de hospitalidade estão interessados em assegurar que a comunicação com os clientes seja clara. As características do produto e dos serviços oferecidos são apresentadas de modo que haja o mínimo de confusão e de mal-entendidos. O material usado nos pontos de venda e nos programas de treinamento de pessoal, com técnicas de "persuasão", juntamente com uma gama de outras, busca maximizar as vendas para cada cliente.

Por meio de um negócio comercializado em massa

Para gerar identificação e desenvolver formas claras de comunicação com os clientes, as empresas da área de hospitalidade frequentemente usam propaganda em massa por meio de TV e jornais, bem como outras técnicas promocionais, para informar os clientes sobre a marca e os serviços que estão sendo oferecidos.

Nas últimas décadas, serviços de hospitalidade vinculados a determinadas marcas têm ocupado cada vez mais espaço no negócio de restaurantes, bares, cafés e hotéis, em todo o mundo. Mesmo as empresas independentes têm visto as franqueadas como modelo para uma série de atributos de seus negócios. A consistência do serviço, os custos mais baixos obtidos por meio de economia de escala e o apelo de uma variedade de marcas dirigidas a diferentes mercados-alvo têm assegurado às empresas da área de hospitalidade um grande sucesso.

O gestor de negócios que atua em operações de hospitalidade precisa entender as características da empresa e da marca (no caso das empresas franqueadas) com a qual está trabalhando, ou seja, precisa saber exatamente o que os clientes estão comprando. Com essa compreensão, é possível concentrar-se nas expectativas do cliente e no que deve ser feito para assegurar que elas sejam atendidas.

Além disso, é importante que o gestor compreenda e respeite os limites estabelecidos pela empresa independente e pela marca, no caso das empresas franqueadas. Se não houver esta postura, pode acontecer de os clientes que fazem uso de diferentes serviços, preços e padrões de qualidade, em distintos estabelecimentos com a mesma marca, ou mesmo em um negócio independente que costumam frequentar com assiduidade, ficarem confusos em relação ao que a empresa representa. Suas expectativas tornar-se-ão menos claras e mais incertas. Uma consequência provável é a procura por um concorrente que seja mais consistente.

Tanto nos negócios vinculados a uma marca quanto nos negócios independentes, é preciso que haja consistência, clareza na comunicação e coerência na gestão da empresa e dos funcionários, de forma a atender às demandas e expectativas dos clientes.

Agora a desvantagem!

Embora os pequenos negócios – vinculados ou não a uma marca, mas com padrões estabelecidos de operação e gestão – tenham tido bastante sucesso na conquista de uma parcela crescente dos negócios da área de hospitalidade, eles envolvem algumas questões com as quais é difícil lidar. Muitas das características responsáveis pelo sucesso dessas operações têm também lhes trazido problemas e é por isso que este livro surge como uma ferramenta bastante importante e necessária.

1.2. HABILIDADES GERENCIAIS

Estejam ou não vinculados a uma rede, os pequenos negócios da área de hospitalidade precisam ter uma marca claramente definida, apoiada por bons sistemas operacionais, técnicas de gerenciamento de qualidade e políticas estabelecidas pelos proprietários ou pela rede à qual estão vinculados. Ocorre que essas ferramentas podem levar as empresas a adotar um *estilo de comando e controle* que não dá ao gerente muito espaço para a criatividade ou que o faça tolher a iniciativa do empregado. Em casos assim, o que se espera é que os gestores busquem sempre encontrar um estilo adequado de gerenciamento. Como veremos, em alguns negócios o estilo de comando e controle pode se mostrar coerente com o serviço prestado aos clientes, mas, às vezes, pode criar dificuldades desnecessárias, pelo simples fato de que os gestores sentem-se desencorajados a serem criativos em seu trabalho. Este livro mostra que há várias maneiras de estimular e desenvolver as habilidades de um gestor, em benefício do negócio.

1.3. DESCONTENTAMENTO DO EMPREGADO

Da mesma forma, os sistemas operacionais, a especificação rígida de produtos e os planos de trabalho podem não dar muito espaço para o talento e a criatividade individuais. Os funcionários, em algumas ocasiões, desenvolvem trabalhos que são rigidamente controlados, rotineiros e monótonos. Acrescente-se a isso o ritmo irregular de trabalho em muitas empresas da área de hospitalidade, juntamente com as dificuldades inerentes à prestação de serviços aos clientes e o estresse típico das atividades dessa área. A consequência natural é que as operações de hospitalidade acabam por registrar alta rotatividade de trabalhadores. Não é incomum para os empresários do setor experimentarem uma rotatividade média de mais de 150% por ano, com alguns postos de trabalho e unidades registrando índices de rotatividade de mais de 500% por ano. Além dos custos diretos de substituição de pessoal – que podem ser, por si mesmos, custos extras consideráveis – o gestor enfrenta dificuldades relacionadas ao enorme volume de recursos destinados a recrutamento, seleção e treinamento, dificuldades que precisam ser administradas.

1.4. INCONSISTÊNCIAS NO SERVIÇO

Problemas acontecem por várias razões. A escala de expansão das empresas que trabalham com o regime de franquias e o grande número de negócios independentes que surgem diariamente mostram que as organizações estão tentando entregar aos clientes experiências significativas, por meio da grande quantidade de negócios existentes no mercado. Milhares de gestores e dezenas de milhares de funcionários precisam, todos, entender o negócio com o qual estão envolvidos e estar preparados para trabalhar dentro da rigidez imposta pelos procedimentos operacionais. Com tantas pessoas envolvidas, há, por certo, muita chance de as coisas não darem certo.

O segundo problema diz respeito à dificuldade relacionada à rotatividade de pessoal. Quando ela se dá em níveis elevados, significa que um fluxo constante de novos empregados está continuamente chegando à organização e, ao mesmo tempo, saindo dela. Em circunstâncias assim, é difícil estabelecer uma comunicação efetiva com os empregados e treiná-los dentro dos padrões desejados de qualidade.

A própria natureza do contato pessoal no serviço significa que empregados e clientes podem reagir de modo bastante variável uns em relação aos outros. As percepções dos clientes em relação aos diferentes funcionários acabam por determinar o modo como eles avaliam tanto o serviço quanto os empregados como pessoas. Talvez não seja realista esperar que os empregados ajam sempre com boa vontade e desejo de agradar o cliente. Há inclusive ocasiões em que o cansaço, o tédio e a frustração com a gerência podem causar problemas no serviço.

1.5. NECESSIDADES DO ATENDIMENTO AO CLIENTE

Embora os clientes em geral se sintam atraídos pelas certezas que uma determinada operação de serviços possa proporcionar e também pelo que possa ser oferecido por empresas vinculadas a marcas que lhe sejam conhecidas (haja ou não o vínculo com uma franquia), as pessoas não gostam de ser tratadas como um número. As expectativas dos clientes variam em relação às diferentes empresas e em relação aos diferentes negócios. Em alguns casos, o indivíduo espera mais consistência e padronização e, em outros, pode desejar que o serviço seja mais pessoal e ajustado às suas necessidades. O mesmo indivíduo talvez espere encontrar experiências diferentes em um mesmo negócio da área de hospitalidade, dependendo do seu humor, da hora do dia e da ocasião em que o visita.

Além disso, o atendimento ao cliente precisa ser dinâmico. À medida que mais pessoas experimentam serviços da área de hospitalidade, suas expectativas variam e mudam (**Figura 1.1**). Organizações que prestam serviço de hospitalidade têm de rever constantemente as expectativas do cliente e ajustar-se a elas. Elas jamais podem se acomodar e supor que sabem o que os clientes desejam.

Figura 1.1 — Necessidades típicas no atendimento ao cliente de um bar

1.6. GOSTOS LOCAIS E REGIONAIS

Serviços de hospitalidade que atuam em território nacional ou internacional e que estão vinculados a uma marca, nacional ou internacional, podem enfrentar alguma tensão diante da necessidade de manter os padrões da marca em todo o território em que atuam, com referências que os clientes aprendem a conhecer e que os ajudam a determinar o que exatamente podem esperar do negócio. Em outras palavras, os clientes avaliam as bebidas ou produtos do restaurante, do hotel ou do bar vinculados a redes nacionais ou internacionais a partir da análise que fazem das características da marca, com o intuito de verificar se cada uma das unidades da empresa guarda ou não referências com a rede a que pertence ou com a qualidade que o cliente espera encontrar. Se o produto/serviço entregue não está de acordo com esses padrões de referência, pode ser necessário fazer ajustes nos serviços oferecidos.

1.7. NEGÓCIOS GRANDES *VERSUS* NEGÓCIOS PEQUENOS

Vimos que a escala e a cobertura das operações de hospitalidade vinculadas a redes trazem vantagens por meio da redução de custos e da padronização, porém, as organizações de maior porte podem ser lentas para efetuar mudanças. Por outro lado, existem as empresas pequenas e independentes, mais ágeis e dinâmicas. Em mercados consumidores de rápida movimentação, tal como existe no setor de hospitalidade, sistemas operacionais demasiadamente padronizados e controles centralizados podem ser uma desvantagem. O controle muito centralizado e as hierarquias complexas que, por um lado, ajudam a organização a dispor de consistência operacional, podem também implicar uma comunicação muito demorada e processos muito lentos de tomada de decisão. É, portanto, muito difícil para essas organizações identificar alterações nas preferências do consumidor e ter condições de responder a essas mudanças. Para as empresas independentes, a despeito de uma padronização operacional que pode não ser tão rigorosa, a rapidez na comunicação e a agilidade para atender às necessidades de mudanças são um diferencial mercadológico positivo.

1.8. A RESPOSTA

Muitas organizações que atuam no ramo da hospitalidade reconhecem os vários problemas que enfrentam e estão buscando caminhos alternativos para gerenciar seus negócios. Este livro defende uma *postura de mais delegação de autoridade ao gestor dos pequenos negócios, franqueados ou independentes.*

Para que o gerenciamento do negócio e o pessoal nele envolvido tenham papel fundamental na prestação dos serviços de hospitalidade, é preciso que tenham poder, em seu sentido mais estrito, para gerenciar o negócio e os serviços prestados, de modo a:

1. ter autoridade para fazer o que é necessário, a fim de entregar o serviço que o cliente deseja. Dentro dos limites estabelecidos pelo negócio, deve haver flexibilidade para poder atender às necessidades do cliente;

2. assegurar que todos os envolvidos tenham as habilidades necessárias para desempenhar o seu trabalho. O suporte básico para a delegação de autoridade para os

funcionários é o treinamento adequado e a autorização para que possam realizar o seu trabalho de uma maneira eficaz;

3. assegurar que os gestores e todo o pessoal sejam reconhecidos e recompensados por sua contribuição ao serviço bem-sucedido. Para delegar, é preciso remover as barreiras que impedem a transferência de autoridade e garantir o desenvolvimento da percepção, por cada um, sobre a sua própria competência. Desta maneira, todos os envolvidos se sentem responsáveis pela satisfação do cliente e pelo sucesso do negócio;

4. desenvolver sistemas de controle que sejam ao mesmo tempo "rígidos e flexíveis". Em outras palavras, a organização precisa de sistemas para controlar as questões que são essenciais para o sucesso do negócio – padronizando o que é essencial e permitindo respostas diferenciadas e criativas para as coisas que não são;

5. gerenciar a organização por meio de uma estrutura enxuta, que minimize a quantidade de níveis hierárquicos, gerando assim comunicação ágil e processos rápidos de tomada de decisão;

6. encorajar a iniciativa e a criatividade. Uma organização em processo de aprendizado deve estar preparada para o fato de que as pessoas podem cometer erros, desde que estejam preparadas para pensar sobre esses erros e aprender a partir da experiência.

Os próximos capítulos deste livro discutem esse assunto com mais atenção e fornecem vários conteúdos que ajudam os gestores a serem mais eficazes na administração de serviços relacionados à hospitalidade. Antes disso, é importante compreender a natureza desses serviços e as variações entre os diferentes tipos e níveis de serviços existentes.

1.9. SOBRE SERVIÇOS

No início do capítulo, foi dito que os pequenos negócios da área de hospitalidade envolviam o *suprimento de comida e/ou bebida e/ou acomodação, em um contexto de prestação de serviços*. Se é assim, é preciso também lembrar que a natureza do alimento, da bebida e da acomodação oferecidos varia de um estabelecimento para outro. Por certo, hotéis, restaurantes, bares, cafés, pousadas e outros estabelecimentos, todos representam diferentes tipologias de negócios relacionados às três atividades básicas da hospitalidade. No entanto, é cada vez mais difícil fazer distinção entre os diferentes tipos de estabelecimentos, à medida que restaurantes, por exemplo, encorajam os que os frequentam a vir para beber, enquanto os bares cada vez mais oferecem a seus clientes comida, para além de bebidas.

Embora o tipo e a quantidade de produtos oferecidos aos clientes sejam um ponto importante a ser considerado, a característica-chave que precisa ser compreendida, desde o ponto de vista da gestão, é a natureza pontual da experiência de serviço que está sendo oferecida e qual a expectativa dos clientes em relação ao serviço prestado. As expectativas do cliente são mais bem compreendidas a partir da identificação das características-chave do serviço prestado. Isso mostra como diferentes tipos de negócio oferecem diferentes pacotes de experiência de serviço aos clientes.

1.9.1. Elementos orientadores dos tipos de serviços

Pode-se dizer que quase todos os serviços, incluindo-se os da área de hospitalidade, têm quatro características que os diferenciam dos produtos manufaturados. Duas dessas características têm menor importância na identificação dos tipos de serviços, embora sejam importantes para o gerenciamento. As outras duas características são fatores preponderantes na construção de um entendimento a respeito das variações nos serviços da área de hospitalidade.

a. Tempo

Na maioria dos casos, um serviço implica uma interação instantânea entre o cliente e o funcionário. O serviço instantâneo acaba no momento em que ocorre, não podendo ser produzido com antecedência, nem ser devolvido ou refeito no caso de ocorrer algum problema. O sorriso da recepcionista não pode ser dado novamente caso seja percebido, pelo cliente, como algo mecânico e pouco genuíno.

É bastante claro que essa característica *perecível* da prestação do serviço significa que os que trabalham com hospitalidade precisam oferecê-lo corretamente logo na primeira vez. Iniciativas como a parametrização de sistemas operacionais, treinamento em comunicação e treinamento de pessoal são essenciais para a entrega de um serviço consistente e de qualidade, que seja sempre oferecido corretamente.

b. Face a face

Na maioria das situações vividas nos negócios da área de hospitalidade, o serviço recebido pelos clientes envolve interações pessoais, face a face. Clientes e funcionários podem ver uns aos outros e os primeiros avaliam o desempenho dos últimos por meio de toda uma gama de sinais, conscientes e inconscientes. Desse modo, elementos como a linguagem do corpo, o tom da voz, as palavras usadas na comunicação, a aparência e a higiene pessoal ajudam a construir uma imagem do empregado, que, por sua vez, determina a impressão do cliente sobre a organização e o serviço por ela prestado.

Isto significa que os funcionários precisam ser bem treinados nas várias técnicas usadas para criar as expressões apropriadas para a recepção e a valorização dos clientes como indivíduos. Além disso, a satisfação e a insatisfação do funcionário são cruciais para o sucesso do negócio. Como disse certa vez F. W. Marriott, um dos ícones da indústria hoteleira mundial. "É preciso um trabalhador feliz para fazer clientes felizes."

É muito provável que a lealdade do cliente para com a empresa seja construída com mais sucesso graças aos contatos com o pessoal, que mediados por sentimentos que pareçam genuínos, os façam se sentirem bem-vindos e acolhidos.

c. A dimensão produto-serviço

Todos os serviços de hospitalidade envolvem o oferecimento, para o cliente, de uma combinação de produtos físicos e de serviços que está baseada em contatos pessoais. Em um restaurante, os elementos físicos têm obviamente relação com a comida e a bebida fornecidas, mas há também o relacionamento com os funcionários.

Esses aspectos *tangíveis* e *intangíveis* dos serviços envolvem uma ampla gama de questões que podem ser arranjadas em uma lista conforme a extensão do que é tangível e mensurável, bem como intangível e difícil (ou impossível) de mensurar. O tamanho da porção de alimento servida é um aspecto tangível e mensurável da experiência de refeição do cliente. Sistemas operacionais e manuais podem definir a especificação do tamanho da porção. Por outro lado, a decoração pode levar a uma avaliação física da condição de manutenção e de limpeza do restaurante, mas pode também envolver uma dimensão psicológica, medida pelo impacto sobre o humor e a impressão do cliente, elementos difíceis de serem avaliados em termos quantitativos.

Do mesmo modo, os aspectos intangíveis do serviço, na experiência do cliente, envolvem alguns fatores que são difíceis de mensurar, como o impacto do sorriso dos empregados ao prestar o serviço e o tom de voz ao telefone. É quase impossível dar alguma definição e medida de como isso deveria ser oferecido ao cliente. No entanto, programas de treinamento podem indicar modelos exemplares a serem seguidos, melhores práticas a serem adotadas e valores fundamentais a serem buscados. Também é possível avaliar alguns aspectos dos elementos intangíveis do serviço. O tempo que se leva para ser visto enquanto se espera por uma mesa ou junto à recepção de um restaurante, por exemplo, pode ser identificado e mensurado a partir de um determinado padrão. Esses aspectos contribuem para a avaliação do cliente em relação à qualidade do serviço e podem estar sujeitos a providências e medidas específicas.

A **Figura 1.2** dá um exemplo de alguns desses aspectos do produto (tangível) e do serviço (intangível) na experiência do cliente em um pequeno negócio – no caso, um bar.

Figura 1.2 — Elementos tangíveis e intangíveis do atendimento a clientes em um bar

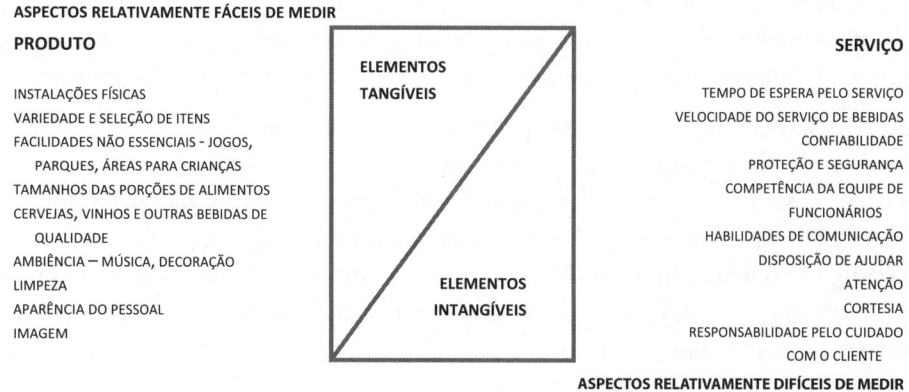

Embora todos os serviços da área de hospitalidade envolvam combinações de aspectos desses produtos e serviços oferecidos aos clientes, nem todos têm a mesma importância. Em alguns casos, os aspectos tangíveis do produto são os elementos mais importantes para a satisfação do cliente. Em outros casos, os fatores intangíveis do serviço tornam-se mais importantes. A **Figura 1.3** mostra uma sequência de negócios da área de hospitalidade que oferecem diferentes pacotes de benefícios de produtos e serviços para os clientes.

Figura 1.3 — Sequência contínua de benefícios de produtos e serviços

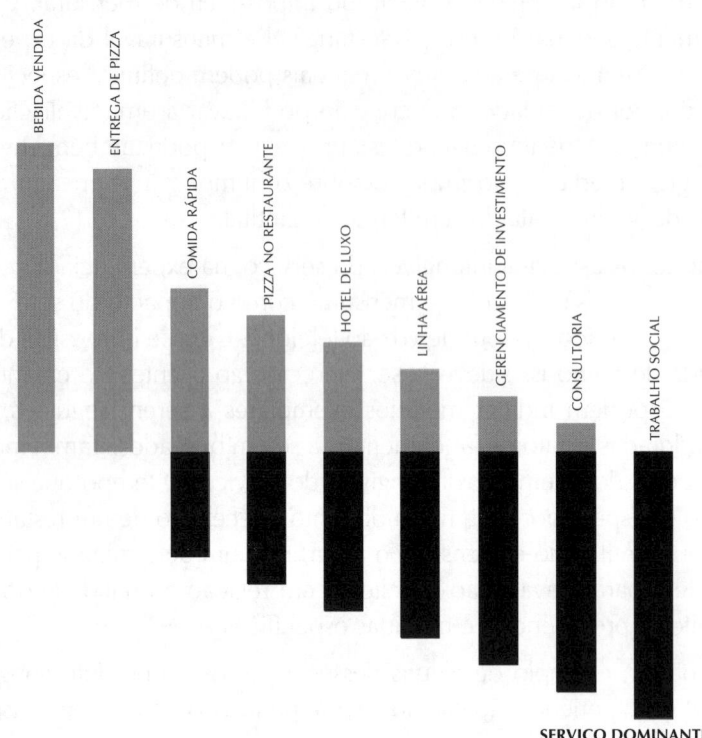

Em alguns casos, uma mesma empresa pode entregar um conjunto diferente de benefícios, dependendo do meio pelo qual o cliente recebe o produto e o serviço – por exemplo, o pedido de pizza no restaurante e a entrega da pizza em casa (*delivery*).

É possível também observar que o alcance e as complexidades dos serviços relacionados à hospitalidade podem variar, assim como a fonte da satisfação do cliente. Em alguns casos, a satisfação, em grande parte, vem do produto – tipo, variedade, tamanho, temperatura etc. Em outros casos, esses fatores serão importantes, porém, o alcance e a qualidade do contato com o serviço também vão importar. A partir disso, o gerenciamento de funcionários vai variar, de acordo com a complexidade do serviço e a previsibilidade em relação às necessidades dos clientes.

d. A dimensão previsível-pessoal

Dada a natureza pessoal da prestação do serviço, é difícil para os clientes prever a qualidade do serviço que lhes será entregue. Pelas razões já mencionadas, não é possível julgar a qualidade de uma experiência até que ela termine. Essa dificuldade dos clientes explica, ao menos em parte, o sucesso dos negócios com serviços padronizados, vinculados a marcas, na área da hospitalidade. Esse tipo de negócio (franqueado) tenta deixar claro para todos os clientes o que eles podem esperar e, dedica-se muito tempo e energia para tentar assegurar que as expectativas deles sejam atendidas. Os negócios independentes, por seu lado, embora sejam totalmente ou menos inflexíveis, podem ter as franquias como exemplo a ser seguido e minimizar as surpresas na entrega dos produtos e prestação dos serviços, adotando alguns dos padrões dos negócios vinculados a marcas sem, entretanto, perder suas características particulares de empresa independente.

Nem todos os serviços podem ser *padronizados,* alguns têm de ser *personalizados,* ou seja, ajustados de acordo com as necessidades individuais. Serviços profissionais, como os dentários e médicos, são os exemplos mais óbvios desta situação. Na área de hospitalidade, há limites claros sobre o grau em que os serviços podem ser totalmente personalizados, porque os sistemas operacionais e a oferta padronizada tanto podem atrair os clientes para a empresa, quanto também limitar as possibilidades de entrega, para cada cliente, de um serviço totalmente individual. Pode-se, de muitas maneiras, personalizar a natureza das experiências do cliente. É possível oferecer um serviço que permita uma escolha ampla, por meio da qual o serviço seja personalizado, bem como levar o cliente a sentir-se importante, como indivíduo, por meio da adaptação do serviço.

Pelo modo como serviços relativamente previsíveis são oferecidos aos clientes, pode-se identificar uma sequência contínua daqueles capazes de gerar diferentes tipos de experiências. Também é possível identificar variações no grau de personalização da experiência oferecida aos clientes. Quando os mesmos tipos de produtos e serviços são oferecidos aos clientes, a maioria deles acaba por envolver alguns elementos de personalização, por causa dos contatos estabelecidos com os funcionários. O nível de personalização, porém, varia em função do grau de importância da previsibilidade e da personalização.

A **Figura 1.4** fornece alguns exemplos de variações no conjunto de benefícios previsíveis e personalizados de diferentes serviços de hospitalidade.

Figura 1.4 — Sequência contínua de benefícios de serviços previsíveis e pessoais

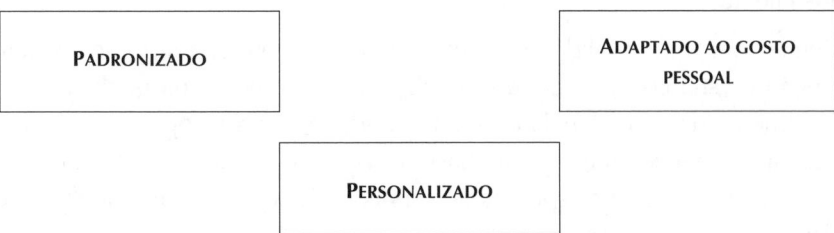

Esses conjuntos de fatores interagem para criar vários tipos de serviços considerados ideais. A **Figura 1.5** mostra três tipos de serviços, dependendo da natureza desses fatores. Como já foi observado, a maioria dos serviços da área de hospitalidade fornece um conjunto de elementos que são, ao mesmo tempo, padronizados e ajustados às necessidades dos clientes, além de benefícios de produtos físicos. Ao unir esses dois grupos de elementos, são revelados vários tipos de serviço ideais, três dos quais têm particular relevância para os serviços de hospitalidade.

Figura 1.5 — Tipos de serviço de hospitalidade

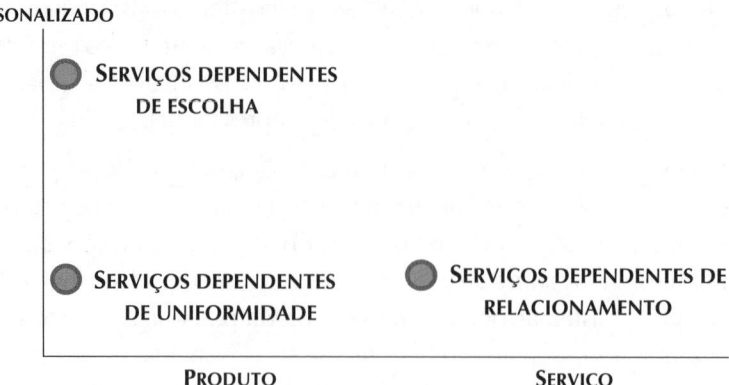

1.9.2. Serviços de hospitalidade que dependem da uniformidade

Os serviços de hospitalidade que dependem da uniformidade baseiam-se nas expectativas do cliente de que os bens e serviços fornecidos pelo negócio serão uniformes. De muitas maneiras, os clientes se valem da certeza de que poderão prever a experiência que terão, o produto que receberão e até mesmo o preço que pagarão pelo serviço de hospitalidade. A satisfação do cliente depende mais da comida, da bebida e da acomodação que ele recebe. Depende mais da dimensão tangível do serviço. Os aspectos intangíveis são importantes, porém, os clientes estão mais preocupados com o dinamismo e preparados para efetuar contatos mais simples e curtos com os funcionários que prestam o serviço. Muitas operações de restaurantes de *fast-food* e *self-service* exploram tipicamente este tipo de hospitalidade, bem como os bares mais populares e os hotéis mais econômicos. Em pontos de venda de varejo, a introdução de técnicas de pagamento automático é um exemplo de resposta a esse tipo de necessidade dos clientes.

Os clientes avaliam a qualidade de sua experiência com esse tipo de produto/serviço em função de sua consistência e previsibilidade. A medida da qualidade se baseia no monitoramento da consistência e da uniformidade. Padrões operacionais definem o produto rigidamente e de uma maneira bastante precisa – o tamanho da porção, a apresentação do serviço etc., e os aspectos do serviço, tais como tempo, formas de contato e até mesmo as palavras a serem usadas.

Nesses tipos de operação de hospitalidade, é importante administrar a entrega de produtos e serviços mais padronizados. Os gestores gastam uma boa parte de seu tempo monitorando a produção do alimento, da bebida e da acomodação, a fim de assegurar que atendam aos padrões estabelecidos, pela marca a que o negócio está vinculado (no caso das franquias) ou pelos padrões estabelecidos pelo proprietário (no caso dos negócios independentes). O treinamento de pessoal está orientado para a identificação da "melhor maneira" por meio da qual os produtos serão fabricados e servidos. O pessoal é gerenciado e monitorado com o intuito de assegurar que esteja trabalhando dentro de um padrão estabelecido. A avaliação de pessoal, o pagamento e as recompensas estão frequentemente relacionados com a consistência do serviço prestado. Gerentes e funcionários são incentivados a trabalhar de acordo com o estabelecido e a não ter iniciativa ou desenvolver o próprio talento.

EXEMPLO 1.1
LANCHONETES McDONALD´S

As lanchonetes McDonald´s são um exemplo típico desta abordagem de gestão de serviços baseada em um processo de gerenciamento que envolve quatro dimensões, importantes para a satisfação do cliente – ou para a garantia da qualidade do que as pessoas estão comprando.

A primeira dimensão é a eficiência – o McDonald´s garante aos clientes a melhor maneira de suprir a fome, fazendo-os se sentirem alimentados. O trabalho é feito a partir do uso da melhor tecnologia, que torne o trabalho o mais eficiente possível – e de um design simplificado da linha de produção. A segunda dimensão diz respeito a oferecer serviços que possam ser facilmente quantificados e calculados. Os clientes podem especificar exatamente o que querem e saber o tempo que o pedido levará para ser processado. O design do processo de produção e os níveis rigorosos de produtividade ajudam os gerentes a ter mais segurança em relação aos resultados de um determinado nível de trabalho dedicado a cada uma das tarefas. Em terceiro lugar, os clientes são capazes de saber antecipadamente o que esperar em relação ao produto, ao serviço prestado e ao preço a ser pago. Os clientes sabem o que lhes será oferecido em cada unidade McDonald´s, da mesma forma que sabem quanto irão pagar. Desde o ponto de vista dos funcionários, o desempenho dos empregados e a necessidade de horas a serem trabalhadas podem ser previstos com considerável grau de acerto. Finalmente, os clientes podem, a partir dessas outras dimensões, experimentar a sensação de estar pessoalmente no controle de todo o processo. Desde a perspectiva da empregabilidade, as descrições de funções e a hierarquia administrativa ajudam a garantir o máximo de controle sobre o desempenho dos funcionários.

A padronização e os benefícios psicológicos estendidos são características importantes do que é oferecido pela empresa aos seus clientes e isso se reflete de maneira significativa no processo de gestão de recursos humanos. Os valores da marca são desenhados cuidadosamente e administrados com rigor. Mesmo os negócios franqueados (não administrados diretamente pela McDonald´s) seguem a disciplina da marca. A dimensão dos serviços é orientada por conceitos e práticas desenvolvidas na indústria manufatureira. A abordagem segue princípios e técnicas como divisão de trabalho, administração científica e o uso da tecnologia para minimizar a necessidade de atuação de muitos funcionários.

O McDonald´s é uma típica fábrica de serviços. As operações produtivas são orientadas de maneira centralizada e os indivíduos, treinados para produzir e servir produtos de acordo com os padrões estabelecidos pela rede. O cardápio oferecido, a composição dos pratos, sua aparência e a maneira como são preparados, quanto custam e como são promovidos são planejados e postos em prática de acordo com o estabelecido pela sede do McDonald´s, para serem reproduzidos em todo o mundo, embora haja pequenas concessões para adaptações regionais, sazonais ou de natureza cultural, como o uso de produtos kosher nos mercados judaicos ou o oferecimento de itens de panificação francesa nas lojas da rede na França ou de chá e chá com leite nas lojas britânicas, por exemplo.

1.9.3. Serviços de hospitalidade que dependem de escolha

Os serviços que dependem de escolha têm muitas características semelhantes aos que dependem de uniformidade, nos quais a satisfação do cliente baseia-se em grande parte na natureza tangível do alimento, da bebida e da acomodação oferecidos. Os clientes de fato têm um elevado nível de expectativa em relação à consistência do produto oferecido e do serviço prestado, mas também querem dar à sua experiência um toque pessoal. No caso dos serviços que dependem da escolha do cliente, a abrangência do produto/serviço oferecido precisa ser ampla o bastante para permitir que eles optem, dentro das alternativas de que dispõem acerca de alimentos, bebidas e acomodações. Em algumas situações, a natureza do serviço também permite a eles receberem exatamente o tipo de serviço que desejam. O pessoal é treinado para desempenhar várias tarefas, dependendo do tipo de cliente ou da ocasião.

Os clientes avaliam a qualidade de sua experiência analisando a consistência do produto e o sentimento de que foram reconhecidos como indivíduos. É importante identificar as ocasiões em que é necessário prestar esse serviço diferenciado, bem como procurar não se distanciar dos padrões previamente estabelecidos. De várias maneiras, as organizações oferecem serviços de hospitalidade que são semelhantes a carros personalizados. As técnicas de produção em massa asseguram uniformidade e custos operacionais mais baixos, mas os clientes podem personalizar a sua experiência.

Os padrões operacionais são como os dos serviços dependentes de uniformidade. As especificações do produto definem o modo como o alimento e a bebida devem ser preparados e servidos, sendo comuns os tamanhos de porções e as características do produto em todos os estabelecimentos (no caso das franquias), de acordo com o determinado pelo manual da marca, ou pelo proprietário (no caso dos estabelecimentos independentes ou vinculados a pequenas redes).

Pode-se também definir os tempos de serviço e tomá-los como uma medida da avaliação do gerenciamento de qualidade. No entanto, a importância de tornar a experiência do cliente mais pessoal e adequada ao desenvolvimento dos sentimentos de individualidade, pede que os funcionários tenham um desempenho diferenciado, que não pode ser muito rigidamente definido ou descrito. O desempenho dos funcionários é vital para assegurar que os clientes se sintam importantes.

Também é essencial, em termos de gestão, monitorar a consistência na produção e na prestação do serviço. Os funcionários devem ser preparados para avaliar a qualidade das experiências do cliente. Isso significa realizar julgamentos que não podem ser facilmente sistematizados. Dada a importância do desempenho do funcionário em situações como esta, os gestores passam a dedicar uma quantidade considerável de tempo e de esforços recrutando funcionários capazes de "naturalmente" incorporar os sentimentos e emoções necessários para dar ao cliente o serviço que ele espera receber.

Treinar os funcionários e fornecer-lhes exemplos de modelos a serem seguidos são atividades fundamentais na rotina de um gestor. A etapa de treinamento, particularmente, tem importância vital. Todos os empregados precisam ser treinados para aconselhar os clientes quanto à sua escolha. Conhecer os conteúdos e os métodos de produção dos itens do cardápio, por exemplo, passa a ser uma tarefa essencial na orientação aos clientes. A remuneração e as recompensas estão normalmente associadas às vendas e ao desempenho do funcionário.

EXEMPLO 1.2

HARD ROCK CAFE

O Hard Rock Cafe é uma rede de restaurantes que guarda muitos dos atributos relacionados à eficiência, previsibilidade e controle. Os clientes são encorajados a ter determinadas expectativas em relação aos padrões de serviço, o que significa esperar um atendimento eficiente. Estes padrões determinam que os pratos sejam servidos de acordo com tempos específicos, que haja um limite de tempo para o garçom entregar o pedido na cozinha, que um determinado número de mesas seja supervisionado por um único garçom. A tecnologia de informação, da mesma forma, é utilizada para garantir que as metas operacionais sejam atingidas. Como no McDonald´s, os cardápios são fixos e definidos pela matriz, os preços são uniformes e os métodos de produção padronizados. Também são padronizados os uniformes dos funcionários, o estilo das pessoas recrutadas para trabalhar nos restaurantes e as receitas servidas, bem como sua forma de apresentação. Há, entretanto, diferenças importantes no que diz respeito à decoração, embora a ambientação seja comum a todas as lanchonetes da rede. Como o restaurante faz uso de objetos pessoais de estrelas do rock em sua decoração, cada unidade tem diferentes elementos, resultado das doações feitas a cada uma e também de um rodízio internacional de itens de maior valor. O grau e natureza da padronização, portanto, variam de uma unidade para outra. Também a loja da marca – Hard Rock Cafe – prioriza a localidade em que está instalada, havendo camisetas, chaveiros, pulseiras, copos e outros itens à venda, com o logotipo seguido do nome da cidade em questão – Hard Rock Cafe Miami, Barcelona, Madri, Nova Iorque etc. Também os funcionários são orientados a se portarem de forma mais ou menos próxima com os clientes, estando autorizados a conversar e brincar com consumidores que se mostrem mais abertos a isso. No Brasil, a rede está representada pelas unidades Hard Rock Cafe Rio de Janeiro (na qual há uma guitarra de Roberto de Carvalho e um prato do Paralamas do Sucesso) e Hard Rock Cafe Belo Horizonte.

1.9.4. Serviços que dependem de relacionamento

Serviços de hospitalidade que dependem de relacionamento são aqueles nos quais o cliente busca uma oferta mais diferenciada, podendo, entretanto, aceitar uma oferta padronizada e previsível, mas que não deixe de estar associada a um serviço mais elaborado e cuidadoso. O contato entre o público e os funcionários é mais próximo e os clientes priorizam a qualidade do serviço como uma fonte de sua satisfação. Isso não quer dizer que os produtos tangíveis – alimento, bebida e acomodação – não sejam importantes. Eles são, e os clientes têm expectativas em relação a eles. No entanto, a natureza do serviço que recebem passa a ter importância particular. Muitos empresários da área de hospitalidade estão tentando competir por meio da qualidade do serviço que oferecem aos clientes, bem como das características diferenciadoras de seus produtos.

A natureza da prestação de serviços pode exigir mais flexibilidade de seu pessoal. Passa a ser normal que os funcionários tenham autoridade para tomar algumas decisões, em resposta a solicitações feitas pelos clientes, dentro de limites predeterminados, a fim de suprir as necessidades de serviço ou lidar com as reclamações do público atendido.

Os serviços são organizados de forma a manter os padrões e metas estabelecidos para sua prestação e, ao mesmo tempo, assegurar que os funcionários passem a se sentir responsáveis por ela. Assim, é preciso que sejam dados aos funcionários responsabilidade e treinamento suficientes para poderem tomar as decisões necessárias a fim de garantir a satisfação do cliente. Alguns estilos de gerenciamento podem ser mais participativos, porque os gestores não conseguem, sozinhos, cuidar de todos os detalhes da prestação do serviço e porque os empregados, por seu lado, precisam de autonomia para tomar as decisões necessárias. A motivação, o treinamento e as recompensas aos funcionários são particularmente importantes e precisam ser usados em conjunto com as formas usuais de gerenciamento participativo.

EXEMPLO 1.3

RESTAURANTE AMERICA

O America é uma empresa local que conta com 14 estabelecimentos na cidade de São Paulo. A primeira loja, inaugurada em 1985, tinha como propósito apresentar à cidade um novo conceito de restaurante, no qual se pudesse encontrar comida variada e de qualidade, servida em um tempo inferior aos restaurantes tradicionais. Desde então, a rede vem se expandindo e atendendo aos seus clientes de maneira diferenciada. Desenvolveu uma série de pratos com receitas que se tornaram clássicos do cardápio, como os onion rings (anéis de cebola), o frozen yogurt (sorvete de iogurte) e o sorvete Farofino. Em paralelo, inova constantemente, criando pratos de estação e promovendo concursos de novas receitas, sempre em consonância com as tendências gastronômicas regionais e mundiais. Embora orientada por padrões muito bem definidos, a operação também se baseia em cordialidade e simpatia por parte dos funcionários e por uma liberdade de ação por parte dos clientes que se traduzem não apenas nos produtos, mas em serviços complementares, como os serviços de entretenimento de crianças, cardápio infantil, decoração descontraída, ambiente aconchegante e cardápios desenvolvidos para dietas especiais, como para clientes portadores de fenilcetonúria (doença genética que altera um aminoácido comum presente nos alimentos, transformando-o em uma toxina que atinge o cérebro, provocando danos irreversíveis, entre os quais retardo mental permanente), com intolerância à lactose ou portadores de doença celíaca (intolerância ao glúten). No que diz respeito à oferta de produtos, o America trabalha tanto com receitas clássicas e padronizadas, aplicadas em pratos rápidos e sanduíches, além das sobremesas e bebidas, quanto com bufês self-service, nos quais o cliente pode servir-se dos itens que desejar, por um preço fixo. Esta forma de ação dá ao cliente liberdade para optar por algo mais esquematizado ou para orientar ele mesmo sua combinação de alimentos.

Estes três exemplos demonstram como as diferentes ofertas de serviço aos clientes resultam em diferentes abordagens do gerenciamento de operações relacionadas à hospitalidade. A ideia do "ajuste" é importante. Em outras palavras, a natureza do serviço que os clientes compram precisa combinar com as estratégias de *marketing*, com o modo como os empregados são gerenciados e com o trabalho que os gestores desenvolvem na administração da operação de hospitalidade. A **Figura 1.6** mostra como esses aspectos funcionais do gerenciamento do serviço de hospitalidade podem sobrepor-se uns aos outros.

Figura 1.6 — A interdependência funcional do gerenciamento de serviço

Todo gestor precisa compreender a natureza do serviço que está fornecendo aos clientes para que possa administrar de forma consistente a operação, o pessoal e a qualidade do serviço oferecido.

1.9.5. Trabalhando com clientes

Como já foi observado, os pequenos negócios de hospitalidade têm, cada vez mais, se associado a uma marca ou a um padrão de qualidade para dizer aos clientes o que podem entregar a eles. Em alguns casos, o negócio tem se concentrado em uma oferta de serviço sem vínculo de marca; em outros, faz uso de um logotipo comum, de um estilo de decoração ou de um cardápio específico. De toda forma, um padrão qualquer aparece como uma referência, para que se estabeleça uma identificação entre a empresa e os clientes e entre estes e os serviços que querem receber. Uma maneira interessante de compreender os negócios da área de hospitalidade é levar em consideração as chamadas *ocasiões*, ou seja, os acontecimentos ocorridos por várias razões, que levam os clientes a fazer uso das operações de hospitalidade. Em cada um dos casos, há fatores de sucesso fundamentais, que asseguram que o cliente receba o serviço necessário para a ocasião. A **Tabela 1.1** dá alguns exemplos:

Tabela 1.1 — Exemplos de ocasiões no negócio de hospitalidade

OCASIÕES	DESCRIÇÃO	FATORES DETERMINANTES DE SUCESSO
Não querer preocupar-se em cozinhar.	Os clientes querem se alimentar com o mínimo de esforço e formalidade.	Serviço rápido e amigável, preço convidativo.
Sair em família.	Visitas com crianças (abaixo dos 10 anos). Podem ser pais solteiros durante a semana e dois adultos nos fins de semana.	Serviço adaptado para as crianças, preços convidativos, menu e instalações para crianças, ambiente amigável para as mulheres.
Reabastecer.	Pessoas que estão fazendo compras, homens de negócios e turistas que têm um intervalo em suas atividades, normalmente na hora do almoço e início da noite.	Serviço rápido, cardápio e carta de bebidas de fácil compreensão, ambiente amigável para as mulheres, área para não fumantes.
Fazer uma refeição especial fora de casa.	Casais e grupos que saem para uma refeição, vários pratos, altas expectativas em relação ao serviço e à qualidade. Algumas ocasiões especiais compartilhadas, por exemplo: dia dos namorados, aniversário de casamento etc.	Serviço mais lento, Oferta de muitos pratos (entradas, pratos principais etc.), bebidas para acompanhar a ocasião. Pedido feito à mesa. Ambiente de boa qualidade.
Ir em busca de diversão e entretenimento.	Normalmente noites de sexta ou sábado, grupos e casais, estudantes se divertindo; envolve bebidas.	Atmosfera informal e alegre, música e sensação de dinamismo, serviço rápido de bebidas, bebidas da moda.

Diferentes estabelecimentos atendem a cada uma dessas necessidades. Alguns mostram-se mais adequados a uma ou a outra. Há, por exemplo, hotéis que não aceitam crianças ou restaurantes e bares que não estão adaptados para recebê-las. Se aceitam receber, dispondo de áreas de descanso ou de brincadeiras, podem não ser adequados para a comemoração, por exemplo, de um dia dos namorados. Cada estabelecimento, em função de seu interesse em atrair um ou outro público, adapta-se a uma ou mais dessas ocasiões, para chamar a atenção de consumidores com expectativas que sejam adequadas ao que procuram oferecer.

Estas ocasiões mostram que as pessoas usam as operações na área de hospitalidade de maneiras diferentes e que os mesmos indivíduos podem visitar vários estabelecimentos, em diferentes ocasiões. Mostram ainda que é possível, para as empresas, explorar ao mesmo tempo mais de um segmento (desde que sejam compatíveis), o que implica que os gestores desenvolvam suas capacidades de administração e concentrem-se nos fatores determinantes para o sucesso do negócio, em cada ocasião. Da mesma forma, essas diferentes ocasiões ajudam a identificar que há clientes que têm um perfil inadequado ao que o negócio oferece.

1.9.6. Sobre hospitalidade

Esse termo tem sido usado em referência a atividades de caráter mais operacional, que costumam ser chamadas de "hotel e alimentação de coletividades", já há várias décadas. A natureza da hospitalidade precisa ser cuidadosamente considerada pelas empresas envolvidas com os negócios da área, porque o oferecimento da hospitalidade genuína pode ser uma maneira importante de criar vantagem competitiva sobre os que não entendem o verdadeiro significado do termo.

Para entender melhor as implicações comerciais da hospitalidade, é necessário compreendê-la em seu sentido mais amplo. No passado, a necessidade de ser hospitaleiro era altamente valorizada. Sê-lo genuinamente com viajantes e pessoas menos afortunadas da comunidade era visto como uma virtude. Atualmente, nas sociedades modernas, a hospitalidade e ato de hospitaleiro não possuem o mesmo *status* do passado. Entretanto, há lições importantes que as empresas comerciais podem aprender, por meio do estudo da hospitalidade em contextos privados, domésticos.

É importante frisar que ser hospitaleiro em um contexto privado diz respeito a um anfitrião ser responsável pela felicidade de seu hóspede. Há uma relação especial entre ambos e este é visto como parte de um pacto mútuo. Há um momento em que o anfitrião se torna o hóspede, e o hóspede se torna o anfitrião.

Em contextos domésticos, a hospitalidade:

- envolve concessões e obrigações mútuas;
- é generosa;
- é altruísta;
- é voluntária;
- é acolhedora;
- é calorosa.

Mais importante ainda, a hospitalidade se baseia nas motivações apropriadas e significa mais do que simplesmente receber um hóspede. Um bom anfitrião pode ser eficiente em manter os copos cheios, o alimento sobre a mesa e a temperatura do quarto agradável, porém, pode estar agindo de acordo com motivações escusas – como, por exemplo, para obter favores, por interesse ou por vaidade. A boa hospitalidade requer que o anfitrião tenha as motivações corretas:

- o desejo da companhia do hóspede;
- o prazer de hospedar;
- o desejo de agradar aos outros;
- a preocupação com as necessidades alheias.

Pessoas hospitaleiras são as que possuem a obrigação de ser assim, em função de. uma ou mais dessas razões para receber o outro. Isso faz aumentarem as dificuldades enfrentadas por muitas empresas da área de hospitalidade. A lógica comercial com a qual essas empresas trabalham distorce frequentemente o seu relacionamento com os hóspedes e clientes. A lógica comercial vende a hospitalidade como uma mercadoria. Hóspedes e clientes se tornam meros consumidores, e, assim, eles e o anfitrião desenvolvem um senso limitado de obrigação mútua. Uma consequência é que muitas organizações relatam dificuldades em manter clientes, mas se concentram em repetidamente fazer com que eles voltem.

Parece claro que as empresas não têm conseguido mudar o sentido da hospitalidade junto à sociedade, nem administrar suas operações como se fossem anfitriões domésticos. Mas poderiam criar um grupo de clientes mais leais se entendessem melhor como a hospitalidade funciona nesses outros contextos. Por exemplo, a hospitalidade genuína está intimamente ligada a valores como generosidade, beneficência e obrigações mútuas. Sem desejar sugerir que as organizações movidas para o lucro tenham de oferecer hospitalidade gratuita, é preciso, entretanto, compreender como os clientes regulares podem se sentir recompensados ao receberem benefícios extras, que lhes deixem claro o quanto são importantes e exclusivos. A chave é fazer com que o presente seja recebido como um gesto de generosidade genuína e não visto como um simples "brinde", como fazem muitos negócios da área de hospitalidade.

Os que trabalham com hospitalidade também precisam levar em conta a importância do recrutamento, da seleção e do treinamento de anfitriões que sejam capazes de ser hospitaleiros e que demonstrem em seus gestos os valores vinculados à hospitalidade.

1.10. CONCLUSÃO

Este capítulo procurou dar uma visão geral de alguns dos assuntos e temas fundamentais relacionados ao gerenciamento dos serviços de hospitalidade. Estes foram descritos como negócios complexos, que fornecem várias combinações de alimentos, bebidas e acomodações, no formato de estabelecimentos franqueados ou independentes, nos quais os clientes são mais ou menos informados quanto ao que esperar dos produtos e serviços. As operações dos serviços de hospitalidade têm crescido em importância e participação no mercado, nos últimos vinte anos. As organizações que trabalham com enfoque nela têm conseguido concentrar a oferta de serviços em segmentos particulares de mercado e oferecer aos clientes serviços padronizados e de qualidade, por meio do uso de sistemas operacionais rigidamente gerenciados. Os clientes, por sua vez, têm buscado, cada vez mais, prever antecipadamente como será a sua experiência.

Embora seja possível observar benefícios substanciais para os clientes e para as empresas que atuam na área da hospitalidade, essas organizações também têm encontrado dificuldades. A oferta de serviços excessivamente padronizados pode ser restritiva, inflexível e lenta para responder às mudanças de gostos do cliente. Além disso, muitas organizações vêm experimentando alta rotatividade de funcionários, que acham monótona a operação mais padronizada. Níveis muito elevados de rotatividade criam problemas na qualidade do serviço prestado, aumentam os custos e pressionam os gestores, que precisam gastar boa parte de seu tempo recrutando pessoal. Empresas menos padronizadas, por seu lado, atendem mais rapidamente às necessidades de mudança e podem ter menos rotatividade de pessoal, mas têm mais dificuldades para entregar serviços de qualidade e oferecer produtos consistentes, dada a falta de padronização.

Embora haja algumas características comuns nos serviços relacionados à hospitalidade, nem todos são iguais. Além das diferenças óbvias relacionadas à alimentação, à bebida e às acomodações oferecidas em diferentes negócios, a natureza da experiência do serviço também varia. Os clientes compram serviços com ênfase na uniformidade altamente padronizada e previsível, mais dependentes das características do produto. Serviços dependentes de escolha permitem aos clientes opções mais amplas, por meio das quais ajudam a construir sua própria experiência de serviço. Nesses casos, eles estão optando por serviços dependentes do produto, mas capazes de se adaptar às suas necessidades pessoais. Serviços que são dependentes de relacionamento são relativamente padronizados e demandam interações mais profundas. A satisfação do cliente é mais influenciada pela natureza da experiência, em função do serviço que ele recebe.

Em variados graus, cada um desses tipos de serviço enfrenta os desafios de fidelização e precisa da construção de uma base de clientes leais. Uma característica comum a todos os tipos de negócio da área de hospitalidade é o fato de que os clientes, que também podem ser chamados de hóspedes, estão bastante conscientes do relacionamento comercial de hospitalidade que estabelecem com o fornecedor/anfitrião. Os que com ela trabalham precisam considerar cuidadosamente a atividade humana da hospitalidade e as qualidades que compõem o comportamento que a caracteriza.

CAPÍTULO 2
Liderança de equipe e motivação

OBJETIVOS DO CAPÍTULO

Depois de ler este capítulo, você deverá ser capaz de:

- identificar diferentes estilos e abordagens de liderança de equipe;
- prever o provável impacto dos estilos de gerenciamento sobre o desempenho dos membros da equipe;
- discutir criticamente o impacto da hierarquia sobre as visões que se tem a respeito dos membros da equipe;
- identificar os momentos em que se faz necessário o desenvolvimento de novas equipes.

"É preciso um trabalhador feliz para fazer os clientes felizes"

A famosa frase de F. W. Marriott é um lembrete sobre o quão importante é, para as empresas, garantir que suas equipes estejam motivadas e sob a liderança de gestores entusiasmados. Os gestores precisam compreender a sua própria maneira de administrar equipes e saber como ajustar a abordagem, sempre que necessário. Eles precisam estar cientes dos benefícios que os membros da equipe podem gerar por estarem motivados e, da mesma forma, precisam compreender as motivações e as expectativas dos funcionários.

Diante deste desafio, muitos gestores de pequenos negócios da área de hospitalidade consideram o gerenciamento de pessoas a sua tarefa mais difícil. Há exemplos de bares e restaurantes muito parecidos, nos quais se registra que a única diferença entre o sucesso e o fracasso de um ou de outro está na habilidade que o gerente do negócio tem de motivar e entusiasmar a equipe de funcionários que trabalham com ele. Em um estabelecimento, o pessoal está feliz e sente prazer em trabalhar, estando comprometido em servir os clientes, enquanto que no estabelecimento ao lado os funcionários estão irritados, sem motivação e loucos para achar outro emprego. Com muita frequência, as atitudes, as percepções e o estilo de gestão do chefe imediato são as únicas razões que justificam a existência dessas diferenças. Este capítulo discute algumas abordagens para análise dos vários estilos de gerenciamento e também alguns elementos que levam à compreensão das atitudes dos membros da equipe.

O relacionamento entre os membros da equipe e o gestor, como líder da equipe, é importante e há diferentes maneiras de escolher como gerenciar equipes. Há diversas formas de atribuir responsabilidades aos funcionários (fazendo-os agir de forma diretiva, consultiva ou participativa) ou de envolvê-los, levando-os a agir com base em algumas instruções e orientando-os a dar sugestões ou a ter iniciativa, quando não estão sob influência direta do gestor. Essas diferenças são importantes na liderança de uma equipe e serão vistas detalhadamente mais tarde. Primeiro, é preciso mostrar como diferentes gestores têm diferentes concepções sobre seus subordinados e também diferentes prioridades em relação ao trabalho e à equipe.

2.1. QUE TIPO DE LÍDER VOCÊ É?

O gerenciamento, em todos os níveis, envolve um relacionamento social entre o gestor e aquele que é por ele gerenciado. Nos negócios contemporâneos da área de hospitalidade, o relacionamento entre o gestor e a equipe é fundamental para o sucesso de um bar, de um hotel ou de um restaurante.

Um dos aspectos relacionados ao estilo do gestor diz respeito ao modo como ele se relaciona com os membros de sua equipe. Conforme declarado anteriormente, este relacionamento é, por um lado, pessoal e envolve também relacionamentos sociais com os membros da equipe. Você, como gestor, costuma manter-se mais distante ou tenta se mostrar mais próximo dos membros de sua equipe? Muitos gestores acham essa questão difícil de ser tratada, em especial logo que assumem o posto de gerência. Um relacionamento distante pode ser visto como frio e antipático. A distância entre o líder e a equipe pode criar uma barreira que afasta o gestor e dificulta a comunicação efetiva. Por outro lado, um comportamento excessivamente amigável pode não ser bem compreendido e gerar dificuldades de ordem disciplinar.

De toda forma, o estilo de sociabilidade adotado pelo líder da equipe será determinado por uma combinação entre sua própria personalidade, sua experiência e o contexto em que está atuando. Alguns gestores são por natureza mais fechados ou distantes de seus subordinados. Nesses casos, é difícil ignorar os traços de sua personalidade e é normal que ele aja em conformidade com seu comportamento natural. Gestores mais experientes tendem a ter confiança para agir de modo mais flexível e informal para com os funcionários. Muitos gestores ainda jovens acreditam que seja mais fácil ser formal primeiro e flexível depois. Alguns contextos de serviço exigem um comportamento formal, particularmente para os funcionários que atuam junto à linha de frente. Em outros casos, exige-se a informalidade.

2.2. ESTADOS DE EGO

Existem diferentes estados de ego – ou seja, há várias formas pelas quais se estabelece o relacionamento entre o comunicador (gestor) e o receptor da mensagem (o funcionário).

2.2.1. Estado de ego paternal

Traduz uma posição de poder do comunicador sobre o receptor: normalmente este estilo é aprendido com os pais, professores e outras referências de autoridade. Pode envolver uma expressão explícita de poder: "faça isso", "faça aquilo", ou mais implícita: "deixe-me ajudá-lo".

a. Estado de ego paternal crítico

Claramente dominante, crítico, controlador, opressor, busca minimizar os problemas por meio da intervenção direta.

Palavras típicas usadas	Ruim Deve Precisa Tem de Sempre Ridículo
Tom	Crítico Condescendente Repugnante
Características não verbais	Dedo acusador Sobrancelhas franzidas Raiva
Atitudes básicas	Julgador Moralista Autoritário

Na frase "O quê? Atrasado de novo? Nunca vai conseguir chegar na hora? Você simplesmente não é confiável", a reação do gestor é típica do estado de ego do pai crítico. Ele julga sem conhecer as circunstâncias do atraso do empregado.

b. Estado de ego do pai educador

De comportamento claramente apoiador, compreensivo, solidário, carinhoso, auxiliador.

Palavras típicas usadas	Bom Ótimo Amo você Lindo Esplêndido Delicado
Tom	Amoroso Consolador Interessado
Características não verbais	Braços abertos Sorridente Acolhedor
Atitudes básicas	Compreensivo Afetuoso Doador

No exemplo da frase "Ah, querido, o que aconteceu com você? O ônibus atrasou de novo? Deixe-me ajudá-lo a adiantar seu trabalho", a reação do gestor é típica do estado de ego do pai educador. É uma reação de quem se interessa pelo outro, o acolhe e o entende, sem se preocupar em saber se o funcionário foi responsável pelo atraso.

2.2.2. O estado de ego adulto

Não está relacionado à idade. Tem interesse em avaliar objetivamente a realidade e usa a informação, a partir de todas as fontes disponíveis, para fazer observações e buscar alternativas de ações. Não é parcial e evita julgar antes de ter à disposição toda a informação possível.

Palavras típicas usadas	Correto Como O que Por que Praticidade Quantidade
Tom	Invariável
Características não verbais	Cuidadoso Alerta Aberto
Atitudes básicas	Direto Imparcial Faz avaliação dos fatos

A frase "Por favor, vamos conversar mais tarde. Gostaria de falar com você sobre seu atraso, para que seja evitado no futuro. Enquanto isso, você precisa de ajuda para compensar o trabalho perdido?" é típica, por sua vez, de um estado de ego adulto.

O gestor está registrando o fato de que o funcionário chegou atrasado e vai querer saber mais tarde as razões pelas quais isso aconteceu, mas, por ora, está oferecendo a ajuda necessária para resolver o problema mais imediato. O gestor está adotando uma abordagem imparcial, evitando fazer julgamentos antes de conhecer mais e melhor os fatos.

2.2.3. O estado de ego infantil

De novo, não está relacionado à idade. Trata-se somente de uma forma de expressão de sentimentos e de desejos que se manifestam em uma pessoa. Esses sentimentos podem ser expressos *direta* ou *indiretamente*.

a. O estado natural de ego infantil

Envolve reações espontâneas de sentimentos e emoções. É o estado de ego das pessoas quando elas estão se divertindo ou sendo carinhosas e impulsivas. Traduz emoções autênticas e incontidas, expressas sem preocupação com a reação de outros. Inclui o egoísmo, a ira e o ciúme, bem como a diversão e o carinho.

Palavras típicas usadas	Uau Diversão Quero Não vou Ai Oi
Tom	Livre Ruidoso Energético
Características não verbais	Desinibido Solto Espontâneo
Atitudes básicas	Curioso Amante da diversão Inconstante

A frase "Eu queria que você chegasse aqui no horário, sabe como eu confio em você. Você me decepcionou." é típica de um gestor que expressa o estado natural de ego infantil. A declaração traduz a emoção genuína do gestor e o foco está na expressão das emoções e no eu.

b. O estado adaptado de ego infantil

Da mesma forma, traduz a preocupação com o "eu" e com as emoções sentidas pelo indivíduo, embora dessa vez elas não sejam expressas diretamente. A preocupação do gestor está em manipular os outros para que tenham pena dele, para que se sintam culpados pela situação ou para que o bajulem.

Palavras típicas usadas	Não poder Desejar Tentar Esperança Por favor Obrigado
Tom	Queixoso Desafiador Conciliador
Características não verbais	Faz bico Triste Inocente
Atitudes básicas	Exigente Complacente Envergonhado

O exemplo, "Por que isso sempre acontece comigo? Sempre que estou na escala da manhã alguém chega atrasado. Isso não é justo mesmo." é típico do estado adaptado de ego infantil. O gestor está novamente expressando emoções e sentimentos, embora nesse caso esteja tentando gerar sentimentos de culpa e comiseração no funcionário atrasado. O foco da comunicação não está neste, e sim no gestor e em seus próprios sentimentos.

A maioria das pessoas costuma adotar vários estados de ego durante o progresso normal de seu trabalho, de suas vidas domésticas e de suas realidades sociais, embora algumas possam adotar mais um estilo que outro e embora certas situações possam levar os indivíduos a adotar mais um que outro. É importante entender os estados de ego por duas razões:

a. **os gestores que adotam um estilo dominante precisam entender as dificuldades potenciais que ele pode causar; e**

b. **os gestores precisam compreender as reações potenciais a diferentes estados de ego.**

É possível identificar o estado de ego adotado por um indivíduo a partir das palavras usadas, do tom de voz, das expressões não verbais e das suas atitudes em uma conversa (interação). Conforme declarado, diferentes contextos podem orientar os indivíduos a usarem mais um estado de ego do que outro. O diagrama na **Figura 2.1** mostra como a mesma pessoa pode fazer uso de diferentes combinações de estados de ego, no trabalho e em casa.

Figura 2.1 — Tempo gasto em diferentes estados de ego no trabalho e em casa

TEMPO NO AMBIENTE DO TRABALHO

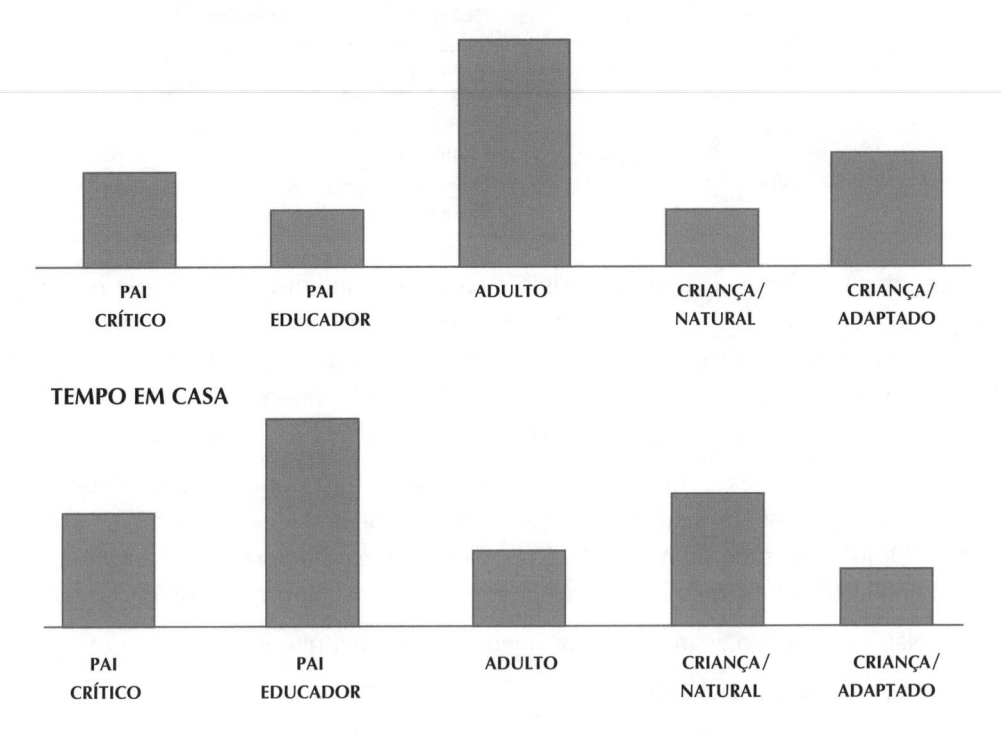

| PAI CRÍTICO | PAI EDUCADOR | ADULTO | CRIANÇA/ NATURAL | CRIANÇA/ ADAPTADO |

TEMPO EM CASA

| PAI CRÍTICO | PAI EDUCADOR | ADULTO | CRIANÇA/ NATURAL | CRIANÇA/ ADAPTADO |

Não é incomum que os indivíduos adotem um estado de ego favorito no trabalho e outro em casa; o perigo, em alguns momentos, não conseguir ajustar-se às situações. É também possível que o gestor tenha um estado de ego constante e desperte reações negativas entre os membros de sua equipe. Veja a **Tabela 2.1.**

Tabela 2.1 — Desvantagens dos estados de ego, por tipos de gestores

ESTADO DE EGO CONSTANTE	REAÇÃO NEGATIVA DO FUNCIONÁRIO
Pai crítico	Medo Falta de autoconfiança Relutância em usar iniciativa Conflito
Pai educador	Falta de disciplina Falta de responsabilidade pessoal Relutância em ter iniciativa
Adulto	O gestor é frio Chefe sem emoção Chefe artificial Distanciamento

(continua)

Infantil/ natural	Falta de respeito pelo gestor Infantilidade compatível Métodos de trabalho negligentes Incerteza sobre o humor dos chefes
Infantil/ adaptado	Manipulado Culpado Falta de confiança Decisões inconsistentes

Além dos problemas causados pelos gestores que adotam um estado de ego mais regular, é preciso também compreender os padrões que podem ser identificados na maneira como eles se comunicam com os membros da sua equipe e também na reação destes. A análise das palavras, do tom, das expressões não verbais e das atitudes genuínas do líder da equipe e de seus membros podem revelar vários padrões.

Nos exemplos dados, o funcionário atrasado poderia responder fazendo comparações ou corresponder ao estado de ego inicial dos gestores. Por exemplo, quando o gestor diz, "O quê? Atrasado de novo? Você nunca vai chegar na hora? Você simplesmente não é confiável.", o funcionário atrasado poderia dar as seguintes respostas:

"Não fale comigo assim, o ônibus quebrou, você é muito injusto."

uma reação paternal crítica;

ou

"Estava um dia tão lindo que decidi caminhar. Foi divertido."

Uma reação infantil natural;

ou

"Sim, estou atrasado, lamento. Vou começar a trabalhar agora mesmo e recuperar o tempo perdido."

uma reação adulta.

Nos dois primeiros casos, a resposta do funcionário combina com o estado de ego inicial do gestor, quer identificando-se com o mesmo estado de ego, ou criando uma reação paralela – criança/pai. No outro caso, o funcionário passa da resposta equivalente à reação de um estado de ego adulto. É óbvio que esses diferentes padrões de resposta podem funcionar em todas as direções, para a criança, para o pai etc. É preciso conseguir entender esses padrões de comunicação, porque eles são um recurso útil para minimizar conflito. Por exemplo, quando um colega ou membro de equipe adota um estado de ego paternal ou infantil, as respostas adultas podem ajudar a reduzir potenciais conflitos.

Há várias prioridades gerenciais relacionadas ao interesse pelas pessoas e pelas tarefas. Embora alguns gestores demonstrem equilíbrio entre ambos os aspectos, a maioria tende a priorizar ou pessoas ou tarefas.

PRIORIDADE PRINCIPALMENTE TÉCNICA EM TAREFA	PRIORIDADE PRINCIPALMENTE EM PESSOAS
Prioridade por tarefa, sistemas, soluções, planejamento ou ação relacionados a sistemas, métodos operacionais, regras e procedimentos.	Concentra-se nas necessidades pessoais ou nos problemas de outros, decisões, soluções, planejamento ou ações relacionados ao moral, conflitos e problemas de motivação.
Prioridade em monitoramento e avaliação de tarefa e do trabalho de outros.	Prioridade em atividades relacionadas a pessoas: entrevista – seleção de pessoal – avaliação – aconselhamento.
Prioridade no foco em coisas – finanças, estratégia, planejamento, controle, estudo de trabalho.	Aprecia a comunicação com indivíduos e grupos.
Aprecia trabalho administrativo e sistemas.	Pode ter dificuldade com números e sistemas.
Pode ter problemas para entender pessoas.	

A grade gerencial (**Figura 2.2**) mostra como o equilíbrio entre a preocupação com a produtividade e com as pessoas pode variar entre os gestores. Estas posições provavelmente têm impactos diferentes sobre os subordinados e o moral da equipe.

Figura 2.2 — A grade gerencial

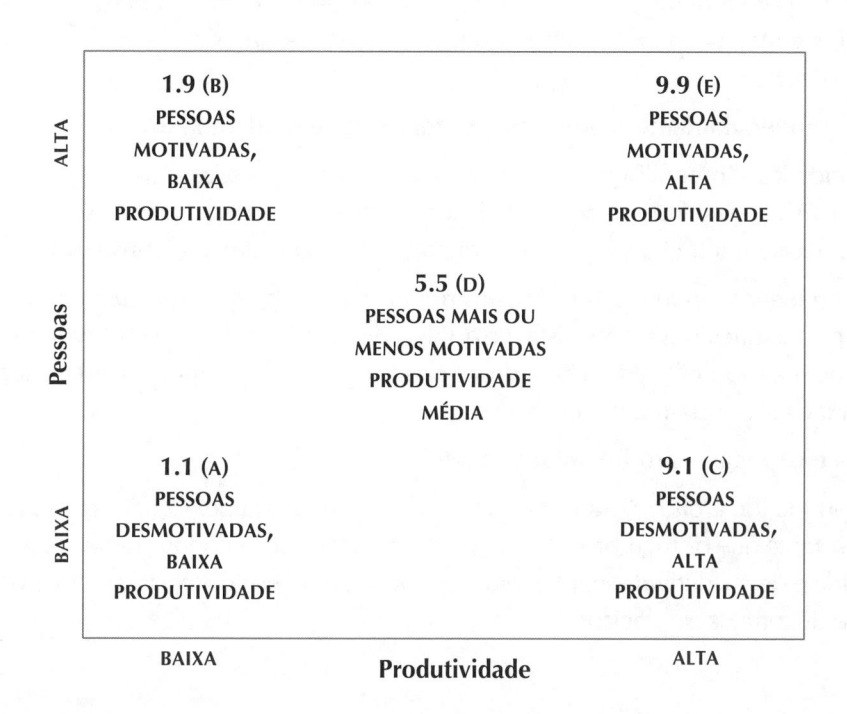

```
                1.9 (B)                        9.9 (E)
               PESSOAS                        PESSOAS
ALTA          MOTIVADAS,                    MOTIVADAS,
                BAIXA                          ALTA
             PRODUTIVIDADE                 PRODUTIVIDADE

                              5.5 (D)
                          PESSOAS MAIS OU
Pessoas                   MENOS MOTIVADAS
                           PRODUTIVIDADE
                               MÉDIA

                1.1 (A)                        9.1 (C)
               PESSOAS                        PESSOAS
BAIXA       DESMOTIVADAS,                  DESMOTIVADAS,
                BAIXA                          ALTA
             PRODUTIVIDADE                 PRODUTIVIDADE

              BAIXA         Produtividade        ALTA
```

◀ **Pessoas desmotivadas, produtividade baixa (a)**

Registram uma posição bastante neutra, com pouca preocupação por ambas as dimensões. O líder da equipe não é sociável, tende a abrir mão das decisões e tem comunicação mínima com a equipe.

Os subordinados tendem a reagir da mesma maneira. Muitos terão um baixo interesse por pessoas e pelas tarefas; o moral será baixo; e a rotatividade de pessoal, alta.

◀ **Pessoas motivadas – produtividade baixa (b)**

O líder da equipe estaria mais preocupado em manter os relacionamentos sociais. Líder sociável, menos formal. Próximo da equipe, embora evite conflitos e coloque a produtividade e as tarefas como segunda prioridade.

Os subordinados tendem a ser comprometidos com o gestor. Há uma atmosfera feliz para se trabalhar, porém, com baixa produtividade. O conflito dentro da equipe é reprimido, em vez de resolvido, o que pode tolher a criatividade das pessoas. A rotatividade é estimulada quando o gestor ou outros membros importantes deixam a equipe.

◀ **Pessoas desmotivadas – produtividade alta (c)**

O líder da equipe prioriza a produção, os níveis de produtividade e as tarefas. A sociabilidade é fraca e prevalecem os estilos mais diretivos de tomada de decisão. O gestor se sente mais confortável com sistemas e regras, e estabelece padrões de trabalho para a equipe.

Os subordinados tendem a reagir de modo desfavorável às suposições do gestor de que não são dignos de confiança. Os membros da equipe têm baixo nível de comprometimento com o trabalho. Com frequência, trabalham com empenho quando o líder está presente, porém diminuem o ritmo quando não estão sendo diretamente supervisionados. Os conflitos no ambiente de trabalho podem ser individuais ou organizados de forma coletiva.

◀ **Pessoas moderadamente motivadas – produtividade moderada (d)**

As prioridades são equilibradas entre os interesses por pessoas e os interesses pela produção, mas não são fortemente incentivadas. O líder é moderadamente sociável, e a tomada de decisões tende a ser parcialmente diretiva e parcialmente consultiva.

Os subordinados tendem a ser mais instrumentais – trabalham sem fazer muito esforço, apenas o suficiente para satisfazer o líder. A qualidade do trabalho não é extraordinária, nem a produtividade. Os padrões não são tão bons quanto poderiam ser. Os conflitos nunca são plenamente resolvidos.

◀ **Pessoas motivadas – produtividade alta (e)**

Muita prioridade é dada para a produtividade e para a equipe. O líder reconhece o papel importante que os membros da equipe desempenham na conquista de altos níveis de qualidade e de produtividade. O líder é sociável e adota estilos mais participativos de liderança e de tomada de decisões.

Os subordinados são bastante motivados, os níveis de rotatividade de pessoal são menores. O conflito quase não existe e os funcionários estão comprometidos com o serviço e com as metas de produção. A qualidade do trabalho é boa, o funcionário tem motivação e o nível de satisfação do cliente é elevado.

Há diferentes formas de delegar responsabilidades. As variações no nível de envolvimento do funcionário com as responsabilidades estão ligadas ao modo como os gestores e os membros da equipe tomam decisões. Em princípio, há apenas três abordagens básicas:

DIRETIVA	Gestores tomam decisões com pouca informação dada pelos funcionários, que simplesmente agem sob instruções.
CONSULTIVA	Gestores tomam decisões, mas com sugestões ou informações fornecidas pelos funcionários.
PARTICIPATIVA	Gestores envolvem os funcionários nas tomadas de decisões ou as delegam a eles.

Pode-se delegar responsabilidades aos funcionários em nível organizacional e estratégico. Na prática, no entanto, o gerenciamento cotidiano de um restaurante, de um bar ou de um hotel pode envolver gestores e funcionários no uso de uma combinação de estilos, embora um deles em geral prevaleça.

É possível identificar um estilo mais predominante, dentre várias possibilidades. Em cada caso, há limitações e benefícios do uso exagerado de cada estilo, particularmente se estiver em conflito com o contexto e as pessoas que estão sendo gerenciadas.

1) Diretivo

Benefícios: o estilo diretivo funciona melhor onde há poucas opções para as tarefas a serem realizadas – há um "jeito melhor" de se fazer as coisas, há um padrão a ser seguido, a liberdade de ação do funcionário é controlada, é importante manter a segurança, as situações são de alto risco, a tarefa tem de ser desempenhada imediatamente.

Limitações: o estilo diretivo desencoraja a iniciativa pessoal, na maioria das vezes resulta em moral baixo e comunicação ruim. O funcionário pode ser inflexível e não reagir a mudanças. Frequentemente os níveis de produtividade são elevados sob supervisão direta, mas caem quando o gestor não está presente.

2) Consultivo

Benefícios: o estilo consultivo funciona melhor quando o gestor quer se beneficiar do conhecimento e das experiências imediatas de seus funcionários. Ele detém o controle das decisões. Pode ser um estilo útil para ajudar os funcionários a superar problemas relacionados à qualidade no serviço ou para colher sugestões para o alcance dos objetivos.

Limitações: o estilo consultivo não funciona muito bem quando o gestor continua a tomar decisões, dando pouca ou nenhuma atenção às sugestões dos funcionários. O controle que ele mantém sobre as decisões pode gerar desmotivação por parte dos funcionários. Os processos de consulta podem consumir tempo e gerar custos diretos, assim como os benefícios podem ser mais difíceis de justificar financeiramente.

3) Participativo

Benefícios: o estilo participativo funciona melhor nas situações em que os gestores precisam permitir aos funcionários que tomem decisões operacionais imediatas, ou nas situações em que os empregados têm mais conhecimento ou experiência do que o gestor. Pode ser útil para fazer com que o funcionário tenha mais compromisso com a qualidade do serviço prestado, com o cliente e com os objetivos do negócio. Quando tomam decisões, os funcionários passam a ter um maior sentido de "pertencimento".

Limitações: o estilo participativo é difícil de ser adotado por muitos gestores, porque implica permitir que os funcionários tomem decisões, o que pode representar perda de controle de sua parte. Além disso, os funcionários, podem tomar decisões das quais os gestores não gostem. Os processos de participação podem levar muito tempo e gerar custos altos. Os benefícios podem ser difíceis de justificar financeiramente.

2.3. UMA QUESTÃO DE ESCOLHA?

Observamos que o líder de equipe pode se comportar de várias maneiras – com proximidade ou distância em relação a ela. O estado de ego que adota, o estilo de tomada de decisões e as prioridades no que diz respeito ao nível de interesse pela equipe ou pela produção e pelas tarefas, todos podem variar. A personalidade, experiência e treinamento claramente influenciam a abordagem do líder, porém, o que se quer saber é: todos esses temas são mera questão de escolha?

Temos visto que os serviços vinculados aos pequenos negócios na área de hospitalidade variam no que diz respeito à oferta de produtos e serviços aos clientes. Essas variações exigem que os funcionários usem de diferentes tipos de critérios para determinar as práticas que os podem levar a suprir as necessidades do serviço que é oferecido ao cliente. O modo como se gerencia a equipe de serviço precisa ser condizente com o tipo de serviço que é oferecido pelo estabelecimento.

2.3.1. Uniformidade dominante

Situação na qual os clientes aceitam um produto e um serviço altamente padronizados. Os gestores podem até resistir a delegar responsabilidade para os funcionários porque a ideia de trabalhar "do melhor jeito" reduz a percepção dos clientes para a importância da liberdade de ação. Os estilos de gerenciamento tenderão a ser diretivos, com alguma consulta.

Alguns trabalhos de atendimento ao cliente e de supervisão poderiam até mesmo permitir certa participação do funcionário, na forma de delegação de tarefas ou de tomada de decisão conjunta, porém, para a maioria dos membros da equipe, o envolvimento é limitado.

Por conta disso, os gestores de negócios com essas características podem ser mais sociáveis e adotar estados de ego que os levem a tratar os empregados como adultos e com dignidade.

O líder da equipe pode até optar por uma atuação limitada no que se refere à gestão do sistema operacional, porém, como tal, precisa dar alta prioridade para as pessoas e para a produção.

2.3.2. Escolha dominante

Em muitos casos, os pequenos negócios da área de hospitalidade que oferecem uma ampla gama de produtos, seja em empresas particulares ou vinculadas a redes, estão oferecendo o que se convenciona chamar de customização em massa. Significa dizer que se estão oferecendo aos clientes produtos e serviços padronizados; no entanto, esses mesmos produtos e serviços são personalizados em função das oportunidades de escolha dadas aos próprios clientes ou proporcionadas por pacotes que oferecem variações alternativas de customização. Os funcionários têm de agir como consultores e conselheiros dos clientes. Nesses casos, alguns aspectos do processo serão diretivos, porém, o serviço requer que os funcionários tenham uma postura mais consultora e participativa. O envolvimento dos membros da equipe pode demandar mecanismos mais formais de gerenciamento do problema. Em alguns casos, o momento da prestação do serviço exige que os funcionários tenham autoridade para fazer o que for necessário a fim de garantir a satisfação do cliente, e isso pode pressupor algum nível de participação, embora esta participação possa estar limitada a este momento de prestação de serviço.

O gestor de negócios com essas características precisa ser sociável e adotar estados de ego que o leve a tratar os empregados como adultos e com dignidade. O líder da equipe e a equipe precisam adotar uma abordagem em geral consultiva, na qual o líder deve dar alta prioridade às pessoas e à produção.

2.3.3. Relacionamento dominante

Esse tipo de serviço, nas empresas da área de hospitalidade, também envolve certo grau de padronização, porém o momento da prestação do serviço tem muitos outros estágios e o contato com os funcionários adquire significância crescente como fonte de satisfação ou de insatisfação do cliente. Novamente, seja em negócios independentes ou vinculados a redes, os funcionários precisam ter autoridade para suprir as necessidades do atendimento ao cliente, lidando com solicitações pouco comuns – por exemplo, dar respostas a falhas no serviço – e agindo de modo a garantir a superação das expectativas do cliente. A tomada de decisão em conjunto, bem como as abordagens consultivas, também podem ser aconselháveis nesse tipo de serviço.

Assim como em outras abordagens, é preciso que o gestor seja sociável, adote o estado de ego adulto e trate os funcionários com dignidade. O líder e a equipe geralmente precisam adotar abordagens participativas, e é preciso que o líder dê, como sempre, alta prioridade para as pessoas e para a produção.

Em muitas organizações, a hierarquia cria situações que levam os gestores que ocupam posições mais altas a acreditar que seus subordinados estejam mais fortemente motivados. No entanto, quando o teste é aplicado nos gerentes de nível inferior, os mesmos resultados são encontrados, ou seja, a grande maioria dos gestores que respondem ao teste costuma classificar com graduações mais altas os fatores intrínsecos e com graduações mais baixas os fatores extrínsecos e, além disso, classificam seus subordinados como tendo sua própria satisfação garantida mais por fontes externas, o mesmo acontecendo nos escalões inferiores da organização.

Esse erro de interpretação, induzido pela hierarquia organizacional, pode:

- levar os gerentes a cometer erros ao julgar as motivações e iniciativas dos subordinados;
- resultar em pacotes de recompensas que se baseiam em fontes de satisfação que, para o funcionário, não são importantes;
- provocar a insatisfação nos empregados;
- gerar conflitos; e
- resultar em trabalho de má qualidade e insatisfação do cliente.

2.4. TRABALHANDO EM EQUIPE

Mesmo em situações nas quais o trabalho é altamente padronizado e os funcionários têm pouca liberdade para orientá-lo à sua própria maneira, é possível organizar e gerenciar o grupo de modo a torná-lo uma equipe e operar o negócio de maneira a encorajar os funcionários a se reconhecerem como membros de uma equipe, capazes de dar uma contribuição significativa para a empresa. Os principais benefícios de se trabalhar em equipe são:

- melhor comunicação entre gestores e funcionários faz com que os objetivos e as metas do negócio sejam compreendidos e compartilhados por todos os membros da equipe;
- haverá mais compromisso, por conta de um sentimento mais amplo de pertencimento;
- melhores sugestões e ideias;
- surgimento de mais ideias criativas;
- as pessoas aprendem umas com as outras;
- o moral e a motivação melhoram porque as pessoas se sentem incluídas;
- a comunicação é aprimorada, pelo fato de os funcionários estarem envolvidos no processo de decisão.

2.4.1. Tipos de equipe

Trabalhar o gerenciamento em grupo significa que cada indivíduo da equipe terá áreas específicas de responsabilidade. Em muitos pequenos negócios do ramo de hospitalidade, os gestores juniores têm responsabilidade por uma área específica da operação, cozinha, bar, restaurante, acomodações, recepção. Esses departamentos *funcionais* devem trabalhar com objetivos comuns e cabe ao gestor do negócio, como líder, assegurar que as equipes de cada um dos departamentos trabalhem de maneira cooperativa. Um problema comum em muitas operações de hospitalidade é que essas divisões baseadas em departamentos podem produzir uma cultura de exclusão, do tipo "nós e eles", levando à falta de cooperação ou até mesmo a conflitos entre as equipes de cada um dos setores. A promoção de um gerenciamento de equipe forte e extensivo a todo o negócio é uma característica essencial do gerenciamento eficaz.

Montar *equipes multifuncionais* é outra maneira de desenvolver a cultura da cooperação e diminuir as tensões entre elas. Frequentemente, as equipes multifuncionais estruturam-se ao redor da identificação e da resolução de problemas comuns: aprimoramento da qualidade do serviço e da satisfação do funcionário, redução de desperdícios e melhora nos procedimentos operacionais são alguns exemplos de objetivos de equipes multifuncionais. Algumas destas são exemplos permanentes da união da organização – em outros casos, elas são montadas para lidar com questões específicas e se desfazem logo depois.

Existem diferentes formas de fazer com que os membros da equipe participem da gestão do negócio ou de envolvê-los no processo de tomada de decisões. Qualquer que seja a situação, é necessário que o líder compreenda com clareza os estágios pelos quais a equipe está passando em seu desenvolvimento, bem como os fatores que podem inibir este desenvolvimento.

2.4.2. Estágios no desenvolvimento da equipe

Quando a equipe é montada e começa a se desenvolver, ela passa por várias fases que precisam ser compreendidas pelos gestores. Um líder de equipe experiente a ajuda durante essas várias fases e reconhece o perigo da falta de atitude e da indiferença, que podem ocorrer se os membros da equipe sentirem que seus esforços não estão sendo valorizados.

a. Estágio da busca

É muito frequente os membros de novas equipes sentirem grande entusiasmo no momento em que elas são criadas. Em especial em equipes nas quais os funcionários não costumam ser consultados, é comum experimentar um alto nível de comprometimento com seus objetivos. O líder de equipe precisa reconhecer os benefícios desse entusiasmo, mas também assegurar que seus membros não desenvolvam uma expectativa muito otimista em relação aos resultados.

Durante esta fase, os membros da equipe também costumam buscar uma definição compartilhada dos objetivos. De uma maneira bastante clara, um líder de equipe eficaz dará objetivos claros ou a ajudará a desenvolver objetivos compartilhados, necessários ao desempenho eficiente. Os líderes de equipe mais eficazes evitam "dizer" aos seus membros o que eles devem fazer. "Perguntar" tem muito mais eficácia. Não se deve subestimar a equipe. O entusiasmo sentido pelos membros frequentemente os leva a supor que todos têm os mesmos objetivos, mas, em geral, esses objetivos não são discutidos.

b. Estágio exploratório

Uma vez tendo concordado a respeito dos objetivos gerais, é preciso que os membros da equipe dediquem algum tempo a fazer perguntas, dar sugestões, avaliar alternativas e decidir sobre o(s) curso(s) de ação mais apropriado(s). Esse estágio será conflituoso se diferentes membros da equipe sugerirem diferentes cursos de ação, o que pode gerar desacordos e, eventualmente, levar à criação de subgrupos.

Os líderes de equipes precisam estar cientes de que essa é uma fase necessária, pela qual o grupo deve passar. O gestor precisa ajudar a equipe a estabelecer uma compreensão mútua e um nível de respeito saudável entre si, para que a tensão criativa que o grupo necessita empreender seja mais eficiente. De fato, o conflito negativo pode ser prejudicial porque pode inibir a inovação e o desenvolvimento de caminhos que sejam comuns a todos. Por outro lado, concordar sempre ou fugir dos conflitos pode também ser prejudicial ao grupo, pois, dessa forma, os pontos de discordância nunca são resolvidos. A equipe nunca chega a um consenso a respeito dos planos de ação e das prioridades.

c. Estágio da aliança

A equipe finalmente chega a um ponto onde compartilha a compreensão a respeito dos objetivos e sobre o que precisa ser feito. Cada membro entende não somente o seu papel, mas também o papel dos outros membros. Há também uma compreensão compartilhada sobre os pontos fortes e fracos de todos os integrantes da equipe. Todos têm uniformidade de propósito, estão comprometidos com os resultados, porém, respeitam a diversidade dentro do grupo, reconhecendo que diferentes visões e interesses são essenciais para que a equipe trabalhe com eficiência.

O líder da equipe precisa ajudar os membros e capacitá-los para que continuem trabalhando de forma a atingir as metas estabelecidas e alcançar os resultados desejados. O gestor precisa encorajar a equipe a rever constantemente seus objetivos e planos de ação. Nesse estágio, é muito perigoso que o gestor desenvolva um "pensamento congelado", ou seja, continue a apoiar a equipe quando ela decide por determinada ação, mesmo quando as circunstâncias mudam e a ação deixa de ser relevante.

Qualquer interrupção na dinâmica da equipe pode fazer com que ela abandone o estágio da aliança e retorne aos estágios anteriores – a perda de um membro, a chegada de um novo líder, ou de novos membros e mudanças no foco do problema ou no objetivo do grupo. Nesses casos, a equipe retornará às fases anteriores e passará de novo pela *busca* e pela *exploração*.

2.4.3. Ameaças ao desenvolvimento da equipe

Criam-se equipes eficazes à medida que se consegue criar laços entre os membros do grupo e esses laços tornam-se mais fortes entre indivíduos específicos. Nessas circunstâncias, o comportamento individual passa a ser influenciado por uma combinação de motivações individuais e também gerais. A seguir, são apresentadas algumas das principais causas do fracasso de uma equipe:

- altos níveis de instabilidade devido à rotatividade de pessoal ou à transferência de cargo dentro da organização;
- oportunidades limitadas para que a equipe se reúna e passe junta por todos os estágios necessários;
- apoio limitado de membros mais antigos da organização;
- restrições à habilidade da equipe de resolver problemas;
- moral enfraquecido ou conflito entre grupos.

2.4.4. Benefícios de trabalhar em equipe

São evidentes as razões pelas quais as equipes são diferentes umas das outras e também porque os benefícios que o trabalho em equipe pode gerar também variam, porém, há alguns benefícios gerais que podem ser alcançados pelos funcionários, pelo gestor e também pela empresa.

Benefícios para os membros individuais

- Aumento da satisfação no trabalho.
- Desenvolvimento e crescimento pessoal.
- Plano de carreira.
- Medo reduzido de correr riscos.
- Mais envolvimento na tomada de decisões.
- Mais reconhecimento à contribuição dada pelas pessoas.

Benefícios para os gestores do negócio

- Decisões tomadas por pessoas mais intimamente envolvidas com o negócio.
- Compartilhamento da carga de trabalho dos gestores com outras pessoas.
- Concentração comum nos mesmos objetivos.
- Mais compromisso com as decisões e mais apoio a elas.
- Mais flexibilidade entre os membros da equipe.

Benefícios para os pequenos negócios da área de hospitalidade

- Melhora na qualidade de produtos e serviços.
- Criação de uma cultura de aprimoramento contínuo.
- Mais confiança e transparência.
- Melhor comunicação, o que reduz mal entendido.
- Menos incertezas.

- Melhores relacionamentos no trabalho.
- Melhora na satisfação do cliente.
- Mais oportunidades de se alcançar ou superar metas de desempenho.
- Mais satisfação do funcionário.
- Rotatividade reduzida de pessoal.
- Melhora nas vendas e no lucro.

Diferentes tipos de equipes vão gerar diferentes grupos de benefícios. Desse modo, reuniões de orientação à equipe, antes da mudança, ou reuniões de orientação ocasionais com o pessoal, produzirão diferentes benefícios às estruturas do grupo, bem como ao trabalho de cada um, individualmente.

Em cada um desses exemplos, o relacionamento entre o líder e os membros da equipe é diferente. A extensão da liberdade de ação dada à equipe é diferente, bem como a extensão da tomada de decisões. Em alguns casos, os membros da equipe apenas recebem informações, enquanto que, em outros, eles gerenciam ativamente sua própria situação de trabalho. Claramente, o impacto que esses diferentes arranjos têm sobre os membros da equipe é também influenciado pelas características desses membros. O capítulo seguinte explora mais detalhadamente algumas dessas diferenças entre os indivíduos.

2.5. CONCLUSÃO

Este capítulo começou reproduzindo o famoso comentário de F.W. Marriott, que relaciona o processo de gerenciamento de funcionários à satisfação dos clientes. Essa opinião é amplamente compartilhada por pequenas empresas da área de hospitalidade, que dão cada vez mais atenção às atitudes dos funcionários e à "satisfação do cliente interno". Embora não se possam descartar as influências externas sobre o negócio, a chave para a satisfação do funcionário é o gerenciamento direto do negócio, pelo líder da equipe. Há uma evidência muito clara de que os relacionamentos criados pelo gestor do negócio podem entusiasmar e inspirar os membros da equipe, ou confundi-los e desmotivá-los.

Frequentemente, as ideias que o gestor tem sobre os funcionários, como membros de uma equipe, são cruciais para determinar a partir de que abordagem a equipe será administrada. Em alguns casos, os gestores adotam um "estado de ego de pai crítico" e colocam-se "psicologicamente distantes" dos membros da equipe. Além disso, esses gestores dão prioridade fundamental ao produto do gerenciamento, demonstrando "grande preocupação com a produção e pouca preocupação com as pessoas". Junte-se a isso um estilo de tomada de decisões "diretivo" e a crença de que os funcionários estão todos "aqui apenas pelo dinheiro" (motivados por um fator externo) e muitos funcionários reagirão negativamente e não se dedicarão ao negócio. Moral enfraquecido, absenteísmo, baixa satisfação no trabalho, alta rotatividade de pessoal e clientes insatisfeitos são as prováveis consequências desta situação.

Líderes de equipe eficazes tendem a colocar-se "psicologicamente próximos" de seus membros e a adotar um conjunto de *estados de ego* bem mais voltado para um perfil "adulto". Neste contexto, os gestores passam a ter prioridades que refletem, no mesmo nível, "muita preocupação com as pessoas e com a produção". Os gestores adotam uma abordagem de administração de funcionários que se baseia na *união da equipe* – mesmo em situações onde a produção altamente padronizada e os serviços sistematizados limitam a liberdade de ação do funcionário. Mesmo nessas situações, o estilo do gestor para tomada de decisões pessoais tende a ser *consultivo* e *participativo,* sempre que possível. Além disso, gestores eficazes entendem que os funcionários têm, no trabalho, uma gama de necessidades e prioridades e que a satisfação do funcionário depende das recompensas que *os fazem se sentir melhor* e também do *provimento de benefícios materiais*. Por esta abordagem, os líderes eficazes de equipe entendem os muitos benefícios que o trabalho em grupo pode trazer e têm uma compreensão bastante ampla de que a eficácia da equipe pode ser aprimorada e desenvolvida.

CAPÍTULO 3
Trabalhando com pessoas

OBJETIVOS DO CAPÍTULO

Depois de ler este capítulo, você deverá ser capaz de:

- identificar maneiras de analisar diferenças entre indivíduos;
- avaliar criticamente o processo de gerenciamento de grupos e o comportamento de indivíduos, como membros do grupo;
- aplicar princípios afirmativos e lidar com conflitos;
- fazer planos para motivar os membros da equipe.

São pessoas, pessoas, pessoas.

A indústria da hospitalidade é frequentemente descrita como a "indústria das pessoas". Como foi observado nos capítulos anteriores, os funcionários que ocupam a linha de frente são os instrumentos por meio dos quais uma organização presta seu serviço aos clientes, e o gerenciamento dos funcionários precisa promover seu compromisso e entusiasmo, para que possam "agradar aos clientes". Na maioria das empresas da área de hospitalidade, a simultaneidade do serviço é inevitável, ou seja, o cliente está quase sempre presente quando o serviço é "prestado". As reações do cliente e seu envolvimento com o serviço também são características importantes do setor. As expectativas e o humor do cliente vão formar uma base vital para o julgamento a respeito do sucesso ou do fracasso da experiência do serviço.

Os capítulos anteriores falaram sobre a importância de delegar responsabilidades e como a liderança eficaz de equipes pode promover a criação de oportunidades mais adequadas para a prestação de um serviço de qualidade. Este capítulo tem como objetivo aprofundar ainda mais a compreensão do gestor de pessoas sobre o negócio, tanto em relação aos funcionários quanto aos clientes. Fala de como os indivíduos se diferem entre si e como podem reagir, cada um à sua maneira, em circunstâncias semelhantes. Além disso, discute o comportamento dos indivíduos, como membros de um grupo.

O capítulo anterior falou dos benefícios do gerenciamento de indivíduos em equipes de trabalho formais, e este fala de algumas das influências exercidas pelos membros de um grupo, influências que surgem de uma maneira natural, a partir dos relacionamentos no ambiente de trabalho. O capítulo aborda também as técnicas que auxiliam os gestores a administrar suas relações com os clientes, desenvolvendo a assertividade e gerenciando a resolução de conflitos. Finalmente, o capítulo explora algumas das ações que se podem tomar para motivar funcionários e garantir que tenham satisfação no trabalho.

3.1. DIFERENÇAS ENTRE OS INDIVÍDUOS

Há muitas maneiras diferentes de explicar o comportamento e as motivações das pessoas. A seção a seguir apresenta algumas características pessoais que podem ajudar o gestor a entender melhor o comportamento do cliente e do funcionário. No mínimo, essas características podem funcionar como um modelo para a análise comportamental de diferentes pessoas.

3.1.1. Personalidade

Há várias explicações sobre porque as pessoas fazem o que fazem. A *"teoria do traço de personalidade"* sugere que as atitudes e a personalidade individuais podem ser entendidas por meio da análise dos traços de sua personalidade. Esses traços são características razoavelmente consistentes, provavelmente desenvolvidas a partir de uma combinação da influência genética e do ambiente social e físico em que as pessoas vivem. Os debates sobre a dicotomia "natureza *versus* criação", que são conduzidos por vários psicólogos, apresentam diferentes opiniões sobre a importância relativa de ambas. Tendo em mente os objetivos deste livro, talvez seja melhor dizer que provavelmente haja uma combinação entre elas.

Uma técnica simples para entender as diferenças entre os indivíduos envolve a categorização das pessoas em dois eixos – o da extroversão/introversão e o da estabilidade/instabilidade. Uma pessoa extrovertida costuma ser mais interessada pelo mundo exterior, enquanto as pessoas introvertidas costumam interessar-se mais por seus próprios pensamentos e sentimentos. Uma pessoa estável tende a ser calma e a apresentar temperamento tranquilo, enquanto uma pessoa de personalidade instável é, em geral, mutável e melindrosa. A **Figura 3.1** mostra como as várias posições, dispostas sobre sequências contínuas, podem nos orientar a identificar os tipos de personalidade em um dos quatro quadrantes.

Figura 3.1 — Perfis de personalidade

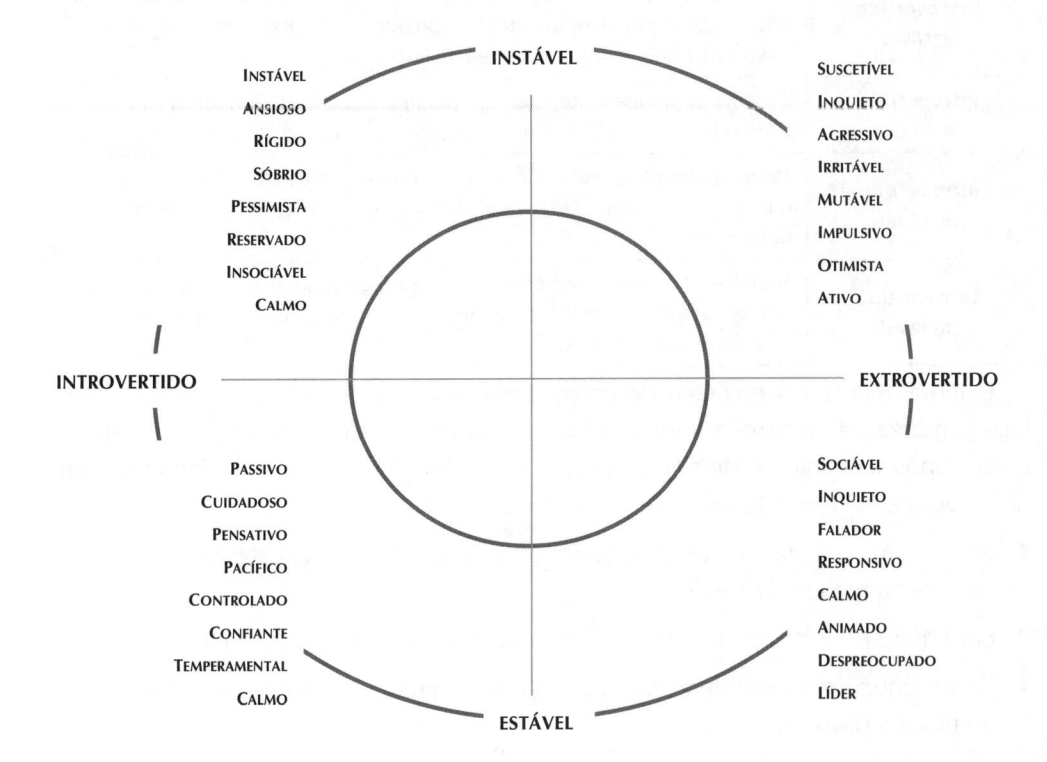

```
                           INSTÁVEL
         INSTÁVEL                              SUSCETÍVEL
         ANSIOSO                               INQUIETO
         RÍGIDO                                AGRESSIVO
         SÓBRIO                                IRRITÁVEL
         PESSIMISTA                            MUTÁVEL
         RESERVADO                             IMPULSIVO
         INSOCIÁVEL                            OTIMISTA
         CALMO                                 ATIVO

INTROVERTIDO ─────────────────────────── EXTROVERTIDO

         PASSIVO                               SOCIÁVEL
         CUIDADOSO                             INQUIETO
         PENSATIVO                             FALADOR
         PACÍFICO                              RESPONSIVO
         CONTROLADO                            CALMO
         CONFIANTE                             ANIMADO
         TEMPERAMENTAL                         DESPREOCUPADO
         CALMO                                 LÍDER
                           ESTÁVEL
```

Certas dimensões da extroversão/introversão levam à construção de um modelo de traços de personalidade no qual a pessoa extremamente extrovertida *é ativa, sociável, corre riscos, é impulsiva, expressiva, prática e irresponsável*. A personalidade classicamente introvertida, por outro lado, *é inativa, não sociável, cuidadosa, controlada, inibida, reflexiva e responsável*. Na realidade, poucas pessoas são totalmente extrovertidas ou inteiramente introvertidas, ou totalmente estáveis ou inteiramente instáveis. Testes de personalidade demonstram que as pessoas normalmente possuem uma combinação de traços bastante variáveis e que estão distribuídos entre os pontos mínimo e máximo de cada uma das escalas.

A **Tabela 3.1** mostra como essas variações poderiam resultar em diferentes tipos de personalidade, dependendo de sua localização nos quatro quadrantes produzidos pela comparação entre introversão/extroversão e estabilidade e instabilidade.

Tabela 3.1 - Diferêntes tipos de personalidade

Extrovertido estável	Tende a ser generoso e comunicativo, demonstra um temperamento que é sociável, expansivo, falante, responsivo, desembaraçado, espirituoso e despreocupado, com qualidades de liderança.
Introvertido estável	Tende a ser indiferente e lento, demonstra um temperamento calmo, tranquilo, confiável, controlado, pacífico, atencioso, cuidadoso e passivo.
Introvertido instável	Tende a ser mais deprimido e triste, demonstra um temperamento quieto, não sociável, reservado, pessimista, sóbrio, rígido, ansioso e mal-humorado.
Extrovertido instável	Tende a ficar facilmente com raiva e a reagir rapidamente, demonstra um temperamento melindroso, impaciente, agressivo, irritável, instável, impulsivo, otimista e ativo.

Embora essa teoria do traço de personalidade seja atraente exatamente por ser de fácil compreensão e parecer refletir o "senso comum" – os gregos antigos identificaram quatro tipos semelhantes de personalidade – há vários problemas relacionados ao modelo que descreve esses "tipos" de personalidade:

- eles levam a muitas suposições sobre as pessoas e à crença de que elas reagirão sempre da maneira esperada;
- partem do princípio de que esses tipos não mudam no decorrer do tempo;
- levam pouco em consideração as influências culturais ou sociais sobre o temperamento das pessoas.

Com isso, os traços identificados podem ser úteis na construção de um retrato mais detalhado do comportamento das pessoas ou do tipo de pessoa mais adequada para desempenhar um determinado papel ou uma função particular.

As pessoas que trabalham na indústria da hospitalidade tendem a ter personalidades mais extrovertidas. No entanto, seria um erro empregar pessoas que sejam extremamente extrovertidas, ou seja, que apresentem um elevado nível de extroversão em todas as sete dimensões normalmente consideradas, pois, apesar de parecer óbvio que ter pessoas *ativas, sociáveis, expressivas e práticas* trabalhando em empresas da área de hospitalidade pode trazer benefícios para o negócio, a verdade é que esses indivíduos podem também criar problemas, como funcionários, exatamente porque *gostam de correr riscos, são impulsivos e irresponsáveis*.

Pesquisa com gestores de empresas do setor de hospitalidade e programas de treinamento voltados para eles demonstram que a maioria esmagadora dos gestores tem *preferências de estilo de aprendizado* que são *ativistas*. Ou seja, eles acham que se aprende mais quando são mesclados a experiência e o aprendizado prático. Eles gostam de aprender a partir de situações concretas e não acham que a reflexão e a teorização sejam assimiladas com facilidade. Esse tipo de gestor:

- dedica muita energia para realizar coisas. Testa novas ideias. Gosta de concluir as coisas. Aprecia a atividade. Gosta do presente e expressa seus sentimentos com prazer;

- frequentemente age sem pensar. Comete erros por falta de planejamento. Pode repeti-los. Pode trabalhar de modo imprevisível e espalhar confusão.

É essencial que gestores eficazes de empresas da área de hospitalidade sejam *praticantes reflexivos* e, da mesma forma, os programas de desenvolvimento de gestores na indústria e na universidade ou na faculdade precisam entender que as preferências de estilo de aprendizado dos gestores estão baseadas em seus perfis de personalidade. Pessoas com personalidade extrovertida, que fazem as coisas porque se sentem bem, são em geral atraídas para carreiras de gerenciamento na indústria da hospitalidade. O programa de desenvolvimento implantado pelo gestor deve funcionar levando em consideração essas preferências, ou seja, deve buscar construir habilidades de reflexão e de teorização.

3.1.2. Crenças

As crenças são um reflexo do que as pessoas "conhecem" sobre o mundo. O conhecimento, nesse sentido, não é apenas um espelho do que se sabe a respeito dos fatos, embora o conhecimento dos fatos seja também um sistema de crença. As crenças podem incluir:

- o conhecimento dos fatos: a água é composta de dois átomos de hidrogênio e um átomo de oxigênio;
- aquilo que uma pessoa deseja que seja verdade: que meu time de futebol conquiste o campeonato;
- como uma pessoa se identifica em relação às outras: crenças políticas e religiosas desempenham esse papel;
- o conhecimento que os indivíduos não conseguem provar, mas que aceitam como matéria de fé.

Crenças e percepções interagem com frequência. Percepções são em parte formadas por crenças – as pessoas percebem as coisas de acordo com aquilo em que creem. As crenças também são percepções reforçadas – indivíduos têm percepções sobre as coisas por causa de suas crenças.

Para o gestor de um negócio, é importante compreender que todos, líderes, funcionários e clientes podem ter crenças distintas.

O gestor deve estar ciente de que diferenças relativas a crenças podem ser uma fonte de tensão e conflito. Diferenças nas crenças relacionadas a vestuário, língua e comportamento, por exemplo, podem gerar problemas. Deve estar sensível às crenças alheias e ter consciência de que observações debochadas ou inadequadas podem ser ofensivas. Deve ter como objetivo estabelecer uma crença compartilhada que esteja relacionada com o sucesso do negócio, estabelecida dentro dos padrões necessários e que leve ao reconhecimento do desempenho eficaz das pessoas.

3.1.3. Valores

Os valores são aquilo que as pessoas querem que se constitua como verdade, que os indivíduos, no final das contas, reconhecem. Há dois tipos de valores:

- valores finais – como as coisas deveriam ser no fim de tudo – uma vida confortável, um sentido de realização, um mundo pacífico, igualdade, sabedoria, respeito próprio etc.;
- valores instrumentais – que deveriam conduzir a vida diária das pessoas – tolerância, entusiasmo, utilidade, obediência, educação, controle.

Testes demonstram que indivíduos diferentes têm valores diferentes, que tendem a se agrupar. As pessoas sempre expressam, por meio de seus valores, sua opinião sobre o que consideram ser importante. Algumas pessoas dão prioridade à "situação do mundo", enquanto outras dão prioridade a valores relativos aos seus relacionamentos com outras pessoas ou sobre como acham que as coisas deveriam ser. De certa forma, os valores refletem tendências de comportamento mais extrovertidos ou introvertidos.

Além disso, quanto a esses valores gerais aos quais as pessoas se apegam, há vários diferentes conjuntos de suposições que as pessoas fazem sobre eles e também diferentes conjuntos de prioridades.

Eis alguns estereótipos comuns sobre as pessoas, no ambiente de trabalho:

- econômico-racional;
- social;
- da autorrealização.

Os gestores geralmente desenvolvem maneiras herméticas de pensar sobre as pessoas e sobre as coisas que elas valorizam no ambiente de trabalho. Esses *estereótipos* podem gerar dificuldades no trato com os funcionários, porque o gestor acaba enxergando o que espera ver e não o que de fato está acontecendo. O capítulo anterior identificou uma tendência generalizada dos que estão em posição mais elevada de achar que os funcionários preocupam-se mais com o mundo material do que com eles mesmos. Esses gestores estariam, por este modelo, adotando um *estereótipo econômico-racional* ao analisar os valores e as prioridades de seus subordinados. O estereótipo preferido pelos gestores costuma refletir os seus próprios valores e não os dos funcionários. Para entender o comportamento das pessoas no ambiente de trabalho é necessário:

- aceitar que as pessoas são diferentes de nós;
- tratá-las como indivíduos e não criar expectativas em relação a elas;
- usar modelos e teorias como simples manuais e não como uma orientação definitiva e clara.

a. Estereótipo econômico-racional

Este estereótipo considera o perfil das pessoas como especialmente motivadas por incentivos econômicos e recompensas materiais. O conceito é o de que os valores dessas pessoas estão mais relacionados a benefícios materiais e pessoais. Os valores dominantes priorizam a *ambição, a obtenção de uma vida confortável e a obediência,* por exemplo. O gestor que sustenta essa visão acredita que as pessoas agem sempre para maximizar essas recompensas materiais em detrimento da obtenção de outros benefícios do trabalho. Quando o gestor leva em conta esse conjunto de valores, em geral ele prioriza, no ambiente profissional, a eficiência do funcionário no que diz respeito à produtividade, os incentivos monetários, a competição entre os indivíduos e a rígida supervisão dos funcionários, juntamente com um estilo de gerenciamento bastante direto.

b. Estereótipo social

O estereótipo social diz respeito às pessoas que são motivadas, no ambiente profissional, por necessidades sociais e que fazem parte de um grupo social. Neste caso, os valores dos indivíduos, neste ambiente, estão concentrados nos relacionamentos com os outros e nas obrigações para com eles. Ser membro de um grupo dá aos indivíduos um sentimento de identidade e de proteção. Os valores dominantes, portanto, vão priorizar *a amizade verdadeira, o reconhecimento social e a utilidade.* Os gestores que, no ambiente de trabalho, valorizam este estereótipo, dão ênfase aos relacionamentos humanos no trabalho e criam oportunidades para que os indivíduos possam identificar-se com as necessidades do grupo a que pertencem e reconhecer-se na identidade do departamento e da organização.

c. Estereótipo da autorrealização

Este estereótipo vê as pessoas como sendo motivadas pelo sentimento de realização no trabalho e pela consequente necessidade de desenvolvimento de habilidades e capacidades profissionais. Os valores dominantes estão, portanto, relacionados prioritariamente à qualidade da vida no trabalho e às oportunidades de crescimento e desenvolvimento pessoal de cada um. Os valores dominantes irão priorizar *o sentimento de realização, respeito e controle próprios*. Os gestores que no trabalho valorizam este estereótipo dão ênfase ao planejamento do trabalho, à satisfação do funcionário e à autonomia. O foco está na delegação de responsabilidades e no gerenciamento participativo, bem como no treinamento e no desenvolvimento do funcionário.

d. O problema dos estereótipos

O grande problema dos estereótipos é que eles são restritivos e supõem que as "pessoas são todas iguais". Os gestores que se baseiam apenas em um deles acabam por acreditar nele e agir como se fosse uma verdade, porém, os estereótipos podem não se aplicar a algumas pessoas e apenas parcialmente a outras. O gestor eficiente deve:

- reconhecer que as pessoas são complexas;
- reconhecer que as pessoas variam e mudam muito em função das experiências pelas quais passam;
- reconhecer que é um erro olhar para as atitudes e as motivações das pessoas de uma maneira superficial.

3.1.4. Atitudes

São expressões do que as pessoas sentem em relação a coisas que elas acreditam existir. As atitudes são normalmente expressas como declarações de *preferência* ou *antipatia* ou de *acordo* e *desacordo*. Em geral, são expressões de estados emocionais interiores, como medo ou inveja, ou de valores e crenças. Embora as pessoas nem sempre ajam em consonância com elas, muitas organizações aplicam pesquisas que buscam relacionar as atitudes dos funcionários e o nível de satisfação do cliente.

Conforme declarado anteriormente, a relação entre as atitudes e o comportamento das pessoas não é direta. Supostamente, existe também uma relação entre a satisfação do funcionário e

- a satisfação do cliente;
- a qualidade do serviço;
- a produtividade e a persuasão de compra; e
- a rotatividade e a retenção de pessoal.

Há algumas questões a serem consideradas. Quais, em geral, são as causas para a satisfação ou para a insatisfação? Que atitudes o gestor deve tomar para evitar a insatisfação?

3.1.5. Percepção

Eis alguns pontos úteis a respeito da percepção humana:

- as pessoas interpretam as informações e dão significado a elas;
- pessoas diferentes podem perceber as mesmas coisas de maneiras diferentes;
- o contexto influencia o modo como as pessoas percebem as coisas;
- conhecimento e experiência prévios influenciam as percepções;
- em alguns casos, as percepções são distorcidas por expectativas.

Embora os exemplos usados estejam todos baseados em percepção visual, essas observações gerais podem ser aplicadas às percepções das pessoas por meio de todos os sentidos. Na verdade, uma grande proporção da percepção humana é formada pelo sentido visual.

Os gestores de um negócio precisam entender essas influências de percepção, porque clientes, funcionários e até eles mesmos estão sujeitos a elas, e os conflitos de percepção estão no cerne de muitos dos problemas empresariais.

Os clientes têm diferentes percepções sobre a qualidade do serviço, quando comparadas às dos gestores e dos funcionários.

Do mesmo modo, os funcionários podem perceber de maneira diferente seu relacionamento com os gestores e pode haver até mesmo diferenças de percepção entre os próprios funcionários.

Como já foi visto, criar estereótipos é um problema comum nas interações humanas. As pessoas esperam que as outras ajam de uma maneira predeterminada e a interpretação de suas ações quase sempre distorce as percepções, a fim de confirmar o prejulgamento realizado. Os gestores precisam reconhecer as suas próprias predisposições, capazes de gerar interpretações da realidade diferentes da própria realidade – como no exemplo em que eles acham que os funcionários não são dignos de confiança. Quase sempre esses gestores adotam sistemas que exercem controle excessivo sobre a equipe e acabam por criar situações que confirmam as suas predições.

Tipicamente, a maioria das pessoas não consegue se descrever sem fazer alguma referência a pelo menos um grupo social que lhes dê um sentido de identidade, nacionalidade, origem, religião, partido político, classe social, profissão, relacionamentos familiares, torcedor de time de futebol etc. Quantas dessas palavras você costuma usar para descrever a si mesmo?

3.2. INDIVÍDUOS EM GRUPOS

Fazer parte de um grupo, mesmo quando as pessoas não conseguem conhecer todos os membros, ajuda a definir quem somos e, mais importante, a definir quem não somos. Esses rótulos acabam por determinar o comportamento e as expectativas das pessoas, ajudando a estabelecer códigos de ações e de crenças esperadas.

Os indivíduos em geral pertencem a dois tipos de grupos. Os *grupos secundários*, são aqueles aos quais as pessoas pertencem ou ao qual se afiliam, onde os membros são, em sua maioria, desconhecidos uns dos outros. Em outras palavras, uma pessoa pode declarar-se pertencente a um grupo nacional, digamos os ingleses, sem conhecer todas as outras pessoas que compõem a nação – os ingleses. No entanto, fazer parte desse grupo pode gerar todo tipo de comportamento, tanto positivo quanto negativo, como torcer para um time de futebol determinado ou entrar em conflito com torcedores de outros times.

As pessoas pertencem também a *grupos primários*, que são menores – normalmente com no máximo 10 membros, onde todos se conhecem. Tipicamente, os indivíduos fazem parte de famílias e grupos de trabalho que existem na forma de grupos primários. De maneira formal, o uso do trabalho em equipe e de grupos de trabalho autônomos reconhece essa dinâmica social, porém, mesmo em situações onde fazer parte de equipes e de grupos não é parte da estrutura de gerenciamento, ser membro de um grupo vai influenciar o comportamento no trabalho. O grupo influencia o comportamento individual:

- fornece um senso de identidade;
- desenvolve uma estrutura que inclui papéis, tais como o do líder;
- estabelece normas e expectativas sobre como os membros se comportam;

- pressiona os indivíduos para se conformarem às normas;
- dá aos indivíduos um senso de segurança;
- defende os indivíduos das ameaças externas ao grupo;
- pode melhorar o resultado coletivo, por meio do apoio mútuo;
- pode resultar em conflito com outros grupos;
- capacita a agir de maneira unificada;
- fornece um meio de comunicação e de desenvolvimento de conhecimento compartilhado.

Fazer parte de um grupo proporciona alguns benefícios potenciais ao processo de desenvolvimento de autodisciplina e ao direcionamento da melhoria do desempenho individual, a partir da participação do indivíduo em equipes e em grupos autônomos e semiautônomos de trabalho. No entanto, a psicologia social mostra que todas as influências positivas e negativas sobre o comportamento do grupo são em geral encontradas no local de trabalho, e o gestor deve estar ciente dessas forças.

Os funcionários, individualmente, são membros da estrutura de grupo formal que a organização estabelece:

- departamentos dentro da unidade;
- diferenças de cargos e de funções, dentro de um cargo;
- diferente membresia de unidade;
- unidades em diferentes marcas dentro do grupo;
- unidades em outras companhias etc.

Essas formas de associação dos funcionários com o grupo, que surgem a partir da estrutura formal da empresa, podem ajudar os gestores a desenvolver um sentido de propósito comum a todos, bem como de expectativas compartilhadas. Desse modo, criar um senso de "nós e eles" pode auxiliar o gestor a ver a empresa sendo bem-sucedida em comparação com as concorrentes. Ao mesmo tempo, a estrutura formal pode criar um clima no qual as pessoas de diferentes departamentos estejam em conflito umas com as outras e formem uma barreira à operação eficiente. Os conflitos tradicionais entre a cozinha e o restaurante são um bom exemplo dos efeitos negativos que o conflito excessivo pode produzir.

Ao mesmo tempo, os indivíduos pertencem a agrupamentos informais que são uma consequência natural do fato de as pessoas trabalharem juntas. Esses agrupamentos também podem ter efeitos positivos e negativos sobre o grupo. A filiação a um grupo informal pode funcionar como um mecanismo de apoio mútuo e de propósito partilhado, que leva à elevação do moral e do compromisso das pessoas entre si e com a empresa. Ao mesmo tempo, os grupos informais podem produzir normas de comportamento que atrapalham a produtividade e criam conflitos com a gerência. Líderes informais podem desempenhar um importante papel na criação de situações de desafio ao gestor, como líder formal.

Para gerenciar o negócio de maneira efetiva, é preciso reconhecer as influências dos membros do grupo informal sobre o comportamento dos indivíduos e tentar lidar com esses líderes informais. Como já foi visto em capítulos anteriores, o trabalho em equipe e os membros do grupo de trabalho autônomo podem ser tratados a partir de determinadas técnicas. No mínimo, você pode:

- trabalhar com os membros do grupo para reduzir a rotatividade de pessoal;
- usar os grupos para auxiliar na solução de problemas;
- encorajar um senso comum de propósito e objetivos partilhados;
- reconhecer e incorporar líderes não oficiais, a partir da influência que têm sobre o grupo;
- oferecer incentivos ao desempenho em grupo;
- dar oportunidade para que o trabalho em grupo eficiente se estabeleça.

3.3. INFLUENCIANDO AS OUTRAS PESSOAS

Gestores eficientes precisam conseguir exercitar uma gama de habilidades, atitudes e comportamentos para persuadir as outras pessoas a agir da maneira desejada. Este livro tem mostrado que funcionários motivados e comprometidos são essenciais para a alta qualidade do desempenho nos negócios da área de hospitalidade. Técnicas tradicionais de comando e de controle e estilos de gerenciamento autoritários não são compatíveis com o desenvolvimento de motivação e de compromisso por parte dos funcionários. Gerenciar funcionários mais envolvidos e participativos requer persuasão e não imposição.

É preciso exercitar um *poder pessoal* que vai além da estrutura de poder e até mesmo da especialidade gerencial. O poder pessoal é usado para influenciar pessoas e ações, para lidar com outros indivíduos. Usá-lo de uma maneira positiva é sinônimo de delegar responsabilidades para outras pessoas e trabalhar a partir delas, sem perder o seu próprio poder pessoal. Ao delegar responsabilidades, o gestor produz funcionários mais comprometidos, que tomam decisões de maior qualidade, em um ambiente de confiança mútua, capaz de gerar uma situação em que todos ganham e da qual todos se beneficiam.

Ter poder pessoal, portanto, significa ter a habilidade de influenciar outras pessoas. Exercer este poder não tem a ver com intimidação ou ameaça, por meio de demonstração de agressividade e da criação de conflitos. Influenciar as outras pessoas implica modificar ou afetar os pensamentos, atitudes ou comportamento alheios. Há muitas maneiras de realizar isso e uma delas é a *assertividade*. Ser assertivo tem muito a ver com delegar responsabilidades às pessoas e torná-las mais autoconfiantes.

3.3.1. Assertividade

A assertividade diz respeito a defender seus próprios interesses sem prejudicar os dos outros. Diz respeito a estar ciente dos direitos e da dignidade alheios, sem abrir mão dos seus próprios direitos e dignidade. A abordagem requer que as pessoas aprendam a apreciar as opiniões e os sentimentos umas das outras sem serem agressivas ou inseguras. Em outras palavras, sem defender seus direitos à custa dos outros ou permitir que os direitos dos outros sejam expressos à custa dos seus.

Suponha que um colega de trabalho permanentemente transfira parte das tarefas que deveriam ser feitas por ele para que você faça. Você não quer que essa situação continue. A pessoa acaba de lhe pedir mais trabalho e você diz,

"Não, José, não vou mais fazer o seu trabalho. Decidi que não é certo para nenhum de nós que eu faça o meu trabalho e o seu."

Postura assertiva.

"Esqueça. Já deu. Você me trata como escravo. Não tem vergonha, nem qualquer consideração por mim."

Postura agressiva.

"Eu estou muito ocupado. Mas, se você não pode terminar o trabalho, acho que posso ajudá-lo."

Postura insegura.

Muitas pessoas acham que o comportamento inseguro é, também, harmônico, porque expor desentendimentos resulta em conflitos e desarmonia. Posturas assim são um erro, porque evitar conflitos não remove as diferenças em termos de percepções ou de interesses. Os conflitos frequentemente se baseiam em percepções diferentes e em mal-entendidos e, muitas vezes, refletem diferenças irreconciliáveis de interesse. Nesses casos, reconhecer e gerenciar as diferenças em uma atmosfera de respeito mútuo é essencial.

3.4. LIDANDO COM OS CONFLITOS

Os conflitos ocorrem quando os interesses de duas ou mais pessoas são incompatíveis. São uma característica inevitável na dinâmica organizacional dos serviços de empresas da área de hospitalidade.

Fundamentalmente, o relacionamento entre a organização e os funcionários, entre os funcionários e os clientes e entre os clientes e a organização é composto de interações entre partes diferentes, com necessidades diversas e conflituosas. Embora clientes, funcionários e o gestor da organização possam trabalhar juntos e em harmonia durante boa parte do tempo, os conflitos de interesse sempre existem, mesmo de uma maneira velada. Por exemplo:

- na relação funcionário/organização, salários para funcionários são custos para a organização;

- na relação funcionário/cliente, a necessidade de servir ao cliente representa trabalho e esforço para os funcionários;
- na relação cliente/organização, a satisfação no atendimento ao cliente representa receita de vendas para a organização.

A **Figura 3.2** mostra os conflitos de controle que podem existir entre as três partes envolvidas na prestação de serviços. Os conflitos pessoais também existem entre funcionários, entre gestores e entre clientes. Esses conflitos, embora não sejam um aspecto fundamental do relacionamento, são uma parte natural das organizações de todos os tipos e também nas pequenas empresas da área de hospitalidade. Isso acontece por conta das diferenças de personalidade, crenças, atitudes de valor e percepções entre as pessoas envolvidas no negócio.

Figura 3.2 — Controle de conflitos na prestação de serviços

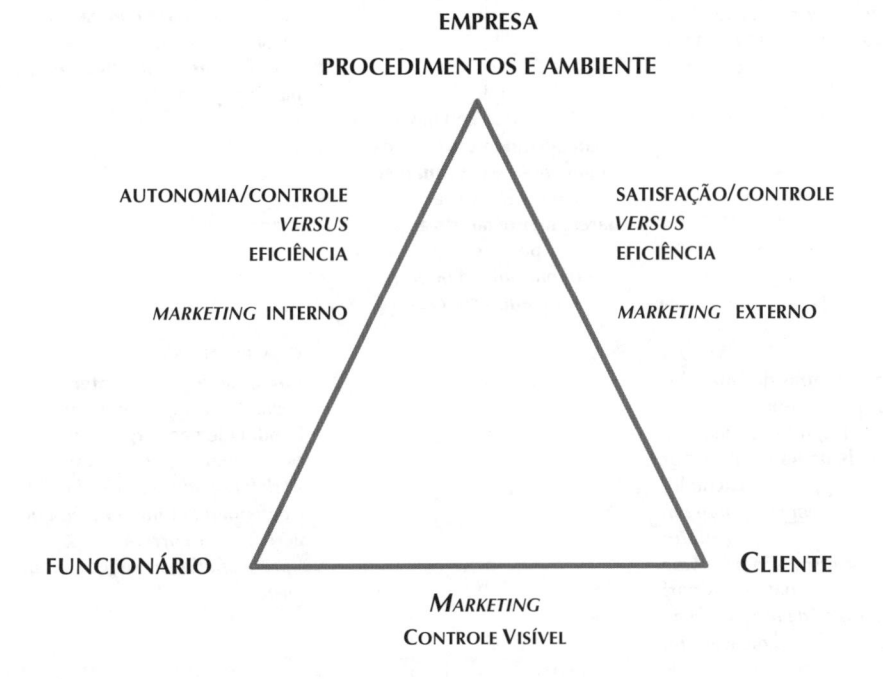

```
                        EMPRESA
              PROCEDIMENTOS E AMBIENTE
                           △
                          ╱ ╲
                         ╱   ╲
    AUTONOMIA/CONTROLE  ╱     ╲  SATISFAÇÃO/CONTROLE
         VERSUS        ╱       ╲      VERSUS
        EFICIÊNCIA    ╱         ╲    EFICIÊNCIA
                     ╱           ╲
      MARKETING INTERNO          MARKETING EXTERNO
                   ╱               ╲
                  ╱                 ╲
  FUNCIONÁRIO   ╱_____╲  CLIENTE
                      MARKETING
                   CONTROLE VISÍVEL
```

Fonte: adaptado de Bateson (1985)

Grande parte da retórica organizacional das empresas da área de hospitalidade é inútil, porque sugere uma harmonia de interesses que na verdade não existe. Os funcionários não são clientes internos, são pessoas que trabalham por salários, e organização nenhuma tem interesse em agradar os clientes externos se não puder lucrar com isso.

Se, por um lado, o conflito é uma consequência natural da vida organizacional, nem sempre pode ser visto como algo ruim. O conflito pode produzir tensões criativas, que acrescentam vigor aos processos de tomada de decisões e de resolução de problemas. Ao reconhecer as tensões e conflitos naturais que surgem na vida organizacional, o gestor pode usá-los no sentido de promover o aprimoramento dos resultados da empresa. No mínimo, é essencial reconhecer os efeitos prejudiciais potenciais dos conflitos e compreender como eles podem ser tratados.

A **Figura 3.3** mostra estratégias para lidar com conflitos e o modo como podem ser gerenciados.

Figura 3.3 — Estratégias para lidar com o conflito

COOPERATIVO

ACOMODADO
Negligencia sua própria posição para satisfazer a de outros. Por exemplo,
- *generosidade ou caridade altruísta;*
- *aceitar uma instrução quando alguém preferiria não aceitar;*
- *submeter-se ao ponto de vista de outro.*

COLABORATIVO
Trabalhar com a outra parte para encontrar alguma solução que satisfaça os interesses de ambas as partes. Por exemplo,
- *explorar desavenças para aprender um com o outro;*
- *concordar para compartilhar recurso escasso;*
- *confrontar e encontrar solução para um problema.*

CONDESCENDENTE
Encontrando uma solução conveniente e mutuamente aceitável, satisfazendo parcialmente ambas as partes, por exemplo,
- *diminuindo a diferença*
- *trocando concessões.*

INSEGURO ——— ——— ASSERTIVO

PREVENIDO
Não vai atrás dos próprios interesses, nem os interesses da outra parte, ou seja, não está envolvido no conflito, por exemplo,
- *diplomaticamente evitando um assunto;*
- *adiando a discussão para uma data posterior;*
- *retirando-se de uma situação ameaçadora.*

COMPETITIVO
Buscando o próprio interesse à custa da outra parte, usando habilidade para argumentar, poder e *status*, por exemplo,
- *"defendendo seus direitos";*
- *defendendo uma posição que acredita ser correta;*
- *preocupado em vencer a todo custo.*

NÃO COOPERATIVO

As maneiras de gerenciar o conflito podem ser mapeadas por meio de dois grupos de questões: até onde o gestor está sendo assertivo ou inseguro, ou tentando ser cooperativo ou não cooperativo. A interação entre esses dois fatores sugere que existem cinco abordagens potenciais para lidar com o conflito e com situações conflituosas. Sem consideração e reflexão, a abordagem é em grande parte dirigida pela personalidade, pelos valores, pelas atitudes baseadas em crença e pelas percepções do gestor. Em ambos os casos, pode haver situações onde a abordagem seja apropriada, e, em todos os casos, os gestores devem estar cientes das consequências de sua abordagem. Ou seja, em situações de conflito, cada parte reagirá às ações da outra parte.

e. Colaborativa

Baseada na assertividade e na cooperação. A abordagem reconhece os conflitos de interesse e considera o que é mutuamente aceitável para ambos;

- os interesses de ambas as partes são importantes demais para serem comprometidos;
- o objetivo é aprender compartilhando as opiniões dos outros;
- busca-se conciliar os interesses diversos das partes diferentes;
- busca-se obter compromisso de ambas as partes em relação à decisão tomada;
- é preciso lidar com dificuldades nos relacionamentos interpessoais.

Várias técnicas para lidar com funcionários portadores de um estilo mais participativo são exemplos de onde esta abordagem pode ser utilizada com excelentes resultados. Os gestores que reconhecem a origem do conflito nos relacionamentos de trabalho sabem que essa abordagem não vai necessariamente resolvê-lo, mas pode assegurar o respeito mútuo e o compromisso com metas comuns. É preciso explorar as possibilidades de um resultado que seja de ganho mútuo. Por outro lado, as decisões podem levar um longo tempo para serem tomadas.

A abordagem pode ser aplicada no trato com os funcionários, fornecedores e clientes.

f. Competitiva

Baseada na assertividade e na ausência de cooperação. A abordagem consiste essencialmente em buscar o interesse de uma parte à custa da outra. Os gestores reconhecem o conflito de interesses com os funcionários, fornecedores ou clientes e estão determinados a tirar vantagem da situação. Em sua essência, a abordagem envolve um resultado em que há um vencedor e um perdedor. Uma parte ganha à custa da outra. Frequentemente é aplicada quando:

- é fundamental tomar uma decisão rápida;
- uma das partes está convencida de que está certa;
- a outra parte está tentando tirar vantagem da situação.

Muitos gestores de empresas de hospitalidade agem desse modo em relação aos funcionários. Em uma situação onde estes têm pouca oportunidade de enfrentar o gestor, mesmo por meio do poder coletivo de um sindicato, por exemplo, a resistência do funcionário a essa abordagem gerencial aparece como uma postura individual: o absenteísmo, o trabalho de baixa qualidade e os altos níveis de rotatividade de pessoal são uma consequência de atitudes como esta.

g. Cuidadosa

Baseada na abordagem insegura e não cooperativa. Geralmente essa abordagem tem consequências negativas, porque evita o conflito e o problema permanece sem solução. Trata-se de uma posição onde todos perdem. No entanto, pode haver ocasiões em que ela seja apropriada – por exemplo, no trato com clientes que estão fazendo reclamações que, em seu juízo, são injustificadas. Pode também se mostrar adequada:

- quando há outras questões mais urgentes;
- em situações onde há pouca chance de um desfecho satisfatório;
- onde o dano do conflito é maior que os benefícios de sua resolução;
- para resolver uma situação de tensão imediata;
- quando o conflito pode ser resolvido mais tarde;
- quando a questão é sinal de um problema maior.

Dar aos clientes o benefício da dúvida e evitar conflitos tem a vantagem de aumentar a satisfação do cliente, porém, há o risco de que alguns deles possam usar o conhecimento para fazer reclamações injustificadas, como um modo de obter descontos etc. Do mesmo modo, evitar conflitos com funcionários pode ter impacto negativo quando o problema permanece sem solução, ou nos casos em que o funcionário fica com a impressão de que "tudo pode".

h. Acomodada

Baseada na abordagem insegura e cooperativa. Essa abordagem reconhece que a outra parte tem um ponto justificável e que o indivíduo deveria ceder a isso. Trata-se de uma posição onde há um perdedor e um vencedor. Lidar com reclamações justificadas do cliente e com a compensação para o problema causado é um exemplo. Essa abordagem tem relevância particular nas seguintes circunstâncias:

- quando a parte percebe que está errada;
- quando a questão é mais importante para a outra parte que para você;
- quando o conflito continuado prejudicaria a sua causa;
- para evitar rupturas;
- para desenvolver os subordinados, permitindo que aprendam a partir dos seus erros.

Essa abordagem também pode ser aplicada no trato com os funcionários, particularmente em situações em que o gestor reconhece que a demanda deles é justa. A abordagem pode, no entanto, causar efeitos negativos se a concessão for feita apenas para manter a continuidade da operação e o problema permanecer sem solução, ou se os funcionários e clientes tiverem a impressão de que a concessão é algo que se repete, em qualquer ocasião.

i. Comprometida

Envolve elementos moderados de assertividade e cooperação. A abordagem aceita que as duas partes tenham pontos de vista mutuamente poderosos, porém, diferentes, ou que aquele conflito continuado não valha o esforço. Trata-se de uma posição na qual ambos ganham, em parte. Pode envolver negociações com funcionários em assuntos corporativos, ou fornecedores em questões relacionadas a suprimentos ou pagamento. É aplicada quando:

- o custo do potencial rompimento é maior que o benefício a ser obtido;

- há duas partes mutuamente poderosas, comprometidas com objetivos mutuamente exclusivos;
- para alcançar acordos temporários sobre questões complexas;
- pressões de tempo exigem uma solução apropriada para o problema;
- há uma posição de retrocesso, quando fracassam a colaboração e a competição.

De novo, quando as partes fazem um acordo, com o qual "ambas possam viver", o principal perigo é que os conflitos permaneçam sem solução. Em seu íntimo, no entanto, elas sentem que cederam mais do que gostariam e isso acaba por acumular ressentimentos para o futuro.

Esse modelo dá uma percepção bastante clara do conflito e de como ele pode ser tratado. Ao final do dia, há apenas um número limitado de resultados gerados pelo conflito. Essas cinco posições realçam cada resultado possível e o relacionamento entre as partes. Fundamental para a solução do conflito é a habilidade de influenciar com eficiência, por meio da assertividade e da escuta ativa. Reconhecer o ponto de vista do outro e assegurar que ele entenda a sua posição é essencial.

3.5. PESSOAS MOTIVADAS NO TRABALHO

Gestores de pequenos negócios da área de hospitalidade dependem dos funcionários para operacionalizar os padrões de serviços definidos para a empresa. Trabalhar de acordo com os procedimentos, sem transgredir as regras e do "melhor jeito" são exigências comuns nos serviços do ramo. Além disso, oferecer um serviço eficaz é muito mais do que se comportar como um robô pré-programado. Os clientes esperam ser tratados como indivíduos, querem sentir que a pessoa que os serve está genuinamente interessada em suas necessidades. Ouve-se frequentemente que os funcionários têm de fornecer *trabalho emocional*, sentir pelo cliente. Além disso, espera-se que os funcionários do ramo de hospitalidade influenciem o cliente e o convençam a comprar mais do que era a sua intenção inicial. E também:

- trabalhem dentro de uma rotina;
- encantem os clientes, tratando-os como indivíduos;
- sintam-se comprometidos com o cliente;
- aceitem os objetivos comerciais apresentados pela organização;
- gerenciem todas essas situações conflitantes.

A motivação e o compromisso do funcionário são essenciais para o sucesso dos pequenos negócios da área de hospitalidade. No entanto, sua própria motivação é frequente e aleatoriamente deixada de lado. A seguir estão algumas sugestões de atitudes para gerar estímulos nos funcionários.

3.6. COMPREENDENDO OS INDIVÍDUOS

Como já foi visto, os indivíduos diferem em suas personalidades, crenças, valores, atitudes e percepções, no ambiente profissional. Eles também são diferentes em suas orientações para o trabalho. Para algumas pessoas, trabalhar é o aspecto principal de suas vidas, traz benefícios sociais e dá a elas um sentido de identidade. Em outros casos, o trabalho é um meio para se atingir um fim – as pessoas trabalham porque precisam trabalhar e, com isso, obtêm benefícios sociais e ganham um sentido de identidade. Muitas organizações de hospitalidade estruturam suas estratégias de motivação sobre estereótipos, como já foi visto anteriormente:

- econômico-racional;
- social;
- de autorrealização.

O modelo mais apropriado para esta abordagem é entender que as pessoas são *complexas*. Desse modo, o mesmo indivíduo pode, em momentos diferentes, priorizar diferentes recompensas do trabalho ou querer satisfazer todos os grupos de necessidades, de uma só vez. Aceitar que as pessoas são complexas é importante porque:

- evita suposições erradas sobre as pessoas e suas motivações;
- permite que os gestores sejam mais responsivos às necessidades do funcionário;
- admite-se que, com o tempo, as pessoas podem mudar.

Para entender as pessoas no ambiente profissional é, portanto, necessário considerar o indivíduo e o contexto geral do trabalho. A teoria do fator duplo de Herzberg é um modelo útil para compreender as pessoas e os prováveis fatores que orientam as suas motivações.

3.7. OS QUE SATISFAZEM E OS QUE NÃO SATISFAZEM

As pessoas experimentam uma variedade de emoções no trabalho. Algumas coisas as fazem se sentir felizes e motivadas, e outras as deixam decepcionadas e desestimuladas. Há expectativas em relação ao trabalho que os funcionários têm como certas, tais como as recompensas pela tarefa realizada. Há outras, ainda:

- condições físicas de trabalho;
- política e administração da empresa;
- segurança;
- relações com o supervisor;
- salário e recompensas materiais.

Se essas provisões não são apropriadas, os funcionários ficam insatisfeitos. Elas podem muito bem transformarem-se em "fatores de pressão" (este assunto será tratado mais tarde), que levam os funcionários a abandonar a empresa. Por outro lado, quando as coisas esperadas acontecem, isso também não costuma gerar mais motivação. Desse modo, um aumento salarial pode levar a um aumento de esforço por parte do funcionário, mas este efeito será passageiro.

a. **É possível para os funcionários sentirem-se insatisfeitos e não estarem motivados**

Os elementos motivacionais são aspectos do trabalho que fazem com que o indivíduo se sinta melhor – tais como os fatores intrínsecos discutidos no capítulo 2. Eles surgem no modo como o trabalho é planejado e, ainda mais importante, no modo como os funcionários são tratados:

- a partir do sentimento de realização;
- pelo conhecimento do trabalho feito pelo funcionário;
- pelas características do trabalho realizado;
- pelo desenvolvimento do sentimento de responsabilidade, no funcionário;
- pelo potencial do funcionário para se desenvolver.

Os funcionários que, no trabalho, alcançam esses resultados, estão mais propensos a se sentirem motivados, por causa da sua própria experiência. Eles fazem esforços extras e se engajam ativamente no trabalho e nos objetivos estabelecidos. Isso só acontece quando lhes são atribuídas e delegadas responsabilidades.

b. **Os elementos motivacionais criam bons sentimentos e aumentam a vontade de trabalhar bem. O dinheiro como elemento motivacional.**

Usando o estereótipo econômico-racional, muitas empresas consideram os incentivos financeiros como indutores poderosos do trabalho bem feito. As gorjetas ou a comissão nas vendas são constantemente utilizadas para estimular os trabalhadores nas empresas da área de hospitalidade. Em alguns casos, o pacote de recompensas é composto de um salário-base baixo, mais comissão de vendas e gorjetas. Claramente, esses métodos de recompensa têm como objetivo gerar vendas e promover a satisfação do cliente. E as recompensas financeiras podem de fato ser eficazes, de muitas maneiras, porque:

- estão ligadas a conquistas;
- fazem com que o funcionário se concentre no objetivo a ser alcançado;
- desenvolvem o interesse do funcionário pelo sucesso do negócio;
- encorajam os funcionários a ter uma postura empreendedora;
- são uma recompensa mais justa pelo esforço dos funcionários.

O problema é que elas podem também gerar efeitos negativos, à medida que as pessoas se concentram mais em fazer o que for preciso para maximizar a recompensa financeira, à custa de outros objetivos. As gorjetas, por exemplo, colocam o funcionário na posição de ter de trabalhar para dois chefes – a empresa e o cliente. Às vezes, o funcionário faz coisas que vão contra a política da empresa, para ganhar mais gorjetas. A comissão baseada em vendas pode também ter consequências negativas se os funcionários forem controladores ao extremo e ofenderem os clientes. Em ambos os casos, a competição pelos clientes que costumam dar gorjetas mais elevadas ou por atender as mesas das áreas mais movimentadas no restaurante, podem gerar desavenças entre os funcionários.

3.8. CONCLUSÃO

Este capítulo apresentou algumas ferramentas para a reflexão sobre as pessoas – funcionários e clientes – nos pequenos negócios da área de hospitalidade. É importante que, em seu papel social, o gestor reconheça que ambos são seres complexos, que esses modelos são úteis apenas como ponto de partida e que, na verdade, as pessoas raramente são uma coisa ou outra.

Os indivíduos diferem em suas personalidades, em muitas dimensões, ao longo dos graus de extroversão/introversão e estabilidade/instabilidade. Mesmo em relação a esses perfis, indivíduos podem ser mais propensos a uma dimensão em detrimento de outras, porém, raramente são extrovertidos ou introvertidos ao extremo. O recrutamento de funcionários precisa levar em conta esses fatores. Em outro nível, as pessoas são diferentes em suas crenças, valores e atitudes, bem como possuem diferentes opiniões em relação a assuntos similares. Diferenças nas opiniões de um funcionário, um gestor e um cliente podem gerar dificuldades, quando há conflito de expectativas.

Além de entender os funcionários como indivíduos, é preciso também compreender que eles formam grupos informais no ambiente de trabalho. Os grupos aos quais os indivíduos pertencem influenciam o seu comportamento individual. Os capítulos anteriores têm destacado a associação do indivíduo ao grupo como um dispositivo útil para o gerenciamento, como uma forma de influenciar o desempenho individual. As associações a grupos informais, no entanto, são também importantes por causa do impacto sobre o moral e o comportamento dos funcionários.

Um gestor de negócios precisa estar preparado para exercitar seu poder pessoal e influenciar as outras pessoas. A compreensão das posturas de assertividade, agressão e insegurança dá ao gestor algumas ferramentas valiosas que o ajudam a reduzir desavenças no ambiente de trabalho e a conquistar apoio, por parte dos funcionários. Em particular, é precioso o impacto sobre o processo de resolução de conflitos. Os gestores precisam lidar com conflitos em diversos níveis e dimensões. Muitos dos relacionamentos entre os clientes, a empresa e os funcionários são baseados em conflitos fundamentais de interesse. É essencial que o gestor adote posturas que minimizem os efeitos negativos que se advêm daí.

Finalmente, é preciso estimular os funcionários a trabalharem bem. Entender seus motivos e inclinações e suas diferenças individuais é um ponto de partida importante. Além disso, é necessário reconhecer que os funcionários têm expectativas sobre como devem ser tratados e que, se essas expectativas não forem atendidas, isso será motivo de insatisfação. E, ainda mais importante, é preciso compreender que os funcionários têm uma gama de necessidades que podem ser satisfeitas e podem produzir sentimentos de harmonia e de bem-estar.

CAPÍTULO 4
Retenção e rotatividade de pessoal

OBJETIVOS DO CAPÍTULO

Depois de ler este capítulo, você deverá ser capaz de:

- identificar as causas da rotatividade de pessoal;
- calcular os índices de rotatividade e de retenção de pessoal usando um conjunto de técnicas;
- avaliar o custo da rotatividade de pessoal;
- sugerir maneiras de reduzir a rotatividade no trabalho, em determinadas situações.

Problemas ocultos, custos ocultos.

A rotatividade de pessoal continua a ser uma questão controversa na indústria da hospitalidade. Muitos gestores veem o processo de perda e substituição de pessoal como uma característica inevitável da indústria do emprego. Desde que possam continuar a recrutar pessoas quando necessário, tratam o assunto como algo que "simplesmente é como é". É comum para muitas organizações, por exemplo, não manter registro do número de funcionários que saem da empresa e são substituídos, e é ainda mais comum não levar em conta o custo de rotatividade de pessoal ou não valorizar os benefícios da retenção de pessoal.

Alguns gestores chegam até mesmo a considerar a rotatividade de pessoal como positiva, porque permite que eles manipulem o tamanho de sua força de trabalho sem resistência por parte dos funcionários e sem necessidade de fazer demissões compulsórias quando as condições de mercado pioram. No entanto, cada vez mais gestores em empresas da área de hospitalidade reconhecem a rotatividade no trabalho como algo *custoso* e que *cria dificuldades operacionais,* particularmente quando o pessoal mais capacitado ou da linha de frente deixa a empresa. Consequentemente, muitos agora têm registros detalhados dos níveis de rotatividade no trabalho, embora poucos se responsabilizem por eles ao avaliar o desempenho do negócio. Este capítulo argumenta que a rotatividade de pessoal pode representar um custo adicional considerável ao negócio. Os gestores podem reduzir o número de pessoas que deixam a organização, porém, fundamentalmente, a organização precisa entender:

- os níveis em que essa rotatividade se dá;
- as causas para os funcionários saírem da empresa;
- os custos da rotatividade de pessoal;
- o valor da retenção de pessoal.

4.1. CAUSAS E TIPOS DE ROTATIVIDADE DE PESSOAL

A rotatividade de pessoal é mais bem compreendida como o movimento do trabalho para dentro e para fora de uma organização. Conforme indicado anteriormente, alguns profissionais e acadêmicos veem benefícios positivos na *rotatividade controlada de pessoal*:

- se os que deixam a organização possuem desempenho inferior;
- se novos funcionários trouxerem novas habilidades e ideias;
- se a organização foi renovada com a mudança promovida pelos novos funcionários.

No entanto, com muita frequência, é o pessoal mais qualificado que deixa a empresa e a rotatividade é *descontrolada*. Nessas circunstâncias, a rotatividade pode:

- arruinar o planejamento da empresa;
- tem um efeito desastroso no moral do pessoal;
- representar um custo extra considerável para o negócio;
- reduzir a qualidade do serviço;
- gerar insatisfação no cliente.

Frequentemente, estabelece-se um ciclo vicioso, onde a alta rotatividade de pessoal resulta em recrutamento e seleção mal feitos porque muito rápidos, em raciocínio improdutivo, em treinamento limitado, em pressão da superintendência e da gerência e em baixo moral, o que leva à instabilidade e à rotatividade no trabalho. A **Figura 4.1** mostra esse ciclo vicioso e representa as experiências de muitas empresas da área de hospitalidade.

Algumas saídas da organização, causadas por aposentadoria, doença, gravidez etc., são inevitáveis, porque esse aspecto da vida empresarial é, de muitas maneiras, necessário. A **Tabela 4.1** relaciona algumas das causas desse processo inevitável.

Figura 4.1 — O ciclo vicioso de rotatividade de pessoal

ALTA ROTATIVIDADE DE PESSOAL
MORAL BAIXO E INSTABILIDADE
CRISE NOS PROCEDIMENTOS DE SELEÇÃO
PRESSÃO DA GERÊNCIA
TREINAMENTO APRESSADO
PRESSÃO DA SUPERINTENDÊNCIA

Tabela 4.1 — Algumas razões para a rotatividade inevitável de pessoal

ROTATIVIDADE INEVITÁVEL DE PESSOAL
Aposentadoria
Doença
Morte
Casamento
Gravidez
Mudança da área
Alunos retornando para a faculdade ou para casa

No entanto, nas situações em que a rotatividade no trabalho é alta, isso se dá devido a razões que o gestor pode gerenciar. Desse modo, insatisfação do funcionário com o treinamento e o desenvolvimento pessoal, níveis de salário, estilos e políticas de gerenciamento, os colegas e a satisfação com o trabalho de modo geral são questões que precisam estar compatíveis com as expectativas do funcionário, como demonstra a **Tabela 4.2**.

Tabela 4.2 — Algumas razões para rotatividade de pessoal que se pode evitar

ROTATIVIDADE DE PESSOAL QUE SE PODE EVITAR
Insatisfação com salários
Relacionamento com a gerência
Falta de treinamento
Ritmo do trabalho e estresse
Relacionamento com outros membros do *staff*
Carga horária do trabalho
Dificuldades de transporte

Frequentemente, como se observa na **Tabela 4.3**, não há um único fator que faz com que as pessoas deixem voluntariamente uma organização e, na maioria das vezes, sua decisão é determinada por fatores *internos* e *externos*. Os internos são os geradores de insatisfação com a organização em si, e os externos, os benefícios oferecidos pelos empregadores concorrentes.

Tabela 4.3 — Algumas fatores internos e externos que influenciam a rotatividade de pessoal

FATORES INTERNOS	FATORES EXTERNOS
Descontentamento com os líderes	Salário maior
Imagem fraca da organização	Carga horária melhor
Termos e condições medíocres	Estabilidade
Padrões de trabalho injustos	Emprego alternativo
Baixos salários	Melhores perspectivas de carreira
Carga horária inadequada	Melhor treinamento e desenvolvimento
Falta de autonomia	Delegação de responsabilidades

Nessas circunstâncias, é importante que os gestores entendam o mercado de trabalho e prestem atenção aos termos e condições de emprego que são oferecidos por outras empresas. Níveis de emprego e desemprego têm efeito sobre a rotatividade de pessoal nas empresas da área de hospitalidade. A rotatividade deve provavelmente ser maior quando há muitos empregadores procurando pelo mesmo tipo de funcionário. Nessas circunstâncias, deve-se assegurar que os termos e condições de emprego sejam tão bons ou melhores que os dos concorrentes e que os *fatores externos* sejam minimizados. Em outras palavras, que a satisfação do pessoal seja alta e que os funcionários tenham poucas razões para sair da empresa. É preciso lembrar que os pequenos negócios da área de hospitalidade:

- empregam pessoas para fazerem tarefas rotineiras e que muitas vezes não exigem experiência prévia;
- empregam um grande número de funcionários em tempo parcial;
- competem por profissionais com outras organizações de hospitalidade;
- competem com supermercados e outros negócios de varejo;
- frequentemente empregam pessoas durante horários alternativos;
- recrutam pessoas da comunidade local.

Do mesmo modo, é importante considerar a saída *involuntária* da empresa, bem como as causas *voluntárias* sugeridas anteriormente. A rotatividade de trabalho involuntária ocorre contra o desejo do funcionário. Em alguns casos, observe-se a **Tabela 4.4**, a rotatividade talvez seja compreensível; porém, nos casos de conduta inadequada, absenteísmo e desempenho ruim, não é possível relevar. Frequentemente, o recrutamento apressado e negligente e o treinamento fraco são fatores que contribuem para que o funcionário tenha um comportamento reprovável.

Tabela 4.4 — Algumas formas voluntárias e involuntárias de rotatividade de pessoal

VOLUNTÁRIA	INVOLUNTÁRIA
Outro emprego	Fim do emprego temporário
Retorno à faculdade/escola	Redução na força de trabalho
Casamento	Desempenho ruim
Razões médicas	Perda da licença
Transferência	Incapacidade profissional
Insatisfação salarial	Conduta inadequada
Insatisfação profissional	Absenteísmo
Insatisfação com as condições	Atraso
Demissão sem aviso prévio	Conduta indecente
Progresso profissional	Desonestidade
Desenvolvimento pessoal	Desobediência
	Bebida
	Violência e xingamento

Conforme indicado anteriormente, muitos gestores não estão cientes do problema da rotatividade de pessoal e adotam uma aceitação fatalista em relação à saída de pessoas, como se fosse um fato comum na rotina da indústria da hospitalidade. Desde que seja possível encontrar novos funcionários para preencher os postos vagos, os gestores frequentemente não enxergam o alto nível de rotatividade no trabalho como um problema. Em muitos casos, eles não têm qualquer conhecimento de que os níveis de rotatividade em sua organização estejam altos, baixos ou na média. Em outros casos, os gestores sequer mantêm registros de quantos funcionários deixam a empresa e são substituídos por ano. Eles não possuem nenhum meio de monitorar tendências e nem, o que é mais importante, de avaliar os custos da rotatividade do pessoal.

4.2. AVALIANDO O CUSTO

A rotatividade de pessoal traz custos diretos e indiretos para o negócio, como demonstra a **Tabela 4.5** No caso dos custos diretos, é possível calcular a despesa direta relacionada ao preenchimento de cada vaga em aberto. Propaganda para reposição de funcionários, taxas de recrutamento cobradas por agências, pagamentos de horas extras ou de agências de pessoal contratadas para cobrir lacunas etc., são exemplos de custos adicionais gerados quando uma vaga de trabalho precisa ser preenchida. Além disso, custos indiretos podem ser identificados e são difíceis de ser fisicamente calculados, representando custos genuínos para o negócio. O tempo da gerência gasto em todos os estágios do recrutamento e da seleção, das entrevistas e da admissão poderia ser utilizado de outra maneira.

Do mesmo modo, o investimento perdido em treinamento, o tempo usado para novos recrutamentos e a perda comercial devido à insatisfação do cliente envolvem custos adicionais.

No negócio de hospitalidade em particular, clientes regulares gostam de ser reconhecidos pelo pessoal quando visitam o estabelecimento. Com um nível elevado e permanente de rotatividade, isso é difícil de acontecer.

Tabela 4.5 — Alguns custos diretos e indiretos de rotatividade de funcionários

CUSTOS DIRETOS	CUSTOS INDIRETOS
Propaganda para substituição de funcionários	Investimento perdido em treinamento
Tempo gasto pelo gestor com recrutamento	Perda de especialidade de pessoal
Entrevistas	Qualidade reduzida do serviço
Seleção	
Admissão	Produtividade reduzida
Treinamento	Aumento de perdas e custos
Taxas de agências de recrutamento	Insatisfação do cliente
Despesas de viagem para realização de entrevistas	Impacto negativo no pessoal que permanece
Despesas com correios e material gráfico	Custo de oportunidade de tempo perdido de gerenciamento
Admissão e orientação	
Treinamento	
Cobertura de hora-extra	
Cobertura de agência de pessoal	
Processamento de documentos de novos recrutados	
Processamento de documentos de ex funcionários	
Uniformes	

Os custos de perda de pessoal podem ter impactos muito negativos sobre o negócio.

No entanto, há diferentes custos associados à substituição de funcionários de diferentes níveis.

4.2.1. Mensurando a rotatividade de pessoal

A medida da rotatividade de pessoal é um primeiro passo, essencial no reconhecimento da natureza do problema e na identificação das ações necessárias para reduzi-la. Assim como todas as outras informações gerenciais, quanto mais detalhada ela for, melhor é possível entender a natureza do problema. Há várias medidas diferentes que podem ser aplicadas. A medida a seguir fornecerá uma visão breve das mais usadas.

a. Taxa de rotatividade de pessoal

Esta é a estatística mais comumente usada e simplesmente compara o número dos que saem com a contraparte normal do pessoal. A taxa é calculada como porcentual, de modo que é impossível expressá-la usando bases irregulares. Por exemplo, é possível calcular a taxa por meio:

- da economia nacional;
- da indústria;
- de empresas diferentes;
- de unidades individuais na marca;
- de departamentos;
- de trabalhos diferentes;
- de pessoal em tempo integral e parcial.

A medida pode ser tomada mensalmente, trimestralmente ou anualmente. A taxa de rotatividade de pessoal deve ser calculada conforme a necessidade do gestor, mas quase sempre é feita "pela média de doze meses corridos". A chave para sua atratividade e uso generalizado é que ela é simples de calcular e dá um indicador amplo a partir do qual períodos de tempo, empregos, departamentos etc., são comparados.

A fórmula é:

$$\frac{\text{Número de perdas de funcionários}}{\text{Número médio de empregados}} \times 100$$

Por exemplo, se 40 funcionários saíram e foram substituídos durante o ano, e a unidade normalmente emprega 25 funcionários, o cálculo é:

$$\frac{40}{25} \times 100 = 160\%$$

Conforme demonstrado acima, é possível ter-se um retrato mais detalhado fazendo os cálculos para cada emprego, para os diferentes departamentos ou para diferentes unidades da empresa. Esses cálculos ajudam a localizar alguns dos problemas, porém, podem produzir uma falsa impressão. Por exemplo, os números sugerem que:

- todo o pessoal saiu e foi substituído;
- todos os empregos são igualmente afetados; e
- não há nenhuma informação sobre o tempo em que o pessoal permaneceu na unidade.

b. Taxa de retenção de pessoal

A taxa de retenção de pessoal permite calcular o número de trabalhadores não afetados pela rotatividade. Desse modo, ela ajuda a retratar a extensão geral ou a natureza limitada da rotatividade que ocorre. O cálculo é, de novo, referente à comparação com a situação normal, porém, dessa vez leva em conta o número de trabalhadores que podem ser descritos como *funcionários de longo prazo*, que estão na empresa há mais de um ano.

Para calcular a retenção de pessoal, a fórmula é:

$$\frac{\text{Número de funcionários de longo prazo}}{\text{Número médio de empregados}} \times 100$$

Por exemplo, no exemplo acima 40 funcionários foram substituídos durante o ano, porém, 15 dos 25 estão na empresa há mais de um ano. O cálculo então é:

$$\frac{15}{25} \times 100 = 60\%$$

Em outras palavras, embora haja um nível geral de rotatividade de pessoal na unidade de 160%, a maioria do pessoal é composta de funcionários de longo prazo. 60% estão na organização há mais de doze meses. O padrão parece mostrar que apenas 10 empregos são responsáveis pelas 40 saídas no ano. Se a informação está correta, cada um dos dez empregos tem quatro novos membros do pessoal que foram admitidos e que saíram durante o ano.

Claramente, a taxa de retenção de pessoal pode ser calculada junto a qualquer base. Normalmente, o funcionário de longo prazo é definido como tendo mais de um ano na empresa, porém, isso poderia ser estabelecido a partir de um período de dois anos, e é impossível calcular *extensão de tabelas de serviço* que então organizam as histórias de emprego dos funcionários que têm estado na empresa há dois, três, quatro anos ou mais. Para a maioria das unidades, esse tipo de informação é interessante, porém, não essencial.

c. A curva de sobrevivência

Ajuda a desenvolver um retrato dos recém-chegados e da habilidade da organização em reter novos funcionários. Como o nome sugere, diz respeito à saída de funcionários da organização e então organiza o período de tempo de serviço prestado. As estatísticas-chaves são reunidas de acordo com o tempo mais longo em que o funcionário que deixou a empresa permaneceu na organização, e o compara com o total de número dos que saíram. A fórmula é:

Número dos que saíram depois de 3 meses × 100
Total dos que saíram neste ano

Número dos que saíram depois de 6 meses × 100
Total dos que saíram neste ano

Número dos que saíram depois de 9 meses × 100
Total dos que saíram neste ano

Número dos que saíram depois de 12 meses × 100
Total dos que saíram neste ano

Número dos que saíram depois de 15 meses × 100
Total dos que saíram neste ano

Número dos que saíram depois de 18 meses de serviço × 100
Total dos que saíram neste ano

Os cálculos podem se estender a fim de suprir necessidades específicas da organização. Tipicamente, grande parte da rotatividade ocorre dentro de um curto período do funcionário na organização e, em alguns casos, os cálculos para o primeiro trimestre precisam ser decompostos em dois algarismos mensais. A *curva de sobrevivência* está disponível para identificar uma *crise de admissão,* conforme se pode notar na **Figura 4.2**. Ou seja, um problema que ocorre quando o novo recruta entra na organização e pode ser causado por:

- recrutamento e seleção precipitados;
- uso limitado da descrição de tarefa e da especificação da pessoa;
- falta de admissão formal;
- treinamento limitado;
- baixo moral do pessoal;
- problemas de filiação à equipe;
- comunicação ruim com o novo recruta;
- estresse excessivo no trabalho.

No exemplo citado, 40 funcionários saíram em um período de doze meses. Registros revelam que os que saíram estavam na organização pelos seguintes períodos:

OS QUE SAÍRAM, DEPOIS DE (EM MESES)	3	6	9	12	15	18
NÚMEROS	30	5	3	1	1	0
% DE TODOS OS QUE SAÍRAM	75	12,5	7,5	2,5	2,5	0

No exemplo acima, a maioria do pessoal que saiu da unidade o fez em até três meses depois que entrou. Este padrão é típico de um negócio que está experimentando alto nível de rotatividade. A partir da informação da *taxa de retenção de pessoal*, constata-se que há uma crise de admissão, que tanto pode ser um problema restrito a um tipo particular de trabalho, quanto um problema enfrentado por todos os recrutas, e ser causado por uma das razões sugeridas anteriormente.

Figura 4.2 — Exemplo de curva de sobrevivência

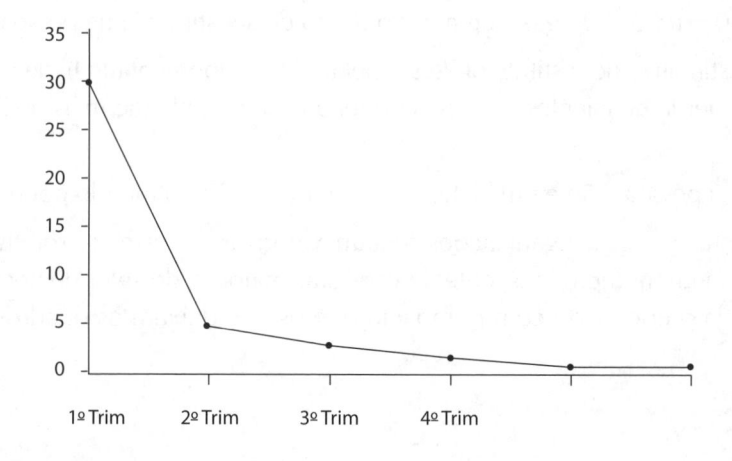

d. Pessoal sazonal ou temporário

Muitas pequenas empresas da área de hospitalidade usam pessoal sazonal ou temporário para suprir a demanda em períodos de movimento excedente. Em muitos casos, o comércio de Natal ou o de verão representam vendas adicionais desproporcionais, e o gestor necessita recrutar funcionários extras. Recrutá-los e dispensá-los após o fim do período representa rotatividade de pessoal, planejada e prevista. Cálculos, no entanto, podem ser distorcidos se não houver nenhuma atenção especial a esses funcionários.

Em alguns casos, um estudante trabalha em uma unidade durante períodos de férias, e então sai da faculdade ou da universidade onde poderia trabalhar período parcial para a mesma organização, somente para retornar à unidade original durante as férias do negócio. É possível predizer um jovem tomando parte de uma unidade na mesma organização seis vezes no ano. A rotatividade pode parecer um problema se nenhuma atenção for dada a esse tipo de pessoa. Muitas organizações agora possuem um código para funcionários que são estudantes, a fim de que possam ser extraídos do cálculo da rotatividade de pessoal.

Embora muitas pequenas empresas da área de hospitalidade estejam agora calculando a taxa de rotatividade de pessoal, são poucas as que se responsabilizam pelo custo total da rotatividade para o negócio. Em parte, isso se explica por causa das dificuldades em se mensurar com exatidão o verdadeiro impacto da perda de pessoas, que podem ter trabalhado na empresa em ocasiões variadas, e em se conhecer o verdadeiro custo do impacto da perda de pessoal sobre a satisfação do cliente e a qualidade do serviço. Levando em consideração esses pontos, todas as unidades deveriam tentar calcular o nível e o custo da rotatividade como parte da estimativa do desempenho da unidade.

Se um restaurante tem 60 empregados registrados em algum momento, experimenta rotatividade de 140% e estimou o custo da rotatividade em R$ 450,00, o cálculo será o seguinte:

60 × 140 = 84 pessoas substituídas todo ano

84 × R$ 450 = R$ 37.800 gastos em custo direto de substituição de pessoal

Usando a estimativa do Institute of Personnel and Development (IPD), de custos mais amplos com a perda de clientes, etc., isso poderia custar à unidade mais de R$ 65.000 por ano.

Manter o seu pessoal não é um bicho de sete cabeças! Todo mundo pode fazer isso!

Por enquanto, poucas organizações tentam valorizar o custo da rotatividade de pessoal, embora um número crescente de varejistas maiores, do setor de hospitalidade de marca, esteja preocupado com o impacto que os que deixam os quadros exercem sobre a qualidade do serviço e a do cliente. E a ligação entre a satisfação do funcionário e a satisfação do cliente é bem sólida. Cada vez mais gestores são cobrados para criar estratégicas de redução de rotatividade de pessoal e para gerenciar a *satisfação do cliente interno*.

As seções a seguir sugerem alguns passos a serem dados para manter o pessoal e reduzir a quantidade de rotatividade indesejada e não planejada.

4.2.2. Mantendo registros e monitorando o custo da rotatividade de pessoal

Para se gerenciar rotatividade de pessoal é preciso manter registros acurados das pessoas que deixam a unidade e que passam a fazer parte dela. Há algumas sugestões a serem consideradas quando um sistema é criado dentro da unidade.

Ao se estabelecer o registro é preciso pensar cuidadosamente nos alvos para a informação e resistir à tentação de acumular muitos dados, pois eles acrescentarão pressão à carga de trabalho.

Normalmente o interesse recai sobre algumas questões fundamentais:

- volume total da rotatividade de pessoal;
- variações departamentais e de cargo;
- evidência de retenção e de estabilidade do pessoal;
- percentual de saída dentro de um período curto de filiação à unidade;
- variações potenciais pelas características do funcionário;
- diferenças entre pessoal em tempo integral, parcial ou casual.

Incluir ou não todos os funcionários

Talvez seja preciso levar em consideração certas categorias de pessoas que deixam o grupo, e que não são um "problema":

- pessoal sazonal ou temporário;
- estudantes retornando à faculdade ou para casa;
- pessoal saindo por motivos "inevitáveis": aposentadoria, gravidez etc.

Tentar criar um quadro muito bem definido das razões para a saída do pessoal, que seriam:

- por causa de fatores internos e externos;
- por causa de razões evitáveis ou inevitáveis;
- voluntárias ou involuntárias.

Tentar ter o custo da rotatividade

Muitas organizações possuem alguns custos estimados da reposição de membros do pessoal, caso contrário, os números da pesquisa nacional, citados antes da **Figura 4.2** podem ser utilizados. Se isso não funcionar, é preciso tentar obter os custos diretos da perda de pessoal por conta própria. A **Tabela 4.5** sugere alguns dos fatores que poderiam ser incluídos.

4.2.3. Entrevistas demissionais

Muitos gestores tentam traçar um quadro da razão para as saídas de pessoas a partir do uso de *entrevistas demissionais*, conduzidas depois que uma pessoa comunica sua intenção de deixar a empresa, porém, antes da partida propriamente dita. Elas dão ao gestor algumas oportunidades de explorar as experiências e motivações dos que decidiram sair. O problema é que essas entrevistas são notoriamente inexatas como fontes de informação.

Funcionários, particularmente os descontentes, muitas vezes têm dificuldade de expressar suas visões abertamente. Se não são estimulados pela gerência de equipe a fazê-lo, podem ficar ainda mais descontentes. Eis aqui algumas dicas que podem ajudar a tornar a entrevista mais eficaz:

- as regras da boa entrevista se aplicam, de modo que uma sala silenciosa, sem interrupções, e a preparação apropriada, são essenciais;
- a entrevista tem como objetivo descobrir a razão para a saída, e não persuadir a pessoa a ficar. A qualidade da informação reunida será um reflexo da confiança e dos relacionamentos entre o gestor e o membro da equipe. Uma relação de confiança normalmente resultará em uma troca mais honesta de pontos de vista;
- questões em aberto, que permitem à pessoa dar explicações com suas próprias palavras, significam que suas visões terão maior probabilidade de serem úteis;
- o estilo e o tom da entrevista precisam ser amigáveis e abertos, e não agressivos e argumentativos;
- acima de tudo, é preciso reconhecer a dificuldade que o funcionário enfrenta e tentar tornar o evento o mais confortável possível, a fim de se obter uma visão acurada.

4.2.4. Monitoramento do mercado de trabalho local

Para se evitarem alguns problemas causados pela concorrência no mercado de trabalho local, é preciso estar alerta quanto às tendências atuais e aos pacotes de benefícios oferecidos pelos concorrentes. Pagamento de salários e de horas trabalhadas são questões de interesse particular da maioria dos funcionários. Muitos gestores esquecem que, embora o *trabalho* seja um importante custo manejável para o negócio, é por meio dele que o funcionário obtém o seu sustento. Empresas concorrentes que oferecem horas regulares e salários melhores parecem muito atrativos para os funcionários que vivenciam situações opostas.

É recomendável conduzir um exame das faixas salariais, termos e condições dos concorrentes e outros fatores sugeridos acima. Eles são particularmente importantes quando as condições comerciais são favoráveis e há competição por pessoas.

4.3. SATISFAÇÃO DO FUNCIONÁRIO

Quando um funcionário toma a decisão de deixar a empresa de maneira voluntária, ele está, de um modo ou de outro, expressando insatisfação com o empregador atual. Funcionários nas pequenas empresas da área de hospitalidade em particular têm poucas possibilidades de ação se estão infelizes. Poucas empresas da área, no mundo todo, possuem filiação a sindicatos de expressão, e há poucas que reconhecem e negociam com sindicatos em geral. Os descontentamentos podem ser reconhecidos, porém, na maioria das vezes colocam o indivíduo em uma situação difícil, com pouco poder para mudar as coisas de que ele não gosta. Para muitos membros da equipe, portanto, a única maneira de lidar com uma situação indesejável é suportá-la ou se retirar.

> *É preciso um trabalhador feliz para fazer clientes felizes.*
> *J. W. Marriott*

Tendo em mente a famosa declaração de J. W. Marriott, o nível de satisfação do funcionário é uma questão importante para o gestor. Fora as ligações com a rotatividade de pessoal, a qualidade do serviço e a preocupação em "encantar os clientes" requerem que a equipe de trabalho preste um serviço que vá além das expectativas. Funcionários descontentes provavelmente responderão de maneira inapropriada aos clientes.

Embora a maioria das pequenas empresas da área de hospitalidade possuam instrumentos para medir a satisfação do funcionário, estes podem ser enfadonhos. Em alguns casos, o questionário é muito complexo para ser preenchido, e o percentual de resposta da equipe pode ser baixo.

Os funcionários têm várias preocupações que influenciam sua motivação para trabalhar e, por fim, seus níveis de satisfação e de compromisso com a organização. Há muitas teorias sobre estímulos, porém, você precisa pensar cuidadosamente sobre a natureza de seu relacionamento com seus empregados, e as *diferentes* visões que eles têm de se desenvolver, as razões para trabalhar e as recompensas do trabalho.

Como os clientes, os funcionários têm expectativas sobre o trabalho e, para gerenciá-los bem, é preciso manter-se em contato com essas expectativas, que dizem respeito a:

- pagamento e recompensas;
- escalas de trabalho;
- relacionamentos com gestores;
- relacionamento com os colegas de trabalho;
- os níveis de interesse no trabalho;

- o que é uma quantidade justa de trabalho;
- o volume de compromisso com o trabalho.

Algumas organizações conseguem chamar funcionários de *clientes internos*. A intenção é fazer valer o modelo de Marriott, mas não se pode exagerar. Funcionários não são clientes, seu relacionamento com a organização não é o mesmo. Eles vêm trabalhar para sobreviver, e também para obter todo um conjunto de benefícios materiais, sociais e psicológicos.

Há um conflito natural de interesses entre funcionários e empregadores, que tem impacto particular nas indústrias de serviços porque:

- salários são parte significativa do custo total dos serviços;
- o fator *trabalho* é frequentemente o de custo mais fácil de ser cortado e, portanto;
- lucros operacionais podem ser ampliados à custa da renda do funcionário.

Para esperar que os funcionários sejam leais, é preciso que essa lealdade seja obtida e, para isso, ela tem de ser vista como um acordo entre duas partes. Os funcionários têm de ter a lealdade de seus gestores e o respeito por suas necessidades.

a. Boa comunicação

Desenvolver uma forte compreensão mútua ajuda o gestor a compreender os funcionários e suas necessidades, e estes a entender o que estão fazendo e o por quê. Claramente, as pesquisas de funcionários acima identificadas ajudam no processo, mas tendem a ser uma via de mão única para refletir as questões que realmente preocupam os funcionários. A seguir, algumas sugestões para melhorar a comunicação:

- reuniões de equipe podem ser feitas antes ou depois do expediente, ou em dia e hora fixos, preferivelmente uma vez por semana. Quanto mais frequentes, melhores os níveis de comunicação. As mais eficientes incluem todos os membros da equipe e remuneram os funcionários que as frequentam;
- círculos de qualidade ou alguma forma de grupo representativo, por meio do qual a equipe pode fazer sugestões, é outra maneira de envolvê-la no negócio e superar problemas;
- entrevistas de avaliação com membros individuais da equipe precisam ser uma característica constante da unidade de gerenciamento. Elas podem dar ao gestor uma chance de compartilhar compreensões com membros da equipe;

O ponto fundamental desses e de outros processos de melhoria na comunicação é que uma compreensão mutuamente partilhada é um dos alicerces para o desenvolvimento da confiança e da lealdade. É preciso compreender a necessidade de manter os funcionários informados e estabelecer esses relacionamentos de confiança mútua.

b. Pagamento e recompensas

Pesquisas com funcionários demonstram que esta é uma das causas mais importantes de descontentamento e uma das razões por que pessoas deixam uma organização. Claramente, o dinheiro não é a única paga que os funcionários recebem do trabalho, porém, é algo importante e que deve refletir a expectativa deles, para que permaneçam na organização. Ele é um dos *elementos tangíveis* do emprego, um pouco como camas confortáveis ou mesas limpas para os clientes, e uma exigência básica, sobre a qual outros aspectos da satisfação do funcionário têm de ser estabelecidos.

Taxas horárias têm de estar alinhadas com o mercado de trabalho local. Funcionários logo ficam sabendo se os salários podem estar melhores em outro restaurante ou supermercado.

Salário líquido é composto pela taxa horária vezes o número de horas, menos suspensões ou custos do emprego que o funcionário tem de fazer. O número de horas trabalhadas pode ser um problema particular para funcionários em tempo parcial ou casuais. Se o número de horas que um funcionário em tempo parcial trabalha for cortado, isso reduzirá seu salário líquido e pode gerar descontentamento.

Embora funcionários em tempo parcial permitam flexibilidade no trabalho, equipes de tempo parcial que tenham mudanças constantes de horário encontram dificuldade de planejar sua renda e sua vida pessoal. Horas irregulares são uma das razões mais comuns dadas por pessoas em tempo parcial para deixar empresas de hospitalidade.

Salário de incentivo é uma característica de muitas pequenas empresas da área de hospitalidade. A intenção é que os funcionários trabalhem mais arduamente para alcançar melhores vendas ou lucros se tiverem um benefício financeiro pelo que conseguirem. Em alguns casos, os benefícios extras estão ligados ao treinamento e ao desempenho nos padrões. Qualquer que seja o objetivo, o benefício será mais eficaz quando for alcançável e valioso para o funcionário.

Gorjetas podem ser uma fonte de renda extra considerável para os funcionários, embora possam também criar tensão e conflito na equipe. Algumas organizações atualmente desencorajam as gorjetas porque elas confundem os clientes e criam uma impressão de que os funcionários somente prestam bom serviço por dinheiro. Para permiti-las, é preciso considerar o sistema pelo qual elas são obtidas e compartilhadas na equipe.

Além desses aspectos monetários das recompensas, é possível premiar a equipe com bens em espécie, fazendo com que ajam como "clientes misteriosos" em outras unidades da marca. Uma refeição gratuita, desconto nas bebidas ou um fim de semana gratuito em outra unidade podem ser maneiras mutuamente benéficas de recompensar a equipe. Além do benefício imediato para o indivíduo, agindo como clientes eles desenvolvem uma compreensão melhor do serviço que prestam.

Finalmente, elogio e reconhecimento pelo bom trabalho podem ser usados para recompensar pessoas por seu esforço. "Obrigado", não custa nada, mas pode ser muito bem-vindo para o funcionário.

c. Recrutamento e seleção

Fazer com que os funcionários certos tenham uma visão clara do que o trabalho exige é a chave para reduzir a rotatividade de pessoal. Como observamos, a alta rotatividade no trabalho é frequentemente alimentada por uma *crise de admissão* que se deve em parte a um recrutamento e uma seleção negligentes. Os elementos-chave para a redução da rotatividade de pessoal são os seguintes:

- planejamento antecipado do recrutamento pode resultar em melhor seleção de pessoas que provavelmente permaneçam mais tempo. O recrutamento apressado é uma causa significativa da subsequente rotatividade de pessoal;

- descrição de tarefa e especificação da pessoa claramente definem o que o trabalho exige e o tipo de pessoa necessária para ser bem-sucedida no trabalho;

- atração do tipo certo de candidatos por meio de propaganda, agências ou "boca a boca", de funcionários existentes. Não há por que atrair muitos pedidos de pessoas que são inadequadas. Frequentemente, a estabilidade do funcionário pode ser estabelecida por meio do "boca a boca" dos funcionários existentes, criando assim uma equipe cujos membros se conhecem uns aos outros;

- entrevistas de seleção precisam ser cuidadosamente realizadas. Envolver mais de um gestor ou fazer várias delas pode ajudar a assegurar que a pessoa certa seja selecionada;

- referências de acompanhamento ajudam a assegurar que a unidade está recrutando pessoas que se comportarão de maneira razoável. A falha em seguir as referências é uma causa frequente de problemas na equipe, particularmente na qual alguém tem um retrospecto de absenteísmo ou até mesmo de roubo.

d. Admissão e orientação

O recrutamento e a seleção sistemáticos da nova equipe precisam ser seguidos de uma admissão formal e de um programa de orientação. Como já vimos, a *crise de admissão* é uma causa comum de rotatividade de pessoal. Entrar para uma organização pode ser desgastante por si só. Pessoas que são "jogadas para escanteio" e recebem treinamento, introdução à organização ou ao trabalho envolvido mínimos, enfrentam pressão adicional, e muitas a evitam fugindo dela, ou seja, saindo da empresa. Para que a rotatividade de pessoal seja minimizada, é preciso considerar os pontos a seguir:

- planejar o dia ou tempo inicial para evitar um período de serviço apurado;
- considerar pré-treinamento antes do primeiro período de trabalho;
- usar um "sistema camarada" para ajudar na integração do novo empregado à equipe;
- planejar cuidadosamente as primeiras escalas para evitar pressão indevida;
- conferir com o indivíduo experiências e problemas;
- encorajar outros membros da equipe a darem boas-vindas e ajudar.

e. Treinamento e desenvolvimento

Treinar indivíduos para serem eficientes em seu trabalho tem um benefício imediato, na medida em que retira a pressão que a incompetência ou a inexperiência podem acrescentar a ele. Pré-treinamento em particular pode dar as habilidades individuais que o ajudarão a prestar um serviço melhor ao cliente e a ter produtividade desde o início. Pesquisas mostram que as pessoas que são treinadas antes de sua primeira mudança de escala apresentam boa produtividade mais rapidamente do que as que não recebem nenhum treinamento formal. Para o indivíduo, o treinamento representa um investimento nele próprio, e provavelmente encorajará a equipe a permanecer na organização, particularmente se um programa formal de treinamento puder ser demonstrado, para ligá-lo à promoção e ao desenvolvimento de carreira.

f. Supervisão e estilo de gerenciamento

Reconhecer que os funcionários podem contribuir com a empresa terá um impacto agregado de encorajar a equipe a permanecer em um ambiente onde ela se sente valorizada, reduzindo assim os níveis de rotatividade de pessoal. Do mesmo modo, se os funcionários forem tratados como dispensáveis e estiverem sob um estilo de gerenciamento autocrático, é provável eles deixem a empresa. Tentativas da supervisão e da gerência da unidade de reduzir os efeitos dos *fatores internos e externos* devem ser efetivadas.

4.4. CONCLUSÃO

Empregadores que trabalham em ambientes onde a demanda está sujeita à rápida oscilação e o trabalho representa uma proporção significativa do custo total, precisam gerenciar a força de trabalho de modo a maximizar o controle gerencial direto. Os custos trabalhistas nesse tipo de negócio representam um elemento de despesa que é mais fácil de ser administrado pelos gestores. Assim, a política de redução de horas em tempo parcial e de obter o máximo de esforço possível dos que trabalham em tempo integral parece ser racional. No entanto, ela dá pouca atenção a algumas questões básicas de relações industriais. Como indivíduos, esses funcionários têm oportunidades limitadas de desafiar formalmente o poder do empregador. Isso dito, funcionários não ficam totalmente sem oportunidades de resistir ao seu empregador, embora elas tomem uma forma mais individualizada. O absenteísmo, os atrasos, o fraco desempenho, o roubo e, por fim, a saída da empresa são opções desse tipo de relacionamento. Assim sendo, a política para maximizar a exploração do trabalho é míope e cara. A consequente frustração do funcionário e a subsequente rotatividade de pessoal representam um custo extra considerável para o negócio. Os gestores não têm a menor consciência desses custos extras porque não possuem qualquer sistema de registro ou de monitoramento de tendências da rotatividade de pessoal ou dos custos gerados por ela.

Embora haja tensões inevitáveis no relacionamento profissional – uma receita para um é custo para outro gestores mais progressistas entendem que a lealdade é uma "via de mão dupla". Empregadores que esperam comportamento leal do funcionário devem, por sua vez, ser leais e justos com eles. Dar às pessoas o salário que merecem e tratá-las com justiça não é uma ameaça para os lucros. Ter visão de longo prazo pode até mesmo fazer com que esses lucros sejam maiores.

Em um nível mais básico, como gestor, é preciso manter registros, monitorar desempenhos e responsabilizar-se pelos custos da rotatividade em diferentes seções do negócio. É preciso também mover-se em um ciclo virtuoso, conforme demonstrado na **Figura 4.3**, ou seja, recrutamento, seleção e admissão cuidadosos; condução de treinamento de boa qualidade; apoio crescente à supervisão; melhor gerenciamento de comunicação; crescente satisfação e estabilidade no trabalho; e baixa rotatividade de pessoal.

Figura 4.3 — O círculo virtuoso da rotatividade de pessoal

- BAIXA ROTATIVIDADE DE PESSOAL
- SATISFAÇÃO NO TRABALHO E ESTABILIDADE
- SELEÇÃO CUIDADOSA
- PLANEJAMENTO GERENCIAL
- TREINAMENTO DE QUALIDADE
- APOIO DA SUPERVISÃO

CAPÍTULO 5
Recrutamento e seleção de pessoas

OBJETIVOS DO CAPÍTULO

Depois de ler este capítulo, você deverá ser capaz de:

- identificar as principais fontes para recrutamento de novos funcionários;
- planejar e organizar o processo de recrutamento de pessoas;
- planejar e organizar o processo de seleção de pessoas;
- conduzir uma entrevista de seleção.

Não se deve negligenciar a tarefa de treinar pessoas.

O recrutamento e seleção de pessoal são funções importantes nas organizações que prestam serviços de hospitalidade. A habilidade para atrair e recrutar pessoas que tenham uma afinidade natural com os clientes é particularmente importante no caso das pessoas que atuam na "linha de frente" e, embora o desempenho dos funcionários possa ser aprimorado em programas de atendimento ao cliente, suas qualidades essenciais estão relacionadas à sua personalidade e ao seu compromisso em prestar um bom serviço.

O recrutamento e a seleção criteriosos também são importantes para reduzir níveis de rotatividade de pessoal, minimizar problemas disciplinares e melhorar a satisfação do cliente. É preciso tempo para selecionar a pessoa certa, que supra as necessidades do trabalho e tenha facilidade de interação com o restante da equipe. O recrutamento e a seleção de pessoal podem tomar uma parte significativa do tempo dos gestores, particularmente nos casos em que são registrados níveis elevados de rotatividade de pessoal. Sob a pressão do tempo, é muito fácil termos a tendência de reduzir o esforço dedicado ao recrutamento e à seleção, mas isso é um erro, porque acaba gerando problemas.

Antes que o processo de recrutamento e de seleção se inicie, é necessário pensar sobre o trabalho que o novo funcionário irá desenvolver e a pessoa que irá fazê-lo. Muitos gestores de negócios da área de hospitalidade criam problemas para si mesmos porque não conseguem, ao recrutar funcionários, entender a importância de um planejamento detalhado e de compreender as necessidades dos novos selecionados. O primeiro passo envolve pensar nas obrigações e responsabilidades relacionadas ao trabalho e nas habilidades necessárias para que ele seja executado da melhor maneira. O segundo passo é conhecer os novos selecionados, suas motivações em relação ao trabalho e suas necessidades nas primeiras etapas da nova função, bem como nos estágios seguintes.

5.1. FUNCIONÁRIOS FLEXÍVEIS

A demanda por serviços de hospitalidade é sazonal. Em alguns casos, essas variações podem ser previstas – dias diferentes da semana têm diferentes níveis de venda, por exemplo, a segunda-feira é tranquila e o sábado é movimentado; janeiro tem um nível baixo de vendas, mas em dezembro ele é mais alto. Não é incomum que essas variações sejam muito diferentes entre si, com 50% de vendas semanais ocorrendo na sexta ou no sábado, ou 50% das vendas anuais ocorrendo em novembro e dezembro. Em outros casos, as variações são difíceis de predizer – mudanças nas condições do clima resultam em vendas maiores ou menores que as normais.

Em todos os casos, o gestor precisa ser capaz de contratar pessoal suficiente para suprir a demanda. Isso significa:

- conseguir ter mais funcionários em tempos de maior movimento;
- ter menos funcionários quando as vendas são menores.

Mais tarde discutiremos a importância de recrutar pessoas pensando no futuro. Esta é uma tarefa essencial, assim como é importante reconhecer o nível de flexibilidade das pessoas. Tradicionalmente, os gestores da área de hospitalidade têm gerenciado esse problema entendendo que existe um determinado grau de flexibilidade, como um "número" de pessoas disponíveis para serem acionadas nos momentos em que for necessário. Tipicamente, costuma-se manter o menor número possível de funcionários que trabalham em tempo integral, em geral os mais habilidosos, apoiados por funcionários extras, quando necessário.

a. **Pessoal em tempo parcial regular**: trabalham regularmente para o bar ou restaurante, durante um número variado de horas, semanalmente, dependendo das necessidades do negócio.

b. **Pessoal de curto prazo/temporário**: trabalham normalmente em tempo integral e por um tempo determinado, para suprir as demandas de um período mais movimentado ou em casos de ausência planejada de pessoal (férias, afastamentos etc.).

c. **Pessoal contratado em períodos específicos**: funcionários pouco frequentes, que trabalham durante os períodos de maior movimento. Em alguns casos, são usados para atender a tipos específicos de demanda – banquetes ou festas.

d. **Pessoal de agência**: trabalham para uma agência ou organização que fornece pessoal que supre carências planejadas ou imprevistas.

Essas fontes variadas têm permitido aos gestores suprir necessidades de pessoal, ao mesmo tempo em que orientam o compromisso financeiro de empregar pessoal quando a demanda por serviços é baixa. Há, no entanto, algumas dificuldades causadas por essa abordagem:

- o nível de comprometimento do funcionário para com o serviço, os clientes e a organização pode ser menor;
- a renda do funcionário pode variar e criar insatisfação;
- pode haver maior rotatividade de trabalhadores;
- a qualidade do serviço pode diminuir;
- pode haver menos produtividade;
- o cliente, por estar insatisfeito, volta menos vezes ao empreendimento.

Uma maneira de contornar alguns desses problemas é recrutar mais funcionários que trabalhem em tempo integral, além de prepará-los para atuar de uma maneira flexível, desenvolvendo suas habilidades. A "flexibilidade funcional" resulta em uma força de trabalho menos rígida, com pessoas sendo empregadas em papéis que variem conforme a demanda do negócio. Isso será discutido mais detalhadamente mais tarde.

O ponto principal a ser considerado é que, independente de qual seja o formato do relacionamento de trabalho – tempo integral, parcial, temporário ou eventual – o processo de seleção e de recrutamento precisa ser planejado e os passos detalhados neste capítulo devem ser cuidadosamente seguidos.

No final, os clientes vão avaliar a qualidade do serviço com base na experiência deles; eles não estão interessados nos termos do contrato de trabalho do funcionário.

5.2. O MERCADO DE TRABALHO LOCAL

Independentemente do tipo de contrato de trabalho, se de tempo integral, parcial ou eventual, o recrutamento é um processo complexo. Os empregadores da área de hospitalidade em geral disputam funcionários com outros empregadores do setor de serviços e qualquer negócio pode estar recrutando as mesmas pessoas para:

- supermercados;
- lojas e depósitos;
- outros empregadores na área de hospitalidade;
- trabalho em escritório;
- centrais de atendimento etc.

Vimos no capítulo sobre retenção e rotatividade de funcionários que as atividades do ramo de hospitalidade que não se adaptam minimamente aos termos e condições de seus concorrentes, em se tratando de pessoal, podem contribuir para gerar os vários problemas internos que levam à insatisfação do funcionário para com o trabalho. Do mesmo modo, a empresa que conhece as condições oferecidas pelo concorrente, tem condições de elaborar um pacote de recompensas que crie "fatores externos" para atrair funcionários.

5.3. A DISPONIBILIDADE DE MÃO DE OBRA NO MERCADO DE TRABALHO

Em todos os contextos, o mercado de trabalho, em qualquer área, é um subproduto das condições de oferta e de demanda. Desse modo, a habilidade para atrair funcionários em nível suficiente, com qualidades e características apropriadas à função que vai ser desempenhada, depende do nível de competitividade frente a outras empresas e de um conjunto de fatores que influenciam a oferta total de força de trabalho, naquele mercado:

- níveis de emprego e desemprego representam um fator importante nos mercados de trabalho dos serviços da área de hospitalidade. Nas áreas onde o desemprego é baixo, o recrutamento para organizações que atuam no ramo da hospitalidade pode ser mais difícil de ser conduzido;

- o perfil da indústria na área circunvizinha pode resultar em mais ou menos força de trabalho disponível, mesmo dentro de determinado nível de desemprego. Tem sido difícil recrutar pessoas para operações na área de hospitalidade em lugares cuja base de emprego é a indústria "pesada". Entender as dificuldades potenciais pode ajudar o gestor a manter-se mais concentrado em seus esforços de recrutar pessoas em circunstâncias como esta;

- os níveis de participação das pessoas no mercado de trabalho variam entre áreas e regiões do país. Onde mais mulheres e jovens participam do mercado profissional, em níveis equivalentes aos dos homens, a oferta potencial de trabalho será maior. A taxa de participação também varia no decorrer do ano, à medida que algumas pessoas querem ter um segundo emprego para fazer dinheiro extra para o Natal ou as férias de verão, por exemplo. Reconhecer em até que nível as pessoas podem se interessar por um segundo emprego pode ajudar o gestor a atraí-las para trabalhar por prazos fixos, a fim de suprir dificuldades particulares;

- o local de residência das pessoas em relação ao local de trabalho e a consequente facilidade de transporte até a área é também um fator a ser considerado. Trabalhos em determinados horários (por exemplo, de madrugada), em uma área distante da cidade, podem restringir candidatos em potencial e limitar a disponibilidade apenas aos que possuem veículo próprio. Mapear a concentração demográfica e os sistemas de transporte pode auxiliar a compreender o contexto;

- estabelecimentos de ensino, tais como escolas secundárias, faculdades e universidades, também podem ser fontes úteis de trabalho de tempo parcial, temporário e eventual. Fazer contato com pessoas importantes do quadro de funcionários desdes lugares pode ajudar a melhorar a comunicação entre o gestor e os potenciais funcionários.

5.4. A IMPORTÂNCIA DO PLANEJAMENTO ANTECIPADO

Quanto mais planejado e cuidadosamente organizado for o processo de recrutamento e de seleção de funcionários, maior a probabilidade de sucesso na seleção de funcionários que se mantenham no trabalho e que deem uma contribuição maior à empresa. O recrutamento feito às pressas invariavelmente gera dificuldades posteriores.

O gestor precisa fazer seu planejamento com antecedência de algumas semanas, a fim de poder avaliar as necessidades do recrutamento. Planejar antecipadamente significa ter os funcionários em seu posto de trabalho e treinados com as habilidades corretas que deles serão exigidas, quando necessário. Eis alguns dos pontos a serem considerados no planejamento:

- picos futuros de demanda: o Natal, ou algum outro período no qual as vendas ficam acima do normal e é preciso contratar pessoal extra;
- preparativos para as férias: quando alguém tira férias anuais planejadas, há a necessidade de cobertura;
- rotatividade de pessoal: cria uma demanda constante por substituição de pessoas. Frequentemente, o custo é mais eficiente quando há recrutamento em grupos, para compensar a perda prevista, embora, como demonstra o capítulo 4, a rotatividade de pessoal seja cara e improdutiva;
- aposentadorias e licença maternidade planejadas etc.: criarão vagas que deverão ser preenchidas. Elas são previsíveis e precisam ser planejadas no processo de recrutamento.

É importante considerar o processo de recrutamento de novos funcionários e o tempo gasto para capacitar a pessoa que efetivamente tenha condições de desempenhar o papel para o qual está sendo contratada. Questões como o tempo gasto no recrutamento, o número de candidatos necessários, o número de entrevistas necessárias, o período de admissão e o programa de treinamento, tudo isso precisa ser considerado. Quanto mais tempo se demora em seguir esses passos, mais tempo é necessário para organizar o processo de planejamento, em termos de projeção futura.

O recrutamento bem-sucedido é um processo lento e sistemático. As etapas a seguir conduzem aos passos fundamentais: o reconhecimento do tipo de trabalho, o perfil pessoal necessário para executá-lo, procedimentos para atrair candidatos e os processos de seleção e admissão.

5.4.1. A descrição da função a ser desempenhada

Mesmo nos negócios de pequeno porte, é necessário considerar o trabalho a ser realizado por aqueles que estão sendo selecionados. Ao pensar cuidadosamente no trabalho e no que tem de ser realizado, o gestor estará em uma posição muito mais privilegiada para recrutar uma pessoa que seja capaz de dar uma contribuição efetiva.

5.4.2. A descrição do cargo

Comece descrevendo o trabalho a ser executado e não o perfil do detentor do cargo ou os termos e condições sob os quais ele será empregado. A descrição do cargo deve incluir os seguintes títulos:

- título do cargo, departamento e localização: dê um nome e uma posição ao cargo;
- função do cargo: do que se trata o cargo;
- superior ao cargo: a quem o detentor do cargo se reportará?
- Subordinados ao cargo: que outros cargos o detentor do cargo supervisionará?
- Relacionamentos com outros: relacionamentos não hierárquicos;
- obrigações principais: o que é feito;
- obrigações ocasionais: o que é feito ocasionalmente;
- limites para a autoridade: o que o detentor do cargo pode/não pode decidir.

No exemplo a seguir, as obrigações e outros detalhes do cargo são descritos de modo a detalhá-lo e ao relacionamento entre ele e os outros cargos. Ao preparar este documento é importante considerar o cargo e o que se quer que o seu detentor faça. As principais obrigações são descritas usando verbos ativos. É uma boa ideia mostrar a descrição de cargo a quem o está ocupando atualmente, a fim de conferir se a descrição equivale ao que o funcionário realmente faz – as organizações são dinâmicas e os cargos mudam com o tempo.

Finalmente, qualquer que seja a situação, o gestor precisa considerar a questão da *delegação de responsabilidade*. O detentor do cargo tem condições receber mais responsabilidades? No exemplo na **Tabela 5.1**, o empregado poderia responder, juntamente com o chefe, pelos bens da empresa e opinar sobre equipamentos danificados e defeitos?

Tabela 5.1 — Exemplo de uma descrição de cargo para assistente de cozinha

TÍTULO DO CARGO, DEPARTAMENTO E LOCALIZAÇÃO	Assistente de cozinha do restaurante no bairro das Oliveiras, centro gastronômico
FUNÇÃO DO CARGO	Preparação simples de alimentos na cozinha
SUPERIOR AO CARGO	O chef
SUBORDINADOS AO CARGO	Ninguém
RELACIONAMENTOS COM OUTRAS PESSOAS	Fornecedores (alimentos e matérias-primas) Garçons
OBRIGAÇÕES PRINCIPAIS	1. Auxiliar diariamente na preparação da cozinha para o serviço. 2. Preparar alimentos frios, conforme solicitado pelo chef. 3. Auxiliar na preparação das refeições. 4. Passar para lavar ou guardar o equipamento usado na preparação do alimento. 5. Manter as áreas de estoque de alimentos limpas e organizadas. 6. Auxiliar no descarregamento de suprimentos na cozinha.

(continua)

OBRIGAÇÕES OCASIONAIS	1. Conferir a quantidade e a qualidade dos bens recebidos.
	2. Auxiliar o chef na conferência de estoque.
	3. Auxiliar no serviço, conforme solicitado.
LIMITES DE AUTORIDADE	O detentor do cargo não está autorizado a responder por bens. Equipamentos com problema de funcionamento ou danificados devem ser informados ao chef.

5.4.3. Descrevendo o perfil ideal do funcionário

Muitos gestores cometem erros no recrutamento de pessoal porque não analisam com cuidado o perfil ideal da pessoa que deve assumir a função conforme delineado na descrição de cargo. Uma descrição de cargo bem elaborada ajuda a encontrar o funcionário com o perfil correto – seu retrospecto e experiência anterior, formação escolar e treinamento, personalidade e características.

A elaboração de uma *especificação de características pessoais* ajuda a preparar o gestor para o processo de recrutamento. Este perfil precisa ser determinado com cuidado, para que não se incorra em pré julgamentos ou opiniões infundadas. Em alguns casos talvez não seja possível recrutar a pessoa ideal, mas o perfil pode ser alcançado, com treinamento e orientação de programas de desenvolvimento a serem aplicados em um momento após a contratação. A seguir, algumas características a serem consideradas:

- características físicas: idade, apresentação pessoal, saúde, comunicação oral, postura (nota: talvez seja possível justificar a seleção por gênero contratando, por exemplo, mulheres para a limpeza de lavatórios femininos, mas é preciso ter cuidado com isso);
- formação escolar e treinamento: qualificações escolares e notas, educação posterior ou universitária e programas de avaliação pessoal, por exemplo, testes vocacionais;
- experiência profissional: experiência na área, em setor específico, em uma categoria semelhante de trabalho, em trabalho em setor relacionado, cujas habilidades podem ser transferíveis, habilidade e responsabilidade para lidar com pessoas ou dinheiro;
- personalidade: sociabilidade e extroversão, empatia, honestidade, estabilidade, liderança etc.;
- circunstâncias de caráter pessoal: disponibilidade para trabalhar, exigências em relação de troca de turnos de trabalho, necessidade de dormir no trabalho/fora dele.

Ao compilar esta lista de fatores, é importante lembrar-se dos parâmetros de exigências legais e da prática de geração de *igualdade de oportunidades*. Discriminar abertamente, com base em gênero, etnia ou religião, é ilegal. No entanto, um bom gestor trabalha com requisitos que vão além dos estabelecidos por lei, a fim de assegurar que todos os funcionários sejam tratados de maneira igual e justa. Desse modo, ao definir os critérios para inclusão na *descrição de cargos*, é preciso certificar-se de que os critérios são exigências inerentes ao cargo, porque é impossível ser culpado de *discriminação indireta*, ou seja, por selecionar pessoas em função das exigências de um cargo que, por definição, exclua aquelas incapazes de realizar uma determinada tarefa.

Nem todas as qualidades desejáveis têm igual importância e vale a pena distribuí-las em categorias que demonstrem o quanto elas são *desejáveis* ou *essenciais*. É possível promover conhecimento e habilidades por meio de treinamento e de desenvolvimento. De novo, a consideração cuidadosa das exigências essenciais para o cargo ajuda o gestor a concentrar-se no processo de seleção. Veja o exemplo de uma especificação de características pessoais na **Tabela 5.2.**

Tabela 5.2 — Especificação de características pessoais necessárias para um assistente de cozinha

	ESSENCIAL	DESEJÁVEL
CARACTERÍSTICAS FÍSICAS		
Idade	Acima de 18	20-45
Aparência	Asseado	Elegante e bem cuidado, em especial cabelos e mãos.
Saúde	Nenhum registro de enfermidade aparente.	Alegre e com vitalidade.
Comunicação oral	Expressar-se com clareza.	
FORMAÇÃO ESCOLAR E TREINAMENTO		
Formação	Apto a ler e escrever e a fazer cálculos simples.	Apto a conferir faturas e notas de entrega.
Habilidades		Nível técnico em preparação de alimentos e culinária ou equivalente.
EXPERIÊNCIA PROFISSIONAL		
Na indústria da hospitalidade	Ter trabalhado com preparação de alimento por mais de dois anos.	Ter trabalhado com preparação de alimentos em restaurantes.
PERSONALIDADE		
Estabilidade	Educado, não se deixa perturbar facilmente.	Alegre e bem disposto.
Honestidade	Evidência de altos padrões de honestidade de empregadores passados.	
CAPACIDADES PESSOAIS	Apto a trabalhar com ampla gama de obrigações o ano inteiro.	

O ponto principal na elaboração de uma especificação de características pessoais é pensar cuidadosamente sobre essas exigências, que realmente são essenciais para o cargo. O gestor precisa ter em mãos uma lista que o ajude a definir o tipo de pessoa que pode ocupar o cargo, mas que também não exclua outras que, na realidade, também poderiam desempenhá-lo.

Pensar no tipo de pessoa necessária nos leva também a pensar sobre:

- como conferir as qualidades e habilidades da pessoa;
- o processo de seleção.

5.5. ATRAINDO CANDIDATOS

Uma vez definidas as obrigações do cargo a ser preenchido e o tipo de pessoa exigido, o gestor precisa considerar a melhor fonte de prováveis candidatos antes de iniciar os processos para selecioná-los. O objetivo é atrair um número suficiente de candidatos a fim de encontrar o(s) candidato(s) ideal(ideais) assim:

- candidatos demais são tão problemáticos quanto candidatos de menos;
- o objetivo deve ser o de atrair candidatos adequados.

5.5.1. Fontes dos candidatos

Candidatos serão atraídos a partir do mercado de trabalho local e as listas a seguir representam alguns meios comuns de comunicar-se com os potenciais escolhidos, para informá-los sobre vagas disponíveis. Como em toda propaganda, quanto mais objetiva e exata for a mensagem, mais ela será eficiente em atrair os candidatos mais adequados. Descrições vagas, irreais e desonestas de cargos ou de pessoas necessárias para ocupá-los são sempre contraproducentes.

As fontes internas de candidatos podem incluir:

- promoções internas: ajudam a fortalecer o moral da equipe e mostrar que funcionários podem progredir se ficarem na empresa;
- pessoal atual, que tem contrato temporário, eventual ou parcial, que deseja se tornar funcionário em tempo integral. Como no exemplo anterior, isso tem benefícios motivacionais, além de o gestor ter mais informações sobre um funcionário que já trabalha na empresa, de alguma forma, do que dos candidatos externos;
- pessoal atual recomenda um conhecido (família/amigos). De novo, isso pode levar a um melhor nível de conhecimento sobre o novo selecionado. E é mais barato, porque os custos de propaganda são reduzidos. No entanto, é preciso estabelecer limites para contratações desse tipo, para não correr o risco de criar grupinhos no ambiente de trabalho;
- avisos e cartazes no local de trabalho, para que os clientes ou contatos de clientes possam atuar como uma fonte de potenciais funcionários. É um meio relativamente barato, embora possa despertar questionamentos sobre a impressão criada pela constante rotatividade de pessoal. Algumas empresas desencorajam os clientes a serem funcionários, outras veem isso como um benefício;
- registros de candidatos anteriores. Não é incomum para o processo de recrutamento atrair candidatos mais apropriados do que as vagas disponíveis. É uma boa ideia manter os detalhes desses candidatos registrados, para que o gestor possa contatá-los quando outra vaga surgir. O interesse consistente de trabalhar na empresa pode ser um indicador de estabilidade futura.

As fontes externas podem ser:

- avisos em jornal devem ser feitos em edições locais, embora alguns cargos de administração e que demandam destreza precisem ser buscados no mercado de trabalho nacional. O benefício-chave é o de que a propaganda será vista por um grande número de pessoas que poderiam estar interessadas no trabalho. Isso pode ser feito por meio de anúncios ou classificados. O primeiro é mais caro e fica reservado para grandes campanhas de recrutamento;

- rádio local dá uma boa cobertura e poderia ser usada para uma grande campanha de recrutamento – quando da abertura de uma nova unidade, por exemplo, mas é provável que seja cara demais para o recrutamento contínuo em um negócio de pequeno porte;

- centrais de trabalho e outras agências de emprego podem fornecer uma fonte permanente de candidatos, geralmente a baixo custo. Agências de recrutamento comercial são usadas em alguns casos, mas são normalmente consideradas muito caras pela maioria dos gestores;

- cartazes e avisos distribuídos por vários lugares próximos têm normalmente baixo custo e são visíveis pelas pessoas que vivem na área imediatamente vizinha;

- mensagens diretas por correio, em geral distribuídas em conjuntos habitacionais. Devem ser enviadas para o mercado local e são relativamente baratas. Frequentemente usadas para inaugurações e relançamentos;

- universidades e faculdades localizadas na mesma cidade são uma boa fonte para recrutamento de funcionários. Alunos das áreas de hotelaria, hospitalidade, lazer e turismo devem ser priorizados, mas a maioria dos estudantes é uma fonte valiosa de potenciais selecionados. Vale a pena contatar representantes de cursos ou acadêmicos da universidade, bem como diretórios acadêmicos;

- professores de escolas de negócios também são uma boa fonte de seleção de jovens que estejam concluindo seus estudos e procurando um emprego permanente e para alunos em busca de um emprego em tempo parcial, eventual ou temporário. Sessões de experiência de trabalho podem ser uma boa fonte de selecionados – muitos cursos têm períodos de duas a três semanas de ambientação no trabalho. Gerentes de empresas da área de hospitalidade podem usar essas sessões para promover carreiras em sua organização.

O tempo gasto cultivando contatos com pessoas importantes nessas organizações locais mostrar-se-á um investimento valioso para o futuro. Esta é uma necessidade particular de quem trabalha com hospitalidade e vivencia uma rápida rotatividade de pessoal. Como já vimos, a alta rotatividade é cara, porém é uma realidade em alguns negócios, e assegurar que haja uma forte oferta de trabalho potencial é importante.

5.5.2. Propaganda

Muitas das fontes de recrutamento externo disponíveis estarão próximas ao negócio. Em alguns casos, o material será fornecido pela matriz, e o gestor poderá gastar muito tempo com propaganda, por meio da exibição de anúncios no jornal local. No entanto, qualquer que seja o meio, o gestor será aconselhado a considerar alguns pontos gerais a serem inseridos em um anúncio de trabalho bem-sucedido:

- atrair a atenção do potencial candidato. Normalmente, isso equivaleria a expor o título do cargo (assistente de cozinha) de uma maneira bem destacada, ou o tipo de pessoa que se está procurando (jovem brilhante). É preciso certificar-se de que esse fator-chave é importante e não pode ser menosprezado;

- depois de atrair o interesse das pessoas, desperte o interesse delas. Diga qual é, o que é, onde é o trabalho, e o nome da empresa. Descreva rapidamente o propósito do cargo e onde ele está localizado, e forneça um esboço rápido da pessoa que se está procurando, o salário e as oportunidades de crescimento. O gestor deve atrair candidatos apropriados e desencorajar os outros;

- desejo. O gestor precisa fazer com que o anúncio desperte nas pessoas o desejo de fazer algo, no momento em que elas veem a propaganda. É aqui que muitos erram. Em alguns casos, as propagandas são muito chatas, em outros apresentam uma forte tentação de promover excessivamente o trabalho e fornecem informações inexatas;

- ação. O gestor deve fornecer instruções sobre como o anúncio pode ser respondido – por meio de um número de telefone ou de um endereço, de modo que possam solicitar um formulário de candidatura. Trata-se de um ponto óbvio, mas é um erro comum em muitos anúncios.

5.5.3. Reunindo informações sobre os candidatos

O processo de divulgação convidará muitas pessoas interessadas a se candidatarem formalmente à posição. Na maioria dos casos, as informações sobre os candidatos estão reunidas em um formulário de candidatura, que auxilia na filtragem dos que surgirem para cumprir as exigências de pessoal específicas.

O formulário de candidatura precisa ser simples de preencher e permitir aos candidatos comunicarem as informações que o gestor exige: nome, endereço, gênero, idade, formação escolar e programas de treinamento, experiência profissional passada, outros interesses, características pessoais, nomes e endereços de referências.

Esse formulário vai ser mostrado, de modo que a informação necessária seja facilmente observada e, o que é mais importante, fornecida pelo candidato. Um formato claro, que faça perguntas precisas ao candidato, é essencial.

Um erro comum é o de que os formulários de candidatura não tenham espaço suficiente para que os candidatos preencham todos os detalhes pedidos. Também é comum que tragam perguntas vagas.

A candidatura fornece apenas parte da informação e, na maioria dos casos, a seleção final se baseia em uma entrevista e em outras técnicas de seleção que ajudam o gestor a entender suficientemente bem os candidatos, a fim de fazer uma seleção.

5.5.4. Fazendo uma lista sucinta

As candidaturas recebidas precisam ser avaliadas, para que o gestor possa decidir sobre quais pessoas são mais ou menos compatíveis com a especificação de perfil pessoal. As candidaturas podem ser classificadas de maneira sistemática, comparando-se cada uma delas com critérios de especificação de pessoal, usando-se uma matriz. Isso permite ao gestor observar como cada candidato se compara às exigências esboçadas na especificação de pessoal e também permite a comparação entre eles. A **Tabela 5.3** fornece um exemplo de candidaturas recebidas pelo correio e mostra como a matriz pode auxiliar na elaboração de uma lista sucinta. O exemplo aqui sugere um sistema de código com + indicando se o candidato atende às "exigências essenciais" e ++ às "exigências desejáveis".

Tabela 5.3 — Exemplo de uma matriz de lista sucinta para um assistente de cozinha

CANDIDATOS	IDADE ETC.	FORMAÇÃO ESCOLAR E TREINAMENTO	EXPERIÊNCIA PROFISSIONAL	CARACTERÍSTICAS PESSOAIS
Marrom	+	++	++	+
Verde	++	++	+	
Branco	+	+		+
Preto	+		++	+
Rosa	++	++	++	+
Cinza	++	++	++	+
Oliva	+	+	+	+
Violeta	+	+	++	

No exemplo acima, Rosa e Cinza claramente merecem ser entrevistados, na medida em que são ambos qualificados, têm experiência profissional, são do grupo de idade preferido e estão aptos a trabalhar em diferentes turnos. O Marrom também valeria a pena ser entrevistado porque atende a todos os critérios, exceto o da idade. O candidato poderia ser um pouco mais jovem que o desejado, mas pode também ter outros pontos fortes. Do mesmo modo, o Preto carece de certas qualidades, mas atende a outros critérios. Esse candidato poderia ser digno de consideração posterior, talvez aguardando na lista de espera?

5.6. FAZENDO A SELEÇÃO

O objetivo do processo de seleção é o de dar continuidade à descoberta dos candidatos, para que a decisão sobre recrutá-los ou não se baseie no máximo possível em informações seguras. Normalmente, a seleção de pessoal para o trabalho na área de hospitalidade se baseia totalmente em uma simples entrevista com o gestor, mas há alternativas que valeriam a pena ser consideradas.

5.6.1. Entrevistas individuais

O gestor ou representante do negócio precisa entrevistar os candidatos um a um. Administrar o tempo ajuda as entrevistas a serem feitas mais rapidamente, mas a fraqueza deste modelo está em que o juízo de apenas uma pessoa está envolvido. É possível para o entrevistador perder um aspecto importante das qualidades do entrevistado ou fazer pré julgamentos pessoais.

5.6.2. Dois ou mais entrevistadores

A entrevista é conduzida por um ou mais entrevistadores – o gestor e um representante. O propósito aqui é o de trazer uma ampla gama de percepções e de habilidades, a fim de apoiar a seleção. Em alguns casos, uma pessoa faz perguntas, enquanto a outra observa e faz anotações. Esse método custa mais em termos de administração do tempo, mas há algumas salvaguardas contra pré julgamentos individuais. Os gestores envolvidos no processo de seleção estão mais propensos a apoiar a seleção feita. Candidatos podem achar esse tipo de entrevista mais intimidador, particularmente se há mais de três entrevistadores. Essa forma pode estar sujeita a pré julgamentos coletivos, particularmente em casos nos quais um dos entrevistadores é rigoroso.

5.6.3. Mais de uma entrevista

Em alguns casos, onde há muitos candidatos bons, os gestores podem conduzir uma primeira rodada de entrevistas que gere uma lista sucinta de candidatos selecionados para uma segunda rodada de entrevistas – frequentemente em outro dia. Essa forma de seleção toma muito tempo dos gestores e dos candidatos. Normalmente, essa abordagem é aplicada na seleção de pessoal experiente ou de gestores. O benefício é que mais candidatos são observados, e a seleção é por fim feita com base no desempenho do candidato em duas ocasiões. Em outros casos, mais de uma entrevista poderia ser agendada no mesmo dia, com um propósito diferente para cada uma delas, uma pessoa diferente entrevistando os candidatos em cada etapa. De novo, os benefícios são a exposição maior dos candidatos, e mais opiniões de gestores estarão envolvidas no processo de seleção.

5.6.4. Desempenho de papéis

A intenção aqui é convidar o candidato a lidar com, ou criar, uma situação, que ajude a revelar mais sobre ele em situações especiais. Exemplos comuns envolvem pedir à pessoa que lide com uma reclamação, na qual o gestor age como um cliente decepcionado. Em outros casos, candidatos são convidados a cantar, ou contar uma piada. A organização de papéis e a avaliação da atuação normalmente envolvem mais de um gestor. Essa abordagem é mais cara, porque os candidatos ainda passam por um processo de entrevista. O benefício fundamental está em fornecer um conjunto mais amplo de comportamentos e de informações sobre o candidato.

5.6.5. Teste de personalidade/aptidão

Testes de personalidade e de aptidão têm como objetivo fornecer mais informações sobre os candidatos, que servirão como base para a tomada de decisão quanto ao selecionado. Os de personalidade variam, porém, algumas das questões exploradas no capítulo 3 podem ser mensuradas com esses testes. Por exemplo, é possível medir as várias dimensões de *extroversão e introversão* e as dimensões de *estabilidade e instabilidade* admissíveis em variados tipos de trabalho. O problema com ambos os conjuntos de medidas é que, embora pareçam ser "científicos", esses testes não são prognósticos infalíveis de desempenho futuro no ambiente de trabalho. É possível que o desempenho seja afetado por fatores externos ao indivíduo, e é também possível para uma pessoa que conhece os testes dar respostas que não são reflexos autênticos de suas personalidades ou habilidades. No entanto, usados como apoio a outras técnicas de seleção, eles podem ser um auxílio valioso à tomada de decisões.

5.6.6. Referências

Referências fornecidas por empregadores anteriores ou testemunhos que atestam boa índole são uma parte importante do processo de seleção. Há um erro que é cometido com frequência pelas empresas: não investigar as referências de candidatos selecionados antes do emprego. A prática mais comum é conferir as referências após a entrevista de seleção, embora alguns gestores peçam referências antes dela. Neste último caso, os empregadores atuais podem não saber sobre a intenção dos candidatos de conseguir um trabalho em outra empresa, e isso pode causar problemas. No entanto, as informações a partir de referências podem ser úteis quando da seleção entre candidatos.

Embora as referências sejam geralmente incalculáveis, é preciso certa cautela, porque elas podem estar sujeitas a preconceito. Na maioria dos casos, os empregadores detestam fazer críticas explícitas em que comprometam os funcionários.

Em alguns casos, eles chegam a fazer comentários excessivamente complementares sobre um funcionário de quem desejam se livrar. Em outros casos, os sentimentos negativos criados quando um funcionário deixa a empresa podem levar o empregador a criticá-lo injustamente.

5.7. ENTREVISTAS DE SELEÇÃO

Conforme demonstrado anteriormente, a entrevista de seleção tem como objetivo prover informações sobre o candidato para que o gestor possa fazer a seleção, a partir de uma vasta gama de informações. De várias maneiras, as pessoas se sentem mais confortáveis com os julgamentos que fazem em uma entrevista do que se poderia justificar pela experiência. Há várias falhas no processo:

- você está fazendo julgamento de pessoas em um tempo muito curto;
- as pessoas atuam em uma entrevista formal e isso pode não ser um reflexo autêntico de seu desempenho no trabalho;
- a situação formal deixa as pessoas nervosas e limita seu desempenho;
- a entrevista se baseia em juízo subjetivo e pode envolver o "efeito auréola" ou um preconceito. Ou seja, a entrevista se baseia em juízo subjetivo e pode mascarar preconceitos.

Algumas dessas dificuldades podem ser tratadas tendo-se vários colegas envolvidos no processo de entrevista, e fazendo-se um julgamento por meio de uma vasta gama de fontes de informação.

5.7.1. Antes da entrevista

- o gestor identificou e convidou todos os gestores que estarão envolvidos nela;
- o gestor identificou o processo de entrevista, teste e desempenho de papéis a serem usados na seleção dos candidatos;
- o gestor se certifica de que leu todos os formulários e identificou questões que precisam ser exploradas com cada candidato;
- o gestor identificou uma sala silenciosa para a entrevista e que estará livre de interrupções;
- o gestor alocou tempo suficiente para cada entrevista, e convidou os candidatos a chegarem na hora certa;
- o gestor considerou o desenho e o estilo da sala de entrevistas a ser usada.

5.7.2. Durante a entrevista

- o gestor respeita estritamente o tempo alocado – desrespeitá-lo causa má impressão;
- primeiro apresentar-se e aos outros entrevistadores ajuda a pessoa a relaxar;
- o gestor explica a entrevista e o processo de seleção – e principalmente quando o resultado será ouvido;
- o gestor adota um comportamento tranquilo e amigável;
- o gestor começa com perguntas fáceis e genéricas;
- o gestor faz perguntas abertas, que encorajam os entrevistados a falar;
- o gestor escuta cuidadosamente as respostas e se atém às questões que surgem;
- o gestor sempre cria a impressão de que está interessado no candidato e genuinamente preocupado em lhe dar uma chance justa;

- o gestor dá uma oportunidade para que o candidato faça perguntas;
- o gestor reconhece que a entrevista é um processo de duas vias, e que quer deixar todos os candidatos com uma boa impressão da organização;
- o gestor termina a entrevista na hora e de maneira ordenada – assegurando-se que o candidato entende o que acontecerá a seguir.

5.7.3. Depois da entrevista

- o gestor faz anotações sobre o candidato – novamente, um sistema de pontuação pode ser usado para ajudar na seleção;
- se há mais de um entrevistador envolvido, o gestor confere com outros a fim de decidir sobre o candidato selecionado;
- se o gestor não pediu referências anteriormente, pedirá por elas – quando elas chegarem, ele confirmará com o candidato (ou fará reconsiderações à luz das referências);
- o gestor escreve ao candidato aprovado confirmando o compromisso e passando instruções complementares.

O processo de seleção e de recrutamento deve ser conduzido de maneira justa e legal. Quando o candidato selecionado começar a trabalhar, o gestor precisa planejar meios para que o funcionário se adapte ao novo trabalho e receba ajuda para tornar-se efetivo rapidamente.

5.8. PROGRAMAS DE ADMISSÃO DO NOVO FUNCIONÁRIO

Um número surpreendente de empregadores não consegue oferecer treinamento de admissão a novos funcionários. Há práticas equivocadas de seleção e de recrutamento: sem admissão, sem treinamento e com práticas de trabalho de baixa qualidade e altos níveis de rotatividade. O treinamento de admissão em particular pode ajudar na superação de uma característica importante da rotatividade de pessoal – *a crise de admissão*, a tendência que muitos novos selecionados têm de sair da empresa depois de se ligar a ela por um breve período de tempo.

5.8.1. Um programa de admissão

- ajuda a superar a fase de aprendizado inicial, quando o novo funcionário se sente incompetente;
- auxilia o novo funcionário a ser aceito pela equipe existente e fazer amigos;
- ajuda o novo funcionário a se sentir parte da organização;

   os benefícios, para o negócio, de se oferecer treinamento de admissão são;
- redução dos problemas de serviço ao cliente quando novos funcionários estão aprendendo;
- demonstração das níveis de produtividade à medida que o novo funcionário se torna eficiente mais rapidamente;

- demonstração das obrigações estatutárias para com práticas de trabalho seguras e higiênicas.

Todos os novos funcionários, independente de trabalharem em tempo integral, parcial, temporária ou eventualmente, necessitam de programas de admissão. Como indivíduos, eles ainda têm as mesmas necessidades de serem rapidamente aceitos pela organização e, como novos funcionários, o gestor precisa auxiliá-los para que sejam efetivos o mais rápido possível. No planejamento do programa de admissão é preciso considerar a informação e as experiências necessárias para ajudá-los a se estabelecerem e como essa informação é dada. Em geral, os programas de admissão são mais bem planejados durante determinado período de tempo. É um erro fornecer informação demasiada no primeiro dia. Bons programas de admissão ocorrem nas primeiras semanas.

5.8.2. Antes que o novo funcionário comece a trabalhar

A entrevista deve iniciar o processo porque o candidato precisa ser informado sobre as etapas envolvidas no recrutamento – início, local e tipo de trabalho, horas, salário e condições. Tudo isso então pode ser confirmado por escrito em uma carta de nomeação. Muitas empresas também oferecem guias de equipe que também fornecem informações úteis, incluindo-se as várias políticas da empresa – saúde e segurança, treinamento e desenvolvimento do funcionário etc.

5.8.3. No primeiro dia de trabalho

É importante lembrar que todos os novos selecionados estarão hesitantes sobre o início de um novo trabalho, e o objetivo principal é assegurar que eles se sintam confortáveis nessa nova etapa profissional. Pressão excessiva e preparação inadequada para tensões no trabalho são razões-chave para a rotatividade de pessoal. Certifique-se de que o novo funcionário sabe onde estão localizadas as instalações principais de que ele necessitará. É uma boa ideia oferecer um "companheiro" ao novo selecionado, para ajudá-lo a se adaptar e a conhecer como funcionam as coisas. Um programa básico sobre práticas de saúde e higiene também é útil nesse estágio. Embora a prática varie, a admissão é mais eficaz quando o novo funcionário é acompanhado em suas atividades nos primeiros dias por funcionário experiente, porque é importante reduzir a pressão de trabalho imediata nessa primeira fase de aprendizado.

5.8.4. Na primeira semana

Em muitos casos, esses programas de treinamento iniciais levarão vários dias, e o novo funcionário continuará sendo acompanhado pelo empregado experiente. As melhores práticas envolvem um "companheiro" capacitado para treinar o novo funcionário. O capítulo sobre treinamento e desenvolvimento fala mais diretamente sobre os benefícios comerciais dessa prática, porém, é importante reconhecer que o treinamento de admissão ajuda o novo funcionário a alcançar a competência mais rapidamente e que o treinamento formal é mais eficiente que o aprendizado por tentativa e erro. Uma entrevista com o novo funcionário durante os primeiros dias pode ajudar a identificar qualquer problema ou dificuldade e ajudar o gestor a comunicar a importância do indivíduo e o valor do negócio.

5.8.5. Nas primeiras semanas

O programa de admissão pode continuar por várias semanas. Além de ajudar a pessoa a se adaptar à organização, esse processo continuará produzindo conhecimento e habilidades necessárias ao desempenho eficaz. Como regra geral, é uma boa ideia continuar o processo de admissão por certo período, fornecendo informação em pequenas quantidades em vez de disponibilizá-la toda nos primeiros dias. Outra entrevista com o novo funcionário poderá conferir o progresso e começar a antever as necessidades e planos de desenvolvimento do indivíduo.

Em suma, o recrutamento e a seleção cuidadosos envolvem o planejamento das necessidades do cargo antes de se pensar sobre o tipo de pessoa que provavelmente estará apta a ter sucesso no posto. Uma vez tendo pensado no trabalho a ser feito e na pessoa necessária para fazê-lo, o gestor precisa pensar onde é o lugar mais provável para encontrar a pessoa necessária, e os meios pelos quais podem convidar indivíduos interessados em candidatar-se à vaga. O processo de seleção deve ser compatível com a pessoa que o gestor está tentando recrutar. Finalmente, um programa de admissão bem projetado é necessário para assegurar que o novo funcionário seja rapidamente absorvido na empresa como membro efetivo da equipe.

5.9. ABORDAGENS NO RECRUTAMENTO E NA SELEÇÃO

Como mencionado anteriormente, não há nenhuma fórmula definida para o processo de recrutamento e de seleção em empresas do ramo da hospitalidade. O tipo de pessoa necessária para diferentes funções nessa área varia de acordo com o tipo de oferta de serviço disponibilizada aos clientes. Além disso, os processos de recrutamento e de seleção variam, para adaptar a pessoa solicitada e as habilidades solicitadas por conta da colaboração que podem dar ao negócio.

Nas operações da área da hospitalidade, é possível identificar três tipos de pessoal de linha de frente necessários em diferentes operações. Isso leva a três processos, que se adaptam aos tipos ideais. No capítulo 1 identificamos os tipos ideais de operações de serviço:

- serviços de hospitalidade dependentes de uniformidade;
- serviços de hospitalidade dependentes de escolha;
- serviços de hospitalidade dependentes de relacionamento.

Os *serviços de hospitalidade dependentes de uniformidade* envolvem tarefas que são simples, porém, altamente estruturadas. As práticas de trabalho são conduzidas de uma maneira mais rápida e pragmática e é preciso um esforço limitado para concluir as tarefas relacionadas à produção. Encontros de serviço também são curtos e limitados em escopo, embora a equipe de serviço tenha de praticar algumas habilidades e julgamentos para comparar ordens, receber dinheiro, interagir socialmente com clientes e lidar com reclamações. A descrição de cargo relaciona produção simples e obrigações de serviço, e o trabalho é estruturado de maneira a apresentar poucas barreiras a recrutas em potencial – candidatos que atendem exigências gerais para o emprego e não possuem limitações de saúde ou legais. O processo de entrevista é geralmente simples e envolve tipicamente poucas técnicas de seleção sofisticadas porque os programas de treinamento e de desenvolvimento e a abordagem de gerenciamento minimizam a importância das habilidades e aptidões individuais.

Os *serviços de hospitalidade dependentes de escolha* também envolvem tarefas simples, embora provavelmente elas sejam em maior número. Os cargos de produção podem envolver práticas mais racionais, embora os encontros de serviços possam ser, por sua vez, personalizados para clientes individuais. Os funcionários em serviço têm de poder oferecer o desempenho exigido por cada cliente. Os funcionários em serviço têm de possuir uma gama de traços de personalidade e de caráter que os capacitarão a serem eficientes no "desempenho" diante do cliente. Nessas circunstâncias, a descrição de cargo relacionará obrigações simples, porém, a especificação de pessoal poderia ser muito mais elaborada ao descrever a personalidade exigida do candidato. Técnicas de seleção e de entrevista são mais complexas, à medida que gestores estão procurando por pessoas com "personalidades e habilidades".

Os *serviços de hospitalidade dependentes de relacionamento* envolvem contatos simples, porém frequentes, entre clientes e o pessoal da linha de frente. Cargos de produção vão de abordagens mais diretas a operações de produção tradicionais. Relacionamentos no ambiente de trabalho precisam ser adequados às necessidades sociais e ao ego do cliente. Portanto, funcionários que estejam em serviço têm de ser capazes de desenvolver um relacionamento com os clientes. Essas descrições de cargo podem parecer simples, mas a especificação de pessoal irá descrever características com foco na extroversão e na estabilidade. Em alguns casos, o desenvolvimento de relacionamentos sociais com os clientes se baseia no estabelecimento de relacionamentos sociais saudáveis entre funcionários. Procedimentos de seleção e de recrutamento estariam tipicamente interessados em uma pessoa que se adapta com outros membros da equipe e é o tipo de pessoa que pode desenvolver relacionamentos com os clientes. A propaganda boca a boca entre os funcionários ajudaria na construção de um espírito de equipe e de uma cultura compartilhada.

5.10. CONCLUSÃO

Este capítulo destacou alguns dos passos importantes necessários ao recrutamento e à seleção de candidatos para o trabalho na área da hospitalidade. O recrutamento efetivo começa considerando os tipos de período exigidos pelo cargo. Recrutar pessoas para um emprego em tempo integral, parcial, temporário ou casual tem implicações para as fontes de candidatos e os níveis de compromisso que se espera de quem ocupa o cargo. Em situações em que a demanda por serviços de hospitalidade tem altos e baixos, é quase sempre necessário que o gestor planeje antecipadamente, para que os funcionários estejam no lugar certo por ocasião do aumento da demanda.

O primeiro passo no processo de recrutamento requer que o gestor tenha uma definição do cargo que está tentando preencher. Uma descrição de cargo formal é útil, porque o ajuda a pensar claramente sobre as implicações desse cargo e, a partir delas, chegar à pessoa capaz de exercê-lo. Novamente, vale a pena formalizar os pensamentos colocando no papel uma especificação de pessoal. A especificação de pessoal ajuda o gestor a identificar a pessoa, suas qualificações, e a experiência que serão capazes de torná-la um sucesso no posto.

A consideração do candidato ideal ajuda o gestor a identificar onde essa pessoa pode ser encontrada. Frequentemente o recrutamento interno pode ser útil porque é possível ter um conhecimento prévio do candidato. Recrutar de fora a força de trabalho existente pode ter o benefício de trazer para a empresa gente e ideia novas. Qualquer que seja a fonte dos candidatos, o processo de seleção precisa ser planejado, a fim de dar ao gestor informação suficiente para fazer uma escolha sensível e realista. É provável, portanto, que haja diferentes abordagens ao recrutamento e à seleção que se adaptem melhor ao tipo de funcionário que se está tentando recrutar.

CAPÍTULO 6
Desenvolvimento e treinamento de funcionários

OBJETIVOS DO CAPÍTULO

Depois de ler este capítulo, você deverá ser capaz de:

- identificar os benefícios-chave do treinamento e do desenvolvimento;
- planejar e organizar o processo de treinamento de pessoal;
- planejar e organizar sessões de treinamento para suprir necessidades diversas;
- avaliar o treinamento realizado.

Aprender por tentativa e erro sempre resulta em muito erro.

O treinamento e o desenvolvimento de pessoas é um aspecto importante do trabalho do gestor. Muitas empresas na área de hospitalidade reconhecem que o treinamento de pessoal é uma técnica comercial-chave, que repercute na entrega de um serviço de qualidade, na satisfação do cliente, no crescimento das vendas e na lucratividade. Mesmo em organizações que não possuem uma política de treinamento formal, é importante que o gestor promova o desenvolvimento dos funcionários por meio de programas de treinamento formais. A maioria dos funcionários pode aprender simplesmente executando o trabalho. No entanto, fazer com que os funcionários aprendam por meio da experiência é menos eficaz do que dispor de uma política de treinamento formal dirigida às necessidades do indivíduo ou à necessidade coletiva, e praticada por toda a equipe. Na pior das hipóteses, o treinamento precisa ser oferecido para cumprir obrigações estatutárias para com funcionários e clientes. Todos os empregadores têm a obrigação de assegurar que os funcionários trabalhem com segurança, em ambientes compartilhados com colegas de trabalho que conheçam práticas de trabalho seguras. Do mesmo modo, os empregadores são obrigados a assegurar que os funcionários trabalhem de um modo que seja higiênico e manuseiem alimentos de forma a reduzir o risco aos clientes.

O treinamento deve ir além dessas obrigações legais básicas. Treinar *todos* os funcionários tem impacto direto sobre o desempenho do negócio. Pesquisa recente para a Fundação de Treinamento em Hospitalidade (Hospitality Training Foundation) demonstra que o treinamento leva:

- ao aprimoramento da produtividade;
- à melhora nas vendas por transação;
- à redução de desperdício;
- a níveis menores de rotatividade de pessoal;
- ao aprimoramento na qualidade do serviço;
- ao aprimoramento da satisfação do cliente;
- ao aprimoramento da satisfação do funcionário;
- ao aumento na flexibilidade do funcionário.

Além dos benefícios diretamente obtidos com o treinamento, também é importante reconhecer que *a falta de treinamento para funcionários tem custos*. Se o gestor permite que as pessoas aprendam o trabalho por tentativa e erro, com certeza haverá muito erro, o que trará problemas à qualidade no serviço, à satisfação do funcionário, além de altos níveis de desperdício, menor produtividade e redução na flexibilidade do funcionário.

Todo treinamento deve começar com um entendimento claro dos alvos e objetivos que o gestor espera alcançar a partir dessa atividade. Ele deve adotar uma abordagem sistemática, que se concentre claramente nas necessidades da pessoa a ser treinada, nos materiais necessários e em como o treinamento será avaliado.

6.1. OS BENEFÍCIOS DO TREINAMENTO

Estimativas quanto aos benefícios do treinamento – particularmente no contexto de contribuições potenciais ao aprimoramento do desempenho comercial – são muito difíceis de ser mensuradas. Isso não é surpresa, dadas as muitas formas de treinamento executadas na indústria da hospitalidade e as muitas variáveis que têm impacto sobre a atividade do treinamento, como, a qualidade do treinamento fornecido, as habilidades e capacidades dos que são treinados e a duração dos programas de treinamento.

Além disso, é evidente que um grande número de influências tem impacto sobre o desempenho comercial de uma organização. Por exemplo:

- o ambiente econômico;
- os níveis de investimento;
- as atividades de *marketing* e promocionais.

Os principais temas identificados na literatura estão relacionados abaixo. É interessante que algumas pessoas os tenham chamado de "custos do não treinamento":

- produtividade aprimorada;
- vendas elevadas;
- redução nos níveis de rotatividade de funcionários;
- redução de desperdício;
- aprimoramento na qualidade;
- maior comprometimento organizacional;
- diminuição de acidentes;
- maior flexibilidade.

Ao considerarem-se os alvos e objetivos do treinamento do funcionário, é importante lembrar que o treinamento:

- primeiramente muda o comportamento individual;
- reflete-se em benefícios diretos no desempenho do funcionário, por meio de mudanças no comportamento;
- melhora o desempenho do funcionário, o que pode levar a benefícios financeiros desejados, ou seja, a custos reduzidos, vendas elevadas e melhor lucratividade.

6.2. PRODUTIVIDADE APRIMORADA

Nesse contexto, o aprimoramento da produtividade significa aprimoramento na produtividade dos funcionários. Produtividade é

- o número de refeições produzidas;
- clientes servidos;
- quartos limpos;
- vendas efetuadas;
- valor pecuniário recebido etc.;
- medida em comparação com algum indicador da equipe envolvida.

Normalmente se usam horas trabalhadas porque o período de tempo é fixo. Quando as medidas são estabelecidas em turnos, ou em pessoal em serviço, o tempo preciso envolvido tende a variar. Para calcular a taxa de produtividade:

$$\frac{\text{Produtividade durante o período}}{\text{Horas trabalhadas pelo grupo}}$$

Assim, se o pessoal em um bar serve 750 clientes durante um período de cinco horas e há cinco membros da equipe em serviço (25 horas de equipe no total), o cálculo é:

$$\frac{750}{25} = 30 \text{ transações por hora de trabalho da equipe}$$

A **Tabela 6.1** mostra como a produtividade pode ser comparada usando-se os números de clientes servidos e o valor das vendas por funcionários treinados e não treinados.

As comparações usam ambos os indicadores porque o aumento no valor das vendas médias é uma importante fonte adicional de renda e de lucro.

Tabela 6.1 — Comparação entre funcionários treinados e não treinados em um bar

	Transações/ treinados	Transações/ não treinados	Diferença	Vendas/ treinados	Vendas/ não treinados	Diferença
TURNO	1.434	1.137	297	$ 4.920	$ 3.485	$ 1.435
HORAS	38	40	-2	38	40	-2
TAXA POR HORA	37,73	28,4	33%	9,47	$87,12	48,6%

Na tabela acima, os funcionários formalmente treinados são mais produtivos nas transações, seu número de vendas tem uma média de 33% e recebem mais dinheiro servindo mais clientes e vendendo mais por transação. O pessoal treinado recebe uma média de $ 3,43 por transação, enquanto o pessoal treinado informalmente recebe $ 3,06 por transação.

Claramente, negócios diferentes podem restringir o valor das transações porque alguns negócios ou períodos de serviço envolvem mais transações com um único cliente, enquanto em outros casos cada transação envolve mais clientes – em festas, grupos ou famílias. O gestor precisa manter registro dessas operações, porque elas o ajudam a gerir vendas e também ajudarão a avaliar o impacto de iniciativas de treinamento diversas.

Uma abordagem estruturada ajuda os novos funcionários a se tornarem efetivos mais rapidamente do que apenas permitir que a equipe aprenda por experiência. A **Tabela 6.1** mostra que treinar novos funcionários, antes do trabalho ou como parte de um programa de admissão tem dois efeitos abrangentes:

1) novos funcionários treinados alcançam rapidamente seu melhor nível de produtividade;

2) eles têm um melhor nível de produtividade que o do pessoal que não é treinado formalmente.

Podemos observar na **Figura 6.1** os efeitos sobre a velocidade com a qual as pessoas aprendem a se tornar efetivas, e o nível da eficiência alcançada. Algumas organizações veem o benefício de treinar antes do primeiro turno como ajuda aos novos funcionários, para desenvolverem habilidades básicas antes de serem colocados diante dos clientes. O pensamento delas é o de que a eficiência do empregado e o impacto das vendas e da satisfação do cliente são importantes demais para permitirem que os novos funcionários aprendam por tentativa e erro.

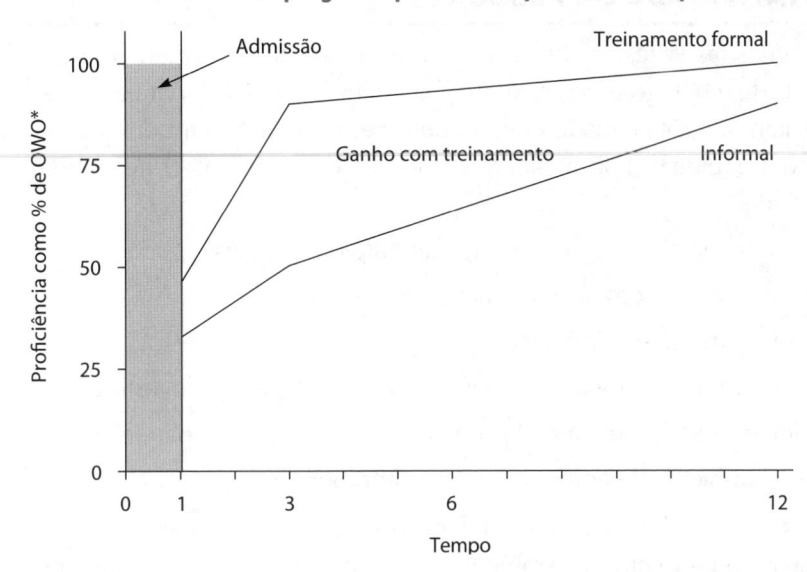

Figura 6.1 — Proficiência e tempo gasto para alcançar a melhor produtividade

[Gráfico: eixo Y "Proficiência como % de OWO*" (0 a 100); eixo X "Tempo" (0, 1, 3, 6, 12). Indicações: "Admissão", "Treinamento formal", "Ganho com treinamento", "Informal"]

*Operations Workforce Optmization (Otimização das Operações da Força de Trabalho)

Finalmente, antes que sigamos adiante a partir das considerações sobre produtividade, é importante pensar nos efeitos da qualidade do serviço. Não faz sentido servir uma quantidade enorme de clientes se muitos deles recebem serviço insatisfatório. Portanto, qualquer cálculo de produtividade deve considerar o impacto das reclamações do cliente e da perda de negócio. Como veremos mais adiante, o treinamento do funcionário tem um impacto na qualidade do serviço e nos níveis de satisfação do cliente.

Concluindo, o treinamento pode ter um impacto dramático sobre a produtividade do funcionário. Funcionários treinados:

- têm níveis mais elevados de produtividade que outros não treinados;
- alcançam níveis melhores, mais rapidamente;
- alcançam níveis mais elevados do que os que aprendem por experiência;
- produzem serviço de melhor qualidade em determinado nível de produtividade.

6.3. VENDAS ELEVADAS

Como vimos na **Tabela 6.1**, um funcionário experiente vende mais produtos (em média) que funcionários que não foram treinados ou são inexperientes. O aumento potencial nas vendas por hora de trabalho ou por transação é muito importante para muitas empresas na área de hospitalidade. A habilidade de "vender mais", persuadindo o cliente a comprar uma bebida de maior valor, uma porção extra ou um quarto de melhor qualidade pode aumentar a receita por venda e a lucratividade. Um estudo não publicado, realizado por um grande varejista demonstrou que "funcionários treinados" podem aumentar o valor das vendas por transação entre 25% e 30%.

6.4. ROTATIVIDADE DE PESSOAL

Como vimos, às vezes as causas da perda de pessoal fogem ao controle do gestor. Níveis locais de emprego e de concorrência criam dificuldades para a retenção de pessoal. No entanto, a rotatividade é algo que o gestor deve tentar administrar, e oferecer treinamento à equipe é uma maneira importante de mantê-la. O treinamento bem estruturado ajuda:

- os novos funcionários a entender rapidamente o que se espera deles;
- os funcionários a desenvolver confiança em seu trabalho;
- os funcionários a se sentir eficientes;
- a estabelecer que funcionários são importantes e dignos de investimento;
- os funcionários a ver um caminho de oportunidades aberto para eles;
- a criar um ambiente de aprendizado para aprimoramento.

Todas as razões acima justificam que os funcionários permaneçam com o empregador, ao contrário de terem um ambiente de pouca confiança e de baixo investimento, onde se sintam desvalorizados e acabem por deixar a empresa.

O relacionamento entre a rotatividade de pessoal e o treinamento é complicado porque não se trata de um processo simples. Como já observamos, o treinamento dá aos funcionários razões para que permaneçam na organização, enquanto empresas com altos níveis de rotatividade estão propensas a ter menos funcionários treinados porque eles não permanecem tempo suficiente para receber treinamento.

6.5. REDUÇÃO DE DESPERDÍCIO E DE DANOS DE EQUIPAMENTOS

Em muitos negócios na área de hospitalidade, os custos com alimentação estariam entre 25% e 40% da receita. Do mesmo modo, bebidas alcoólicas frequentemente respondem por uma proporção significativa dos custos.

Perda ou dano, manuseio acidental, elaboração de pedido errado e a substituição de itens que os clientes acham insatisfatórios fazem aumentar os custos, e os problemas pioram com pessoal sem treinamento adequado. Trabalhadores treinados cometem menos erros durante a produção, o que minimiza o desperdício.

O treinamento pode ter um impacto positivo sobre roubo, furto e "distribuição" a amigos. A falta de treinamento ou o treinamento ruim têm impacto sobre o comportamento profissional dos funcionários. Um valor frequentemente exaltado em programas de treinamento é o da necessidade de uma prática honesta. Em operações na área de hospitalidade, muitos dos itens que os funcionários manuseiam são altamente consumíveis – comida, bebida e dinheiro – e os níveis de treinamento têm impacto sobre a quantidade desses itens furtados pelo pessoal.

6.6. QUALIDADE APRIMORADA

É fato amplamente conhecido que o gerenciamento da qualidade é um desafio vital para quem atua na área de hospitalidade e quer aumentar seus níveis de competitividade. O desempenho do funcionário tem influência direta sobre suas experiências e a qualidade do serviço. O treinamento do funcionário para o serviço pode ser direcionado à prestação do serviço, assegurando que ele "faça o que é certo da primeira vez". Treinar os funcionários quanto ao que fazer quando erros acontecem também é importante. A maioria das pesquisas demonstra que, quando os erros são corrigidos imediatamente, o cliente se mantém propenso a permanecer leal à organização. Mais tarde falaremos sobre algumas maneiras por meio das quais os funcionários podem lidar com reclamações de clientes. O treinamento para que os funcionários possam responder melhor é uma característica essencial do gerenciamento da reclamação.

A redução das reclamações e o aumento da satisfação são elementos necessários à manutenção dos clientes. A maioria das empresas na área de hospitalidade está bem ciente de que é muito mais caro atrair novos clientes para o negócio que atrair clientes existentes. O treinamento resulta em níveis aprimorados de clientes mantidos.

6.7. COMPROMETIMENTO ORGANIZACIONAL

A maioria das empresas da área de hospitalidade agora realiza pesquisas regulares de satisfação de funcionários porque reconhece que eles têm de estar comprometidos com os valores de serviço da organização em relação aos clientes externos. Com tudo sendo igual, o treinamento tem impacto sobre a satisfação e o comprometimento do funcionário. Embora esse comprometimento possa ser mensurado, não pode receber um valor financeiro, e sim um benefício do treinamento, que pode ser medido por meio de mudanças no nível de satisfação do funcionário.

6.7.1. Maior flexibilidade

Uma maior flexibilidade do funcionário traz benefícios à organização porque gestores conseguem programar os mesmos indivíduos para que realizem uma variedade de tarefas. Em parte, o treinamento adicional significa que funcionários estão:

- aptos a desempenhar uma variedade de diferentes trabalhos;
- mais flexíveis para fazer outros trabalhos;
- mais baratos, porque podem ser usados como e onde forem necessários.

Essa *flexibilidade funcional* também permite aos funcionários assumirem trabalhos mais interessantes e, em alguns casos, o treinamento delega responsabilidades aos funcionários para tomar decisões que eram formalmente tomadas pelos gestores.

6.8. HABILIDADE APRIMORADA PARA ACEITAR MUDANÇAS

Distinto da flexibilidade funcional, porém, sobrepondo-se a ela, um investimento em treinamento pode produzir benefícios na medida em que funcionários estejam dispostos a aceitar mudança. Um investimento no treinamento de funcionários com ampla gama de habilidades genéricas, ou em áreas específicas, provavelmente reduzirá a resistência à mudança e ajudará na transição de uma forma para outra. Por exemplo, estudos sobre iniciativas de delegação de responsabilidade demonstram que a característica determinante do sucesso de uma iniciativa reside no quanto os funcionários estão preparados para novas responsabilidades e se sentem autorizados a tomar decisões.

Em suma, o treinamento é realizado para alcançar objetivos comerciais e é importante que o gestor monitore a eficiência do treinamento a fim de mensurar o quanto atingiu o objetivo estabelecido de, por exemplo:

- aprimorar o desempenho;
- aumentar a produtividade;
- reduzir a rotatividade de pessoal;
- reduzir o desperdício e o dano de equipamento;
- aprimorar a qualidade do serviço;
- aprimorar a satisfação do cliente;
- aprimorar a satisfação do funcionário;
- aumentar a flexibilidade do pessoal;
- aprimorar a habilidade de aceitar mudança.

6.9. TREINANDO O SEU PESSOAL

O gestor imediato, responsável pelo desempenho da empresa, deve assegurar que os funcionários sejam adequadamente treinados para suprir as necessidades de serviço dos clientes. Mesmo em uma situação na qual os superiores não lhe pedirem para responder pelo treinamento de pessoal realizado, o gestor deve reconhecer que esse treinamento é uma abordagem-chave para assegurar o desempenho eficaz do negócio. É essencial que o gestor adote uma abordagem sistemática que:

- decida sua política de treinamento;
- identifique que tipo de treinamento é necessário;
- planeje o treinamento para suprir as necessidades identificadas;
- prepare programas para realizar planos de treinamento;
- realize o programa de treinamento;
- avalie o treinamento dado.

Desse modo, o planejamento e a organização sistemática do treinamento trarão muitos benefícios. Um deles, como já vimos, é o de comunicar aos funcionários seu papel-chave na entrega do serviço, e que o gestor está preparado para investir tempo e esforço neles.

6.9.1. Decidindo a política de treinamento

Uma política declarada sobre os alvos e objetivos do treinamento é essencial. Na verdade, muitas organizações na área de hospitalidade têm escrito declarações políticas que são incluídas em manuais para a equipe de trabalho. Nesses casos, o gestor deverá esperar que ela funcione entre os funcionários.

Se não há uma política de marca ou organizacional, o gestor precisará difinir uma. Uma declaração por escrito, formal, auxiliará o gestor e a equipe a entender claramente os alvos e objetivos da abordagem ao treinamento. Há várias questões que a política poderia considerar:

- a política tem como objetivo apenas melhorar a competência no trabalho ou o desenvolvimento individual?
- Todos os funcionários – de tempo integral, parcial e temporários – estão incluídos e cobertos pela política?
- Como isso se relaciona à sua política de avaliação? O gestor continua com planos para o desenvolvimento do funcionário?
- A política está relacionada a um comprometimento mais amplo da empresa de ser uma organização de aprendizado?
- Que apoio será disponibilizado para treinamento "fora do trabalho" e qualificações educacionais? Como o gestor trataria solicitações por programas educacionais não imediatamente relacionados à competência do cargo ou ao desempenho de mercado?
- Quem será responsável pelo gerenciamento e pela realização do treinamento, e que fontes estão disponíveis em forma de pessoas e de dinheiro?

E, o que é mais importante, o gestor deve assegurar um grau de consistência e de integridade na complementação à política. Ótimas políticas bombásticas que não são concluídas ou que são colocadas de lado em tempos de dificuldade nos negócios, em breve serão vistas por aquilo que são, e as pessoas não levarão a sério nem o gestor, nem a política.

6.9.2. Identificando necessidades do treinamento

A identificação das necessidades do treinamento normalmente surge do processo de avaliação de pessoal feito pelo gestor. Essencialmente, ele está tentando identificar o conhecimento, as capacidades e as habilidades sociais de que os funcionários necessitam para seus cargos presentes e futuros. Há várias áreas amplas que precisam ser consideradas:

- onde o desempenho do indivíduo não está à altura do padrão exigido pelo gestor;
- onde um objetivo comercial identificado requer que todos os funcionários sejam treinados para serem mais efetivos – a fim de aprimorar a produtividade ou aumentar a venda;
- novos funcionários necessitam de treinamento de admissão;
- quando mudanças planejadas exigem novas habilidades ou conhecimento;
- quando indivíduos ou equipes estiverem mudando cargo no futuro e o treinamento promover seu desenvolvimento pessoal.

É uma boa ideia considerar todos os tipos de cargos na empresa. O gestor deve fazer uma lista deles e então pensar nos relacionamentos entre eles. Onde há sobreposições e conexões? O gestor deve também pensar nos títulos de cargos e não nos que os ocupam atualmente.

> 1) Considerar a flexibilidade: até que ponto é desejável ter pessoas especializadas em departamentos? Por exemplo, muitas equipes se especializam em um cargo ou tipo de cargo (cozinha, bar, restaurante) por causa de uma combinação de preferências pessoais e efetividade. A especialização frequentemente aprimora as habilidades e a produtividade do trabalho, mas à custa da flexibilidade.
>
> 2) A especialização leva à rigidez na força de trabalho? É desejável treinar os funcionários para serem funcionalmente flexíveis e poder ser empregados em diferentes papéis?

Tendo relacionado os tipos de cargo, o gestor deve fazer uma lista das obrigações a serem executadas em cada trabalho. Esse processo de elaborar *descrições de cargo* ajuda o gestor a pensar cuidadosamente sobre as muitas tarefas a serem realizadas e, a partir daí, as capacidades, o conhecimento e as habilidades sociais necessárias para realizá-las.

A seguir, o gestor deve comparar o desempenho dos trabalhadores individuais com as exigências de trabalho necessárias hoje e para o futuro.

> 1) Considerar mudanças que possam ser necessárias por causa de expansão, de novo equipamento, de novos produtos ou novos serviços.
>
> 2) E pensar no desenvolvimento pessoal dos funcionários existentes e nas implicações para o treinamento, o desenvolvimento e a educação posterior.

O gestor deve também reunir todas as necessidades de treinamento identificadas e arranjá-las em ordem de prioridade, tendo em mente sua importância para os objetivos gerais do negócio e a facilidade com a qual eles podem ser alcançados. Em alguns casos, atividades de treinamento curtas, durante um período tranquilo, podem ajudar o gestor a tratar de problemas que trarão grandes benefícios.

Contrastar e comparar as necessidades de treinamento com os recursos disponíveis. Obviamente, pode haver recursos extras dos quais o gestor pode lançar mão e o investimento prévio na construção de uma base de pessoal e de gestores que são "treinados para treinar" vai ajudar porque fornece uma base melhor de recurso. Um investimento em um "esquadrão de treinamento" ajuda a estabelecer os recursos necessários ao comprometimento contínuo com treinamento e o estabelecimento de uma cultura de treinamento. O que é mais importante é que, quanto mais pessoas são treinadas para treinar outras, menos restrições há para a realização desse processo.

6.9.3. O plano de treinamento

O plano de ação surge da identificação das necessidades e prioridades do treinamento. O gestor tem de decidir sobre até que ponto uma necessidade identificada deve ser suprida imediatamente e, tendo em mente os comentários sobre os custos do não treinamento mencionados anteriormente, precisa considerar as implicações do atraso no suprimento de uma necessidade de treinamento identificada.

De novo, um plano escrito pode parecer excessivamente formal, mas é um investimento que vale a pena ser feito da seguinte forma:

- decidir a escala de tempo do plano. O gestor pode ter um plano extenso, que cubra doze meses, mas pode haver objetivos de menor duração, para aumentar as vendas médias por transação. Um alvo realista ajuda na avaliação do treinamento;
- planejar os recursos necessários e disponíveis que ajudem na realização de seu plano, e fazer orçamento para eles – o gestor deve lembrar que precisa fazer com que a política e os planos funcionem;
- não há por que ser ambicioso demais. O gestor deve ser realista. Mesmo se identificou mais atividades de treinamento do que pode oferecer, ele não deve tentar fazer tudo, e sim começar o que pode e deve realizar;
- registrar os números a serem treinados e os vários alvos a serem atingidos;
- lembrar-se de incluir o treinamento de admissão, e as necessidades de treinamento dos novos funcionários. Onde a rotatividade de pessoal é alta, ou onde o gestor está recrutando novos funcionários para um período antecipado de muita atividade, ele deve permitir tempo para o treinamento do novo funcionário;
- identificar, em comparação com cada item no plano de treinamento *onde*, *quando*, *como* e *por quem* o treinamento será aplicado;
- separar datas fixas de preparação para eventos de treinamento;
- incorporar processos de monitoramento e avaliação – o treino foi eficaz?

6.9.4. Executar o programa de treinamento

É provável que haja várias necessidades de treinamento diferentes, identificadas no negócio do gestor. Algumas serão dirigidas a todos ou a um grupo significativo. Em outros casos, o gestor talvez queira treinar indivíduos.

Em alguns casos, as sessões poderiam ser curtas, com não mais que 20 minutos.

Em outros, o treinamento pode exigir uma série de sessões diferentes, estabelecendo um grupo integrado de habilidades – o gestor talvez deseje treinar o indivíduo em como completar uma tarefa diferente em cada sessão.

E ainda em outros, o gestor talvez queira treinar a pessoa em habilidades de conhecimento e sociais.

É essencial que o gestor planeje essas sessões com muito cuidado e se lembre de que tem como objetivo alcançar alguns resultados específicos:

1) o que o gestor espera que os novos funcionários sejam capazes de fazer depois da sessão;

2) decidir onde e quando será dado o treinamento – no local de trabalho, antes do expediente, durante o expediente, porém, em um período tranquilo, ou durante o expediente normal. O gestor deve lembrar que é mais fácil assimilar conhecimento, aprender receitas ou questões legais longe das pressões do ambiente de trabalho. Desenvolver uma habilidade requer prática, de modo que isso pode ser feito melhor durante o expediente, embora talvez seja necessário trabalhar ao lado do novo funcionário, sendo que Questões relacionadas ao planejamento do período de tempo e à escolha das sessões apropriadas podem ser relevantes;

3) fazer uma lista dos eventos de treinamento e dos estágios necessários, além do tempo que cada um levará;

4) especificar os assuntos a serem tratados;

5) decidir sobre os métodos de aprendizado e de ensino a serem usados – o treinamento terá materiais quando uma pessoa for treinada para fazer um aperitivo? Destacar e relacionar os materiais a serem solicitados, por exemplo, um vídeo ou um serviço *on-line*;

6) identificar quem realizará o treinamento;

7) identificar os meios pelos quais será avaliado o cumprimento do objetivo estabelecido por parte do novo funcionário. Isso se dará por meio de demonstração ou de observação enquanto o trabalho é feito? Envolverá testes? O gestor deve lembrar se estes meios serão um subproduto dos objetivos estabelecidos.

6.9.5. Algumas dicas de treinamento

- O treinamento, no final das contas, diz respeito a mudança de comportamento. Assim sendo, o gestor deve certificar-se de que está concentrado claramente nos comportamentos que deseja desenvolver;
- o aprendizado e o treinamento tendem a ser mais eficazes quando o novo funcionário quer aprender e consegue enxergar o benefício desse treinamento;
- as pessoas aprendem com mais eficiência quando são informadas sobre o que irão aprender;

- as pessoas aprendem em ritmos diferentes, e a equipe terá conhecimento e experiências diferentes que determinarão o desenvolvimento do treinamento. O gestor deve levar isso em consideração;
- o aprendizado é mais difícil quando o novo funcionário está assustado ou ansioso. Do mesmo modo, sessões apressadas ou interrompidas também podem criar dificuldades;
- pessoas têm estilos diferentes de aprendizado, porém no geral, as que são atraídas por profissões na área de hospitalidade são aprendizes ativos e aprendem melhor na prática. Em outras palavras, o envolvimento prático na realização das tarefas é mais eficaz;
- as pessoas não conseguem memorizar longas sequências de informação ou de ações. O gestor talvez necessite dividir o treinamento em passos onde sejam fornecidos conjuntos resumidos de informação;
- o aprendizado é mais eficaz quando as sessões de treinamento são divertidas e usam técnicas variadas;
- os novos funcionários necessitam de alvos e gostam de monitorar seu próprio progresso. Quanto mais sentem que pertencem ao treinamento, mas eficaz ele será;
- o gestor deve desenvolver a confiança do novo funcionário concentrando-se nas realizações. Reprimendas por erros criarão um clima de medo ou de confiança reduzida que pode representar uma barreira ao aprendizado;
- novos funcionários cometerão erros, por isso, o gestor deve esperá-los e tratá-los como oportunidades positivas de aprendizado;
- toda a habilidade de aprendizado tem uma curva, indicando que os novos funcionários progridem rapidamente, diminuem seu ritmo de progresso e progridem novamente. É essencial entender que isso é parte do processo normal de aprendizado.

O gestor deve lembrar que o treinamento tem mais resultado quando alguém tem a chance de praticar o que aprendeu pouco tempo depois. Assim sendo, o gestor deve se certificar de que isso seja parte de seu processo de planejamento.

Finalmente, o gestor deve manter registro do treinamento que foi realizado e continuar monitorando o desempenho regularmente. É muito fácil para as pessoas voltar à velha maneira de fazer as coisas, particularmente sob pressão do trabalho.

6.9.6. Avaliando o treinamento realizado

Quando o programa de treinamento for concluído, o gestor precisa avaliar seu impacto sobre os objetivos estabelecidos.

- Conseguiu executar todo o plano? Houve dificuldades e problemas? Como poderiam ser superados no futuro?
- Considerou os elementos do programa de treinamento que funcionaram bem e mal? O que pode aprender com isso?

- Considerou detalhadamente o treinamento realizado? Algumas técnicas foram mais bem-sucedidas que outras?
- Quais as prioridades para o próximo período? Pode se concentrar agora em aspectos que foram identificados, mas não realizados no período anterior?
- Finalmente, usando os objetivos estabelecidos anteriormente, que benefícios para o negócio foram obtidos por meio das atividades de treinamento?

6.10. O ABC DO TREINAMENTO

A seção a seguir fornece um método simples, um passo a passo, um conjunto de dicas práticas sobre a realização de uma sessão de treinamento. É preciso lembrar que ela pode ser curta, realizada durante um período tranquilo, ou mais detalhada, feita antes da mudança de turno. Em todos os casos, os passos a seguir ajudarão gestor e novos funcionários a obter o máximo benefício da sessão.

6.10.1. Preparação

Embora o treinamento possa se realizar durante períodos de mudança de expediente, *ele nunca deverá ser improvisado*. O gestor deve assegurar-se de que:

- não será interrompido durante a sessão – é difícil concentrar-se no treinamento quando há interrupções;
- está preparado e tem todos os materiais e o conhecimento necessários para conduzir a sessão com eficácia – a falta de preparo ou de conhecimento dificulta o aprendizado dos novos funcionários;
- todos os materiais e equipamentos necessários também estejam funcionando – nada pode ser mais perturbador que uma sessão de treinamento onde as coisas necessárias não estejam disponíveis ou não funcionem;
- o treinamento eficaz depende totalmente da preparação e do planejamento eficazes.

6.10.2. Atenção

O gestor deve atrair a atenção dos novos funcionários antes do início. O treinamento eficaz dependerá do desejo deles em aprender, estar atentos e responder ao gestor. Aqui estão alguns passos para obter a atenção dos novos funcionários.

a. O que

O gestor deve declarar, de maneira clara e simples, o que o novo funcionário irá aprender, tentando evitar jargões, usando termos que ele irá entender e trabalhando com o princípio de que "se ele pode entender errado, vai entender errado". Uma explicação clara é fundamental.

b. Interesse

O segundo aspecto para atrair a atenção do novo funcionário é fazê-lo sentir-se motivado a aprender e despertar seu interesse no aprendizado. A motivação para aprender depende do sentimento de que se aprenderá algo no qual se está interessado e uma tarefa que se queira poder realizar. Para isso, o gestor deve:

- mostrar o produto finalizado;
- dar um breve histórico do produto ou da tarefa;
- recontar uma história pessoal positiva sobre a tarefa;
- relacionar a tarefa aos interesses dos novos funcionários;
- fazer uma pergunta.

O gestor deve evitar explicações complicadas, porque o novo funcionário ficará entediado. O propósito é desenvolver o interesse do novo funcionário no aprendizado.

c. Necessidade

O terceiro aspecto na conquista da atenção e da motivação dos novos funcionários para aprender é o do estabelecimento de benefícios para eles. Em outras palavras, o gestor está tentando responder à pergunta "o que isso tem a ver comigo?". Novos funcionários que enxerguem o benefício para si estarão mais propensos a aprender com mais rapidez e eficácia. Esses benefícios incluem:

- trabalho mais seguro e leve;
- respeito por outros membros da equipe;
- melhor relacionamento com os clientes;
- orgulho de fazer um bom trabalho;
- quaisquer recompensas materiais pagas a funcionários treinados.

6.10.3. Detalhamento

O treinamento é comunicado por meio da demonstração da tarefa a ser treinada e deve ser planejado e realizado em estágios. Aqui, os estágios de planejamento e de preparação são importantes, porque programas improvisados de treinamento frequentemente resultam em novos funcionários recebendo apenas parte da história. É muito fácil para o gestor experiente, que faz a tarefa de forma automática, passar por cima de algum fato ou decisão fundamental.

A tarefa precisa ser detalhada em todos os seus passos-chave. Tarefas complicadas podem ser aprendidas em uma série de estágios. Em outros casos, a tarefa como um todo é demonstrada em sequência.

O gestor deve explicar cada passo à medida que é dado, destacando pontos-chave ou estágios onde coisas podem dar errado. Fazer perguntas e estimulá-las é parte importante desse passo, pois deixa claro que se está tentando deixá-lo o mais claro possível.

De novo, é preciso lembrar que "se eles podem entender errado, vão entender errado". Não se trata de um comentário sobre as habilidades dos novos funcionários, mas de um fato da vida em treinamentos.

6.10.4. Checagem

Esse estágio está preocupado em assegurar que o gestor treinou o novo funcionário no padrão exigido e que ele é capaz de realizar a tarefa nesse mesmo padrão. Há dois aspectos no estágio de checagem.

a. Checagem verbal

O gestor usa perguntas específicas para assegurar que toda a informação foi compreendida e que toda nova informação pode ser recordada. Perguntas diretas podem ser feitas sobre conhecimento específico a respeito da tarefa ou do serviço ensinado, como, "a que temperatura a carne crua deve ser armazenada?" Perguntas mais abertas são relevantes para a compreensão das razões genéricas pelas quais algumas coisas são feitas, por exemplo, "por que o armazenamento correto de alimentos é um aspecto importante do manuseio seguro de comida?".

b. Checagem prática

Esta é a parte mais importante do treinamento. O novo funcionário realiza a tarefa e demonstra que pode completá-la no padrão exigido. Ele a realiza ininterruptamente. Interrupções e comentários frequentes do gestor podem fazer com que o novo funcionário perca a concentração e a confiança.

Quando estiver avaliando o desempenho do novo funcionário, o gestor deve concentrar-se nos pontos fortes e nos aspectos positivos, e discutir o que não foi feito corretamente, de maneira não ameaçadora e sem atribuir culpa. Todos cometem erros quando estão aprendendo algo pela primeira vez. É preciso lembrar que novos funcionários têm uma curva que inclui altos e baixos. Assim sendo, espera-se que as pessoas pratiquem uma nova tarefa várias vezes e que cometam erros mesmo em tarefas que pareciam ter dominado em um estágio inicial.

Quando o novo funcionário alcançou o padrão apropriado, deve ser elogiado e ter a oportunidade de acostumar-se a ele. Ele terá de trabalhar na tarefa por um tempo antes que a sua produtividade e o seu desempenho sejam os melhores. O gestor deve retornar e conferir o procedimento com o novo funcionário de vez em quando.

Uma revisão do desempenho e uma avaliação do processo são essenciais. Não basta apenas treinar o novo funcionário e deixá-lo à própria sorte. Se o gestor deseja manter altos níveis de desempenho, deve continuar monitorando e avaliando esse desempenho. Ele terá de reciclar esses funcionários se o seu desempenho não for mantido no padrão esperado.

6.11. CONCLUSÃO

O treinamento de funcionários é um dos elementos fundamentais para uma empresa da área de hospitalidade. Por meio do treinamento de pessoal para produção e serviços, o gestor estará apto a oferecer um desempenho de marca consistente aos clientes. Na maioria das marcas na área de hospitalidade, haverá algum elemento de treinamento de funcionários no "único caminho melhor" de realizar tarefas. Esse é, em muitos casos, o meio pelo qual a consistência da marca é alcançada. Obviamente, esse aspecto do treinamento assume significância extra em marcas *dependentes de uniformidade,* como o McDonald's. Mesmo nessas marcas, no entanto, há também um aspecto de treinamento de serviço ao cliente que tem de ir além do "único melhor caminho", e algumas necessidades do atendimento ao cliente serão difíceis de prever e de descrever. O pessoal de serviço precisa ser treinado em como responder a solicitações incomuns, e esse aspecto do treinamento assume mais importância nos serviços *dependentes de escolha* e *de relacionamento*. Neles, o treinamento de pessoal está mais propenso a envolver papel de modelagem, ação crítica incidente e aprendizado de valores, do que quando aprende a fazer coisas de modo estabelecido.

Investir em treinamento ajudará o gestor a obter mais benefícios comerciais. Embora seja importante lembrar que o treinamento tem como alvo mudar o comportamento do funcionário, os benefícios financeiros resultam dessas mudanças. Assim sendo, o aprimoramento da produtividade do funcionário, o aumento na receita de vendas, a redução na rotatividade de pessoal e de desperdício e de dano de equipamento têm um impacto sobre a receita de vendas e os custos. Isso, por sua vez, tem impacto sobre os lucros operacionais. O treinamento de pessoal melhora a qualidade do serviço, aumenta a satisfação do cliente e leva a uma probabilidade maior do retorno do cliente ao negócio. Do mesmo modo, o treinamento de pessoal tem impacto sobre a satisfação do funcionário, gera aumento da flexibilidade e da disposição de aceitar mudança, e isso produz benefícios mais intangíveis e ao mesmo tempo reais.

Finalmente, a abordagem do gestor ao treinamento precisa ser sistemática, planejada e contínua. Ela deve ser parte de um comprometimento geral por ser uma *organização de aprendizado* – uma organização que tem compromisso pleno com o desenvolvimento de gestores e de funcionários. Nessas circunstâncias, o treinamento e o desenvolvimento precisam fluir de avaliações dos funcionários e de processos de revisão de desempenho. As necessidades de desenvolvimento futuro dos funcionários e seu desempenho no trabalho presente capacitam o gestor a propor um plano do que tem de ser realizado e das prioridades para ação. O treinamento de organizações-modelo como o McDonald's estabelece padrões de excelência que muitas empresas de hospitalidade poderiam seguir. Nessa empresa, o treinamento não é apenas disponibilizado, como também se torna um importante indicador de desempenho do negócio, e os gestores são responsabilizados pela sua realização.

CAPÍTULO 7
Administrando a qualidade nos serviços

OBJETIVOS DO CAPÍTULO

Depois de ler este capítulo, você deverá ser capaz de:

- identificar os problemas-chave na administração da qualidade dos serviços em empresas de hospitalidade;
- discutir criticamente as diferentes abordagens à administração da qualidade dos serviços;
- operar um sistema adequado de administração de qualidade nos serviços;
- avaliar a qualidade dos serviços e criar estratégias de correção.

*Você serve comida quente, quente e comida fria, fria,
e todo mundo sorri.*

A grande ênfase deste livro é de que a qualidade dos serviços é uma importante estratégia de negócio, fundamental para o sucesso em operações da área de hospitalidade que pretendam ser competitivas. A retenção do cliente atual e a atração de novos clientes dependem da garantia de que tenham uma ideia clara sobre o que podem esperar da empresa de hospitalidade e de que receberão o que esperam. Este tema é desenvolvido mais detalhadamente adiante, mas a frase "você serve comida quente, quente e comida fria, fria, e todo mundo sorri", retirada de um manual de treinamento, resume as questões-chave para os que atuam na área da hospitalidade: você entrega o que diz que entrega, fornece produtos e serviços, e o desempenho do funcionário é um elemento fundamental da prestação de serviços bem-sucedida.

Embora administrar com sucesso a qualidade dos serviços de hospitalidade não seja um "bicho de sete cabeças", há algumas dificuldades e tensões importantes. Como vimos, as empresas da área de hospitalidade diferem entre si e exigem diferentes formas de padronização e de controle. As combinações variadas de produtos e serviços e a importância do desempenho do funcionário, juntamente com diferentes expectativas dos clientes e de avaliações bem-sucedidas de encontros de serviço, contribuem para as complexidades na administração de organizações de serviço, dificuldades que não são encontradas na administração das organizações manufatureiras.

Por essas e outras razões, vários sistemas de administração de qualidade nos serviços e de monitoramento de desempenho têm sido introduzidos. Investimento em pessoas, ISO 9000, gerenciamento de qualidade total e outros sistemas foram desenvolvidos para que os processos de administração de qualidade internos assegurem que a qualidade seja oferecida "corretamente, na primeira vez que o serviço é prestado". Além disso, esses sistemas certificam negócios individuais e empresas como uma mensagem para clientes externos. Essa questão não deve ser menosprezada porque:

- os clientes, na maioria das vezes, estão incertos quanto à qualidade da experiência que receberão;
- rótulos de referência ajudam os clientes a se sentirem mais seguros quanto ao serviço que receberão;
- quando aplicados apropriadamente, esses sistemas podem auxiliar na distribuição de benefícios reais na administração de qualidade nos serviços.

Diferentes sistemas distribuem diferentes benefícios, de modo que é necessário selecionar aquele que mais atenda às necessidades do gestor. Este capítulo explora alguns dos problemas associados à definição e à administração da qualidade nos serviços de hospitalidade, descrevendo de maneira resumida algumas das abordagens mais utilizadas para a administração da qualidade, e detalhando passos que podem ser dados para assegurar que uma empresa alcance altos níveis de satisfação do cliente.

7.1. QUALIDADE NOS SERVIÇOS DE HOSPITALIDADE

Conforme indicado, as principais características dos serviços são a intangibilidade, a variedade, a inseparabilidade e a deterioração, deixando organizações que atuam na área da hospitalidade com algumas dificuldades e dilemas para administrar na prestação de serviços.

Os elementos *intangíveis* dos serviços tornam difícil para os clientes estabelecer os benefícios a serem obtidos de um serviço anterior à compra. Isso só pode ser feito como resultado de se receber o serviço.

É difícil mensurar e definir as expectativas dos clientes, o serviço dos funcionários e gestores quanto àquilo que os benefícios intangíveis devem oferecer.

A prestação bem-sucedida do serviço frequentemente depende de que os clientes desenvolverem sentimentos de conforto ou de pertencimento que são difíceis de ser gerados.

A *variedade* dos serviços é também uma característica que os distingue da produção manufatureira típica. A prestação do serviço é frequentemente variável e difícil de padronizar devido à natureza pessoal do contato entre o cliente e o prestador do serviço (o membro da equipe), pois:

- indivíduos podem variar em sua interpretação das necessidades do cliente;
- elementos de "química" humana podem interferir no desempenho; alguns indivíduos podem estar mais pessoalmente comprometidos com os encontros de serviço bem-sucedidos;
- as expectativas de um serviço satisfatório por parte do cliente podem variar e serem difíceis de prever.

Portanto, é difícil dizer que a prestação do serviço seja homogênea, mesmo onde o serviço seja relativamente simples.

A terceira característica importante dos serviços é que a sua produção e o seu consumo são *inseparáveis*. Isso cria várias diferenças entre empresas manufatureiras típicas:

- consumidores do serviço são participantes da prestação desse serviço, como os clientes de um restaurante ou de um bar;
- eles interagem com o prestador do serviço, o ambiente e com outros consumidores;
- os clientes têm parte na interação do serviço e irão moldá-lo parcialmente – através de suas próprias percepções do ambiente do serviço e das percepções de companheiros clientes.

Tipicamente, os serviços estão sujeitos à *deterioração* porque são temporais. Quartos em hotéis ou lugares em restaurantes representam capacidade por determinado período.

Não é possível armazenar vendas e realizá-las em outra ocasião. Nem alguma perda de produtividade no serviço pode ser compensada em uma data posterior. Portanto, o quarto de hotel vazio ou a refeição não vendida no restaurante representam renda que jamais será recuperada.

Os prestadores de serviço de hospitalidade não têm como estocar serviços, ou compensar perda de produção trabalhando horas extras, ou gerar serviços variados a fim de permitir flutuações na demanda e na oferta.

Falhas na qualidade dos serviços não podem ser facilmente corrigidas de modo a devolvê-los ao cliente, como poderia acontecer com um produto manufaturado.

A demanda por serviço deve ser satisfeita como e quando ele for exigido, de modo que há dificuldade no planejamento da prestação do serviço para suprir a demanda por ele.

Finalmente, a maioria dos serviços de hospitalidade é fornecida a clientes que não "possuem" o serviço fornecido e não podem levá-lo com eles ou devolvê-lo se não for satisfatório. Por causa das características da intangibilidade e da deterioração, os clientes estão frequentemente comprando o direito a um serviço, ou a uma experiência. Isso cria problemas de lealdade e de memória. Diferente dos que possuem um produto tangível que é levado para casa, os consumidores de hospitalidade raramente têm lembretes permanentes das características ou benefícios do produto. Compras repetidas serão baseadas em um conjunto de memórias, experiências e expectativas. Percepções e diferenças individuais se tornam questões importantes.

7.2. PRODUTOS E SERVIÇOS DE HOSPITALIDADE

Os que trabalham com hospitalidade fornecem uma combinação de produtos e de serviços e, como vimos, há diferenças entre vários tipos de ofertas feitas aos clientes. Em alguns casos, a oferta de serviço é:

- **dependente de uniformidade**: clientes esperam que o produto e os serviços prestados sejam uniformes e padronizados. As avaliações do cliente sobre a qualidade dos serviços nesses enfocarão a entrega consistente de produtos e serviços padronizados, entregando "bom valor" por dinheiro;

- **dependente de relacionamento**: clientes experimentam mais contato com os que prestam o serviço e avaliam a qualidade nos serviços em termos dos aspectos intangíveis do encontro de serviço. O relacionamento com os que prestam o serviço em particular produz sentimentos apropriados no cliente;

- **dependente de escolha**: clientes querem a segurança de um produto de marca, mas também querem uma escolha ampla, para que possam fazer com que a ocasião se adapte ao seu humor e às suas necessidades. O alcance do produto em itens de alimentação e de bebida é normalmente abrangente. Além disso, os que prestam o serviço têm de ser flexíveis o bastante e capazes de ter um desempenho que satisfaça o cliente.

Em cada um desses tipos de atividade na área da hospitalidade, as avaliações sobre a qualidade da experiência feitas pelo cliente vão variar, porque eles estão buscando diversos tipos de experiências e usando os mercados por ocasiões diferentes e com expectativas diferentes de um encontro de serviço bem-sucedido. Em todos os casos, no entanto, os que trabalham com hospitalidade estão fornecendo um pacote de *produtos* e *serviços*. Em ambos os casos, eles incluem benefícios *tangíveis* e, portanto, mensuráveis, bem como benefícios *intangíveis*, que são mais difíceis de avaliar. A **Tabela 7.1** fornece alguns exemplos dos aspectos tangíveis e intangíveis de produtos e serviços.

A matriz da **Tabela 7.1** não é uma lista completa de produtos e serviços tangíveis e intangíveis. Ela mostra, no entanto, que alguns aspectos de atividades na área da hospitalidade são mais mensuráveis e capazes de serem monitorados que outros. Dadas as variações nos tipos de serviço mencionados acima, a importância de diferentes características vai variar entre os diferentes tipos de operações de hospitalidade, e a natureza de como as características são definidas. Por exemplo, a *velocidade* é um dos aspectos tangíveis do serviço fornecido. Na maioria das marcas de hospitalidade, padrões operacionais estabelecem tempos-alvo que o cliente deveria esperar para ser cumprimentado, ou para as refeições e bebidas serem servidos. Em lanchonetes McDonald's, por exemplo, o serviço padrão estabelece que o cliente não deve ficar na fila por mais de um minuto e meio e que os pedidos não devem levar mais de três minutos para serem atendidos. A velocidade do serviço é um dos elementos-chave da oferta da empresa e é muito compatível com a ocasião do cliente, baseada em *abastecimento*. Para outras ocasiões, o serviço excessivamente veloz não seria apreciado. Quando os clientes estão tendo uma *refeição especial fora de casa*, por exemplo, o serviço mais lento é mais adequado, enquanto o mais apressado poderia ser visto como uma falha no atendimento.

Tabela 7.1 — A matriz das características da qualidade

	Características da experiência	
	TANGÍVEIS	**INTANGÍVEIS**
NATUREZA DO PRODUTO	O produto comida e bebida. Bens servidos à mesa: pratos, copos, cutelaria, linho etc. Informação: menu. Processo, por exemplo, cartões de crédito.	Atmosfera Decoração e mobília Sentimentos Conforto
SERVIÇO DE CONTATO	Ações Processo Velocidade Roteiro Ação corretiva	Calor Amizade Cuidado Serviço Hospitalidade

Fonte: Adaptado de Lockwood (1996).

O problema do gestor é entender o que são essas expectativas e então compartilhá-las com funcionários na linha de frente, que prestarão o serviço de modo a se adaptar às expectativas do cliente.

Expectativas do consumidor quanto à qualidade no serviço são, desta forma, uma importante e definitiva característica, quando comparadas com experiências de serviço, pois:

- clientes têm um nível básico de expectativas em relação ao serviço – o mínimo que esperam. Eles têm um nível de expectativa sobre como deveria ser o serviço *versus* o que querem;
- clientes também preveem como será a qualidade;
- clientes podem variar em suas expectativas; aqueles com mais experiência com determinado serviço podem ter maiores expectativas do que aqueles que têm menos experiência com ele;
- os que atuam na área da hospitalidade têm um papel na formação de expectativas; propaganda e outras atividades promocionais podem influenciar nas expectativas do consumidor;

◀ é importante que o serviço prestado pela empresa do gestor corresponda a essas expectativas.

O alvo-chave é assegurar que o gestor supra as expectativas de tal modo a garantir que os clientes estejam tão satisfeitos, porque suas expectativas foram atendidas, que se mostrem dispostos a retornar. Vale a pena considerar aqui o modelo de motivação de Herzberg. Ele sugeriu que há dois conjuntos de fatores que as pessoas potencialmente avaliam quando consideram a resposta positiva ou negativa ao serviço:

1) fatores de higiene são exatamente essas características – como a limpeza de banheiros. Os clientes têm uma expectativa determinada em relação aos padrões exigidos e ficarão insatisfeitos se as empresas não os atenderem. No entanto, quando esses padrões são atendidos, os clientes se sentem motivados a retornar;

2) motivadoras, por outro lado, são aquelas características do serviço que os clientes têm em alta conta – principalmente as intangíveis, como sentir-se importante e valorizado, e a hospitalidade, que motivará sua lealdade.

O modelo de Herzberg é valioso porque sugere que haja algumas características que, se não atenderem às expectativas, causarão a insatisfação do cliente. Por outro lado, atender às expectativas não é nenhuma garantia de lealdade do cliente – há apenas uma ausência de insatisfação. Características verdadeiramente motivadoras são aquelas que os clientes mais valorizam.

O gestor tem de assegurar que entende as expectativas do cliente, particularmente:

◀ os fatores de higiene que poderiam causar insatisfação;

◀ os motivadores que estimularão os clientes a retornar.

O sistema Servqual é usado por algumas empresas de hospitalidade para comparar as expectativas do cliente com suas experiências e, assim, mostrar os pontos fortes e fracos da prestação de serviço. O desempenho de diferentes concorrentes pode ser comparado ao desempenho do serviço da organização. Em particular, ele revela cinco "lacunas" onde pode haver um desencontro entre o nível de expectativa do serviço e a percepção do serviço entregue. A **Tabela 7.2** destaca as cinco dimensões que foram identificadas, na qual o sistema Servqual de avaliação de qualidade se baseia.

Tabela 7.2 — As cinco dimensões do serviço

DIMENSÃO	DEFINIÇÃO
Confiabilidade	A habilidade de executar o serviço prometido com fidelidade e exatidão.
Tangíveis	A aparência das instalações físicas, do equipamento, do pessoal e dos materiais de comunicação.
Rapidez na resposta	A disposição de ajudar os clientes e de prover pronto atendimento.
Segurança	O conhecimento e a cortesia dos funcionários, e sua habilidade de comunicar confiança e segurança.
Empatia	A atenção cuidadosa e individualizada dada ao cliente.

Essas lacunas concentram-se em pontos nos quais as expectativas das exigências do serviço pela gerência, os padrões estabelecidos, os padrões alcançados ou os padrões de atendimento informados aos clientes produzem uma situação na qual as percepções destes quanto ao atendimento prestado não combinam com o atendimento esperado.

Rapidez de resposta, segurança e empatia são elementos deste modelo que enfatiza a importância do desempenho do funcionário no encontro de serviço.

Dada a natureza dos serviços, quase sempre é difícil prever o que os funcionários têm a dizer ou fazer em determinados encontros. Embora algumas tarefas do funcionário possam ser previstas, padronizadas e treinadas, frequentemente se exige dos que estão na linha de frente que respondam às situações inusitadas, mesmo em operações típicas de dependência de uniformidade, como as do McDonald's. Alguns autores olham para *incidentes críticos,* em que as respostas do funcionário podem ser demonstradas, para salvar uma situação e gerar satisfação; caso contrário pode criar insatisfação do cliente. Suas descobertas sugeriram três grupos de incidentes:

- respostas do funcionário às falhas de sistema do serviço prestado;
- reações do funcionário às necessidades e exigências do cliente;
- ações voluntárias e espontâneas do funcionário.

Cada grupo representa um conjunto de incidentes nos quais o comportamento de resposta do funcionário poderia resultar na satisfação ou na insatisfação do cliente, e conforme **Tabela 7.3.**

Tabela 7.3 — Resposta positiva ou negativa a incidentes críticos de atendimento

INCIDENTE CRÍTICO	SATISFAÇÃO DO CLIENTE	INSATISFAÇÃO DO CLIENTE
Respostas do funcionário à falha no serviço prestado	Poderiam transformar-se em incidentes que os funcionários usam para gerar satisfação do cliente: um funcionário reage rapidamente à falha no serviço, respondendo com sensibilidade às experiências do cliente – por exemplo, ao compensar o cliente ou elevando-o a um *status* de serviço maior.	Mais frequentemente, no entanto, as respostas dos funcionários tendem a ser fonte de insatisfação – quando o funcionário falha ao não pedir desculpas ou ao dar uma explicação adequada, ou discutir com o cliente.
Respostas do empregado às necessidades e exigências do cliente	A rapidez da resposta do funcionário, a flexibilidade e a confiança de que podem atender ao que for solicitado são fontes importantes de resposta positiva ao cliente.	A intransigência, a inflexibilidade e a visível incompetência do funcionário são todas fontes prováveis de insatisfação do cliente.
Ações voluntárias e espontâneas do funcionário	Isso pode envolver comportamentos do funcionário que fizeram com que o cliente se sentisse especial, ou quando um ato de generosidade inesperada surpreende.	A insatisfação do cliente poderia ser o resultado de uma falha do funcionário em não dar o nível de atenção esperado ou a informação inadequada, ou poderia ainda envolver comportamento inadequado, tal como o uso de linguagem obscena etc.

As respostas do funcionário às falhas no sistema de prestação do serviço podem ser críticas, porque os clientes são mais propensos a relevá-las se elas forem reconhecidas e rapidamente corrigidas. Qualquer problema que não for corrigido pode resultar em reclamações ao escritório central e, o que é mais importante, na perda de um cliente. Levando em consideração que cada cliente fala com amigos e parentes, o cliente perdido pode custar muito mais que a refeição substituída ou a garrafa de vinho gratuita.

Do mesmo modo, reações do funcionário às necessidades e exigências do cliente são importantes em todas as situações porque pode haver ocasiões em que os clientes vão desejar algo que normalmente não seja vendido pela empresa, ou quando cometerão um erro e necessitarão de ajuda para corrigir sua falta. É bem provável que os clientes respondam positivamente se forem tratados com flexibilidade e se o funcionário fizer todo esforço possível para atender às suas necessidades.

Ações voluntárias e espontâneas do funcionário associam-se às que excederam a expectativa do encontro de serviço. Quando o desempenho do funcionário vai além da expectativa do cliente, o episódio pode gerar satisfação. Funcionários do *Hard Rock Cafe* são, por exemplo, encorajados a agir de modo a reforçar a marca junto aos clientes, o que envolve bom humor e uma atmosfera "divertida".

A questão do desempenho do funcionário e da satisfação do cliente assume urgência extra quando as empresas começam a considerar o custo da perda do negócio e os benefícios da geração de fidelidade por parte dos clientes.

Por exemplo, uma empresa estima que todo cliente gasta uma média de $ 785 por ano em bares. A perda de um cliente devido a uma reclamação não atendida faz com que o negócio perca diretamente essa mesma quantia. Além disso, estima-se que um cliente insatisfeito conte a outras trinta pessoas a sua experiência. O custo potencial de uma reclamação não atendida é, portanto, quatorze vezes esse valor, ou $ 11.032.

Em um restaurante, estima-se que, se uma organização perder um cliente por dia durante um ano, o custo total para o negócio poderá ser de mais de $ 94.000 por ano, mesmo se os clientes gastassem apenas $ 5 por semana, em média, na empresa.

Do mesmo modo, estima-se que trazer novamente um cliente existente custe apenas um quinto do valor necessário para gerar novos clientes. Em um contexto de um hotel, a proporção é próxima a 1:7 – em outras palavras, atrair um novo cliente custa sete vezes mais que trazer de volta um cliente existente.

As implicações financeiras da satisfação do cliente e o papel-chave que os funcionários desempenham no encontro de serviço têm causado preocupação quanto a assegurar que os funcionários estejam equipados a fim de maximizar sua eficácia. É essencial que o gestor *invista em seu pessoal*. A **Figura 7.1** mostra as ligações que se estabelecem entre a satisfação do cliente, a rotatividade de clientes, a satisfação do funcionário e a rotatividade dos funcionários. Na parte superior do diagrama, um ciclo virtuoso resulta em aprimoramentos contínuos em todos os elementos. A parte inferior do diagrama, por outro lado, apresenta um ciclo vicioso, no qual o declínio na satisfação do cliente resulta na redução da retenção de clientes; isso representa funcionários tendo de trabalhar mais arduamente para recrutar novos clientes, o que reduz a satisfação do funcionário, aumenta a rotatividade no trabalho e, por sua vez, tem impacto na satisfação do cliente.

Figura 7.1 — Satisfação do cliente e satisfação do funcionário

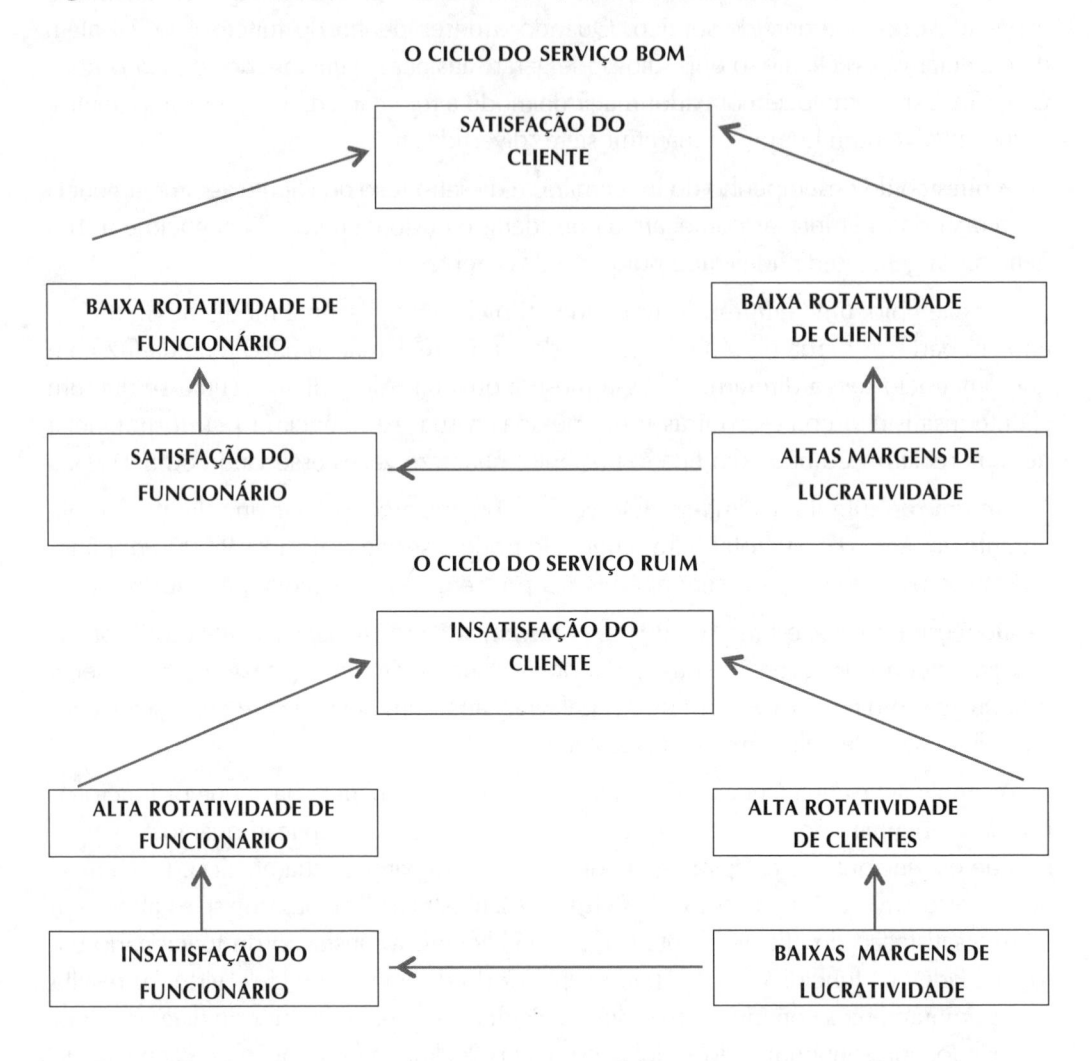

O CICLO DO SERVIÇO BOM

```
                    SATISFAÇÃO DO
                       CLIENTE
         ↗                                    ↖
BAIXA ROTATIVIDADE DE                BAIXA ROTATIVIDADE
    FUNCIONÁRIO                          DE CLIENTES
         ↑                                    ↑
   SATISFAÇÃO DO         ←            ALTAS MARGENS DE
    FUNCIONÁRIO                          LUCRATIVIDADE
```

O CICLO DO SERVIÇO RUIM

```
                    INSATISFAÇÃO DO
                       CLIENTE
         ↗                                    ↖
 ALTA ROTATIVIDADE DE                ALTA ROTATIVIDADE
    FUNCIONÁRIO                          DE CLIENTES
         ↑                                    ↑
  INSATISFAÇÃO DO        ←            BAIXAS MARGENS DE
    FUNCIONÁRIO                          LUCRATIVIDADE
```

Essa seção tem mostrado que os gestores que atuam em empresas de hospitalidade têm problemas em administrar a qualidade dos serviços. A natureza do encontro de serviço é difícil, porque envolve avaliações subjetivas do que se espera por parte dos clientes, do pessoal da linha de frente e da gerência. Empresas de marca na área da hospitalidade têm tentado solucionar alguns dos problemas enviando mensagens claras aos clientes quanto ao que devem esperar e adotado abordagens sistemáticas para a prestação do serviço, a fim de que essas expectativas sejam atendidas. A seção sugere vários conceitos-chave na administração da qualidade dos serviços:

1) atividades de hospitalidade fornecem produtos e serviços aos clientes que resultam em benefícios tangíveis e intangíveis. É mais fácil administrar os aspectos tangíveis da oferta, porém ambos são importantes e necessitam de monitoramento cuidadoso;

2) o gestor precisa entender que os clientes usam o mesmo restaurante e bar em ocasiões diferentes, com expectativas e motivações diferentes. É preciso entender essas diferentes exigências e expectativas para poder concentrar-se naquilo que os clientes consideram importante;

3) clientes têm expectativas diferentes em relação às características do serviço fornecido e as classificam de maneira diferente. Em alguns aspectos, as expectativas são de que o serviço terá um padrão básico, embora o fornecimento excessivo dessas coisas nem sempre motive os clientes a retornar. O gestor precisa entender os *motivadores* – aqueles aspectos do serviço que desenvolverão a real lealdade do cliente;

4) o desempenho do funcionário no encontro de serviço é visto como chave para grande parte da experiência do cliente. A rapidez na resposta do funcionário, a segurança e a empatia ao lidar com os clientes e sua habilidade de administrar incidentes críticos são cruciais. Técnicas apropriadas de gerenciamento de recursos humanos – recrutamento e seleção, treinamento, motivação e delegação de responsabilidades – são fundamentais.

7.3. ADMINISTRAÇÃO DA QUALIDADE E DAS ATIVIDADES NA ÁREA DE HOSPITALIDADE

Os primeiros progressos na qualidade têm origem na indústria manufatureira, e as organizações de hospitalidade têm adotado e adaptado essas diferentes abordagens, embora nem sempre atendam às necessidades da organização e precisem estar ligadas à sua oferta de serviço aos clientes. A seguir, um breve resumo dos diferentes sistemas e termos usados.

1) *Inspeção de qualidade:* a produtividade real de um produto ou serviço é conferida comparando-se com uma especificação-padrão. Defeitos são então corrigidos ou descartados. Enquanto a inspeção de qualidade é realizada por meio de gestores de linha, inspetores de qualidade e clientes misteriosos, a abordagem é frequentemente limitada pela natureza dos produtos e serviços de hospitalidade. Nem sempre é possível corrigir um produto ou serviço defeituoso. Também não há maneira de identificar-se a causa do defeito;

2) *controle de qualidade:* a qualidade é definida dentro da especificação detalhada na produção de produtos e serviços por meio de padrões detalhados. Verificações de qualidade são introduzidas por meio dos vários estágios do processo, entre departamentos, por exemplo. Em sua essência, a abordagem ainda está preocupada com a detecção e a correção de falhas. Ela não melhora a qualidade, mas demonstra quando esta está ausente;

3) *garantia de qualidade:* antes de esperar que as falhas ocorram, a qualidade é incluída no processo de tal maneira que falhas não possam ocorrer. Se ocorrerem, serão corrigidas à medida que acontecerem. A abordagem envolve o desenvol-

vimento de um sistema de qualidade documentado e planejado. A garantia de qualidade requer o compromisso total da organização e o envolvimento de todos os funcionários no processo. Um problema-chave é que, embora a garantia de qualidade possa gerar produtos e serviços sem falhas, o padrão pode não ser o que os clientes desejam;

4) *administração da qualidade total:* o foco está nos clientes e na satisfação de suas necessidades. O sistema está totalmente dirigido à satisfação do cliente e à remoção de qualquer barreira à produção dessa satisfação. Pessoas na organização são fundamentais para, com sucesso, satisfazer o cliente; treinamento de funcionários, motivação e delegação de responsabilidades são importantes. Novamente, a implementação bem-sucedida requer compromisso total e pode ser difícil alcançá-la porque, na maioria das vezes, é difícil mudar a cultura da organização.

As abordagens relacionadas acima não são mutuamente exclusivas – uma abordagem se constrói sobre a outra e, como veremos mais adiante, programas de qualidade eficazes frequentemente incorporam aspectos de todas essas abordagens. Portanto, sistemas baseados na administração da qualidade total ainda necessitam envolver inspeção e controle de qualidade, embora o número de falhas e de problemas seja bem reduzido.

Embora as organizações na área de hospitalidade possam desenvolver seus próprios sistemas de qualidade, muitos entendem que sistemas reconhecidos nacional e internacionalmente sejam úteis como uma maneira de fornecer uma moldura de trabalho. Conforme declarado anteriormente, muitos desses sistemas também são reconhecidos por clientes, ajudando a tranquilizá-los sobre a qualidade do serviço que receberão. Além disso, em alguns mercados – áreas de trabalho no varejo, por exemplo – muitas empresas somente lidarão com empresas que sejam reconhecidas como fornecedoras de qualidade.

7.4. PRÊMIOS DE PADRÃO DE QUALIDADE NA ÁREA DE HOSPITALIDADE

7.4.1. Série ISO 9000

Um sistema de garantia de qualidade desenvolvido inicialmente na indústria de segurança tem sido adotado por várias empresas da área de hospitalidade – particularmente nos contratos de alimentação de coletividades nas empresas mais bem estruturadas. A abordagem estabelece um padrão por meio do qual a empresa pode documentar um sistema eficaz, que demonstra o compromisso da organização com a qualidade e os sistemas que asseguram que a qualidade seja entregue. Quando a organização estabelece e documenta o sistema, ela então é avaliada por uma dentre muitas agências avaliadoras independentes. O registro normalmente dura três anos, mas a empresa está sujeita a inspeção para assegurar que os sistemas estão sendo aplicados.

Há muitas variantes da série ISO 9000 e a ISO 9002 é considerada a mais apropriada para empresas de hospitalidade. Os elementos cobertos pelo sistema incluem itens que demonstram responsabilidades pela administração da qualidade, a definição e a administração de padrões, e o sistema de monitoramento e de inspeção.

Como sistema de garantia de qualidade, a ISO 9000 e seu predecessor, o BS 5750, têm tido sucesso na indústria manufatureira, mas há problemas quando a abordagem é aplicada a atividades dinâmicas do serviço de hospitalidade:

- embora haja qualidade compatível, isso pode não ser o que o cliente deseja;
- procedimentos e sistemas-padrão têm uso limitado quando aplicados à qualidade das interações humanas no encontro de serviço.

A abordagem pode funcionar bem em encontros de serviço previsíveis, mas é mais difícil em situações onde o desempenho do funcionário requer altos níveis de autonomia.

Conforme mencionado anteriormente, a abordagem foi amplamente adotada em operações de contrato de alimentação de coletividades, onde muitos clientes potenciais são credenciados pela ISO 9000 e têm orientação de lidar somente com fornecedores que também estejam registrados no sistema.

7.4.2. Investimento em pessoas

Enquanto a ISO 9000 é um sistema internacional de credenciamento de qualidade, o prêmio *Investimento em Pessoas* foi criado no Reino Unido, para empresas que estejam comprometidas com o crescimento e o sucesso do negócio por meio do desenvolvimento de gestores e funcionários. O foco está no desenvolvimento de pessoas, embora haja um reconhecimento de que a qualidade do serviço irá melhorar como consequência da eficácia no treinamento e outras técnicas de administração de recursos humanos. Os padrões enfatizam a importância dos clientes e a necessidade de priorizar suas necessidades. O prêmio de credenciamento traz com ele reconhecimento público de compromisso com o desenvolvimento dos funcionários, o que gera benefício para clientes e funcionários potenciais.

O padrão fornece vinte e quatro indicadores de avaliação do compromisso da empresa com o investimento em pessoas. Para cada indicador, há notas de orientação que descrevem o que cada indicador deveria demonstrar. O sistema não é prescritivo e empresas podem interpretar os indicadores à sua maneira. Há quatro estágios no processo – compromisso, planejamento, ação e avaliação. Uma vez tendo esses estágios organizados, a empresa é avaliada. A avaliação inclui inspeção de documentos e, o que é mais importante, visitas à área para entrevistar gestores e pessoal – os receptores do treinamento.

Dada a natureza dos serviços da área de hospitalidade, talvez não seja de surpreender que os investidores em pessoas tenham sido tão amplamente aceitos por toda a indústria em geral e pelos hotéis em particular. O ponto mais frágil do prêmio é que ele representa somente parte de um sistema de administração de qualidade. As habilidades das pessoas são essenciais à qualidade do serviço, mas precisam ser desenvolvidas como parte de uma abordagem mais abrangente.

7.5. UNIDADE DE ADMINISTRAÇÃO DA QUALIDADE TOTAL

O gestor de uma empresa na área de hospitalidade talvez esteja comprometido em administrar a qualidade de serviços em conformidade com algum dos métodos de premiação acima. No entanto, ele pode também estar administrando uma unidade onde não haja nenhum sistema imposto. Nesses casos, a filosofia da administração da qualidade total será muito útil.

Organizações de hospitalidade exigem sistemas de qualidade que sejam holísticos o bastante para permitir as características dos serviços e as variadas percepções dos clientes. A administração da qualidade total pareceu oferecer às organizações de serviço o sistema necessário.

Embora haja várias formas de administração da qualidade total, a lista de princípios abaixo cobre várias características que são encontradas na maioria das descrições dessa iniciativa:

- a iniciativa situa um compromisso com os serviços de qualidade como uma preocupação organizacional essencial. O compromisso da gerência sênior é crucial e a abordagem tem de permear todos os aspectos da organização;
- a abordagem tem sido particularmente atraente para as organizações de hospitalidade porque tem como objetivo criar um ambiente cultural no qual os funcionários, operando independentemente, são orientados por um compromisso de encantar os clientes porque internalizaram os objetivos e valores da organização;
- esses valores, crenças e objetivos internalizados asseguram que os funcionários aspirem a satisfação do cliente e a melhora da qualidade sem controles ou persuasões externos.

Os princípios da Administração da Qualidade Total (AQT) são:

1) a mais alta prioridade dada à qualidade, por toda a organização;

2) a qualidade é definida em termos da satisfação do cliente;

3) os clientes são definidos como os que têm relacionamentos internos e externos com a organização – incluindo-se funcionários, acionistas e a comunidade;

4) a satisfação do cliente e o desenvolvimento de relacionamentos de longo prazo são essenciais na organização;

5) os alvos da organização serão claramente expostos e estarão acessíveis a todos.

6) os princípios, crenças, valores e a qualidade são comunicados por toda a organização;

7) um *ethos* que permeia todos os aspectos das atividades da organização;

8) valores fundamentais como honestidade, integridade, confiança e abertura são ingredientes essenciais

9) a qualidade total da organização tem como objetivo ser mutuamente benéfica a todos os interessados e operar em um clima de respeito mútuo por todos os acionistas;

10) a saúde e a segurança de todos os membros e clientes da organização recebem prioridade;

11) a qualidade total oferece aos indivíduos a chance de participar do sucesso da iniciativa e de se sentirem responsáveis por ele;

12) o compromisso é gerado em indivíduos e em equipes por meio da liderança da gerência sênior;

13) um compromisso de toda a organização com o aprimoramento contínuo;

14) a mensuração do desempenho, a avaliação e a auditoria das atividades da organização;

15) o objetivo de usar recursos com mais eficácia, e os membros são encorajados a considerar maneiras de fazer isso;

16) o investimento apropriado para assegurar que a atividade planejada possa ocorrer.

As semelhanças entre a AQT e a delegação de responsabilidades não são acidentais porque muito do que é escrito sobre os benefícios da AQT como abordagem para administração de organizações de serviço também serve à necessidade de delegar responsabilidade à equipe para corrigir defeitos e responder por falhas no serviço à medida que ocorrem. Além disso, a delegação de responsabilidade aos funcionários é necessária para que eles possam responder às solicitações inusitadas do cliente, usar sua experiência e criatividade para procurar maneiras de "encantar o cliente".

Essas aspirações da AQT e da delegação de responsabilidade são relevantes para os três incidentes críticos que poderiam criar ou danificar a satisfação do cliente:

- lidar com falhas de serviço;
- responder à solicitação por um serviço inusitado;
- prover interações fora do comum.

As três ocorrências mencionadas acima são ocasiões em que o comportamento do funcionário tem impacto positivo ou negativo sobre a satisfação do cliente e as percepções sobre a qualidade nos serviços. A administração da qualidade total fornece um contexto organizacional em que os funcionários, revestidos de responsabilidade, por meio de um senso elevado de sua própria eficácia pessoal, responderão da maneira desejada.

7.6. FORMAS DE AQT

Todas as empresas que têm sido usadas como exemplos neste livro têm sua própria maneira de lidar com a administração da qualidade nos serviços, que incorpora muitos dos conceitos da AQT, embora não a chamem pelo nome. As três formas de AQT fornecem ao gestor algumas opções, embora haja provavelmente uma combinação ideal com os três tipos de hospitalidade no varejo que identificamos anteriormente.

7.6.1. A versão "dura" da AQT

Esta definição coloca ênfase sobre os aspectos de produção tais como mensuração sistemática e controle de trabalho, estabelecendo padrões de desempenho, usando procedimentos estatísticos para avaliar qualidade. É este o tipo duro de visão relacionado à administração de produtos/operações que, comprovadamente, gera menos autonomia para os funcionários. Essa abordagem é compatível com os serviços de hospitalidade *dependentes de uniformidade*. Usando os termos na **Tabela 7.1**, a oferta de serviço depende de produtos e de serviços que sejam amplamente tangíveis e, com isso, mensuráveis.

7.6.2. A abordagem "suave" para a AQT

A abordagem suave incorpora as características identificadas por Peters, "orientação do cliente, cultura de excelência, remoção de barreiras de desempenho, trabalho em equipe, treinamento, participação do funcionário, margem competitiva". A partir dessa perspectiva, a AQT é vista como compatível com estilos de administração abertos, responsabilidade delegada e autonomia crescente de pessoal. A auditoria na qualidade é realizada por funcionários ou pela gerência, e a partir da consideração a comentários e informações do cliente. A abordagem à delegação de responsabilidade ao cliente se dá por meio de participação, particularmente por meio do trabalho de equipes autônomas ou alvos individuais para o encontro de serviço, como nos Hotéis Marriott. Equipes desempenham um papel importante no controle do desempenho individual e na produção de compromisso do funcionário com os alvos organizacionais de qualidade nos serviços.

A oferta a clientes, embora ainda incorporando benefícios tangíveis por meio de produtos e serviços, conta mais com benefícios intangíveis a partir do elemento do serviço. A abordagem é compatível com os serviços de hospitalidade *dependentes de relacionamento*.

7.6.3. Uma abordagem combinada entre "dura" e "suave"

Uma terceira abordagem à AQT é definida como uma mistura entre "dura" e "suave", abrangendo três características: uma obsessão por qualidade; a necessidade de uma abordagem científica; e a visão de que todos os funcionários são parte de uma equipe. A delegação de responsabilidade se dá pelo envolvimento dos funcionários, visto que eles são encorajados a se engajar e a se identificar com o desempenho da unidade.

Medidas duras são usadas nos aspectos tangíveis do produto e do serviço. Manuais de procedimento-padrão especificam receitas e apresentação de pratos e bebidas. Os funcionários são engajados nas atividades por meio do trabalho em equipe, do recrutamento e do treinamento cuidadosos. Instruções de equipe e motivação e recompensas apropriadas também são um aspecto importante da abordagem.

Essa abordagem é compatível com os estilos de serviço que são *dependentes de escolha*. Serviços que contam com uma oferta tangível altamente padronizada em produtos e serviços, mas que também exigem que os funcionários forneçam uma experiência de qualidade combinarão com essa abordagem a administração de qualidade.

Os nomes das iniciativas que priorizam a qualidade no atendimento ao cliente variam. Administração da qualidade total, organização do atendimento ao cliente e organização da qualidade total são distinções de uma abordagem que tem intenções, origens conceituais e raízes ideológicas semelhantes.

Todas sugerem que organizações de serviço podem beneficiar-se de um compromisso com a qualidade, o desenvolvimento de uma cultura dominante de qualidade, delegação de responsabilidade ao funcionário etc.

Muitas dessas abordagens reconhecem que a vantagem competitiva pode ser obtida a partir da prestação de um serviço de qualidade consistente e da garantia à satisfação do cliente.

Cada uma delas reconhece que o desempenho do funcionário representa um papel crucial na identificação de falhas potenciais, na consequente melhora contínua esse desempenho, e também na interação com os clientes, de modo a gerar satisfação ou insatisfação do cliente.

7.7. CONCLUSÃO

Este capítulo mostrou que a administração da qualidade no atendimento ao cliente é aspecto importante, para não dizer vital, do papel do gestor. A manutenção de clientes regulares e a atração de novos são essenciais para o crescimento das vendas. Por certo, a perda de clientes regulares tem um impacto material na rotatividade e nas vendas. Além disso, clientes insatisfeitos raramente mantêm as suas experiências só para si, e, quando contam a amigos e conhecidos, o negócio perdido pode representar muito dinheiro.

A administração da qualidade dos serviços é difícil porque a satisfação do cliente está associada às suas expectativas. Nem todos os clientes usam a unidade para as mesmas ocasiões e suas expectativas e avaliações de incidentes críticos para o sucesso do serviço variam. As avaliações do funcionário sobre as necessidades do cliente também podem não corresponder à expectativa deste. A natureza do encontro de serviço é difícil por causa do aspecto intangível e das dificuldades causadas pela natureza perecível dos serviços. Você não pode corrigir um sorriso falso ou um cumprimento dado de má vontade.

Diante dessas dificuldades, muitas organizações na área de hospitalidade têm explorado vários métodos de premiação que fornecem uma moldura para o planejamento e a oferta de qualidade e uma "marca de certificação de qualidade" para consumidores e clientes. Mesmo em situações nas quais não há nenhum sistema de premiação, a AQT fornece um modelo filosófico útil para que o gestor aplique em sua unidade. Tipos diferentes de oferta de serviço vão exigir diferentes abordagens de AQT, mas todos dependem de um compromisso cultural com a prestação de serviço de alta qualidade, e as habilidades e o desempenho do funcionário são essenciais para suprir com sucesso as expectativas do cliente.

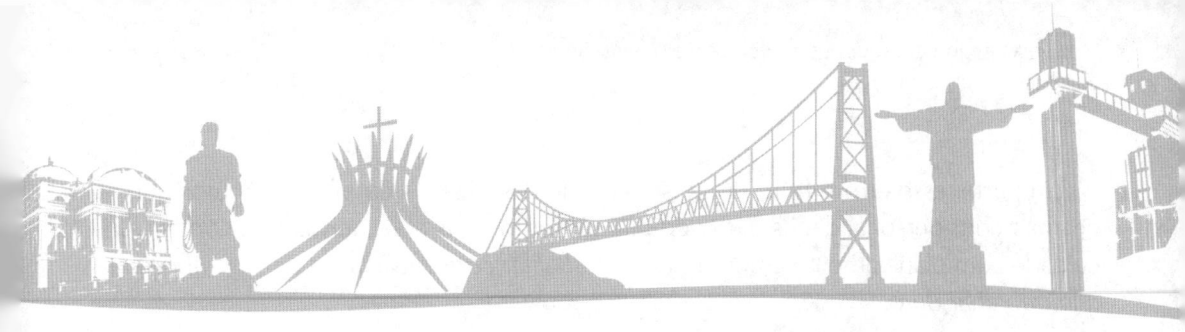

CAPÍTULO 8
Administração do tempo e planejamento de atividades

OBJETIVOS DO CAPÍTULO

Depois de ler este capítulo, você deverá ser capaz de:

- planejar o tempo e definir prioridades para ação;
- desenvolver objetivos e planos de ação;
- usar uma abordagem planejada para delegação e agendamento;
- acompanhar ações e avaliar desempenho.

> *O que o diferencia das outras pessoas é*
> *a maneira como você usa seu tempo.*

Em empresas da área de hospitalidade, o papel do gestor requer que ele estabeleça prioridades e ações para o restante da equipe. A administração da equipe de gestores de área e da equipe mais ampla de funcionários exige uma abordagem sistemática para dirigir e guiar esforços, de modo a alcançar os objetivos gerais que foram estabelecidos. Inicialmente, isso exige que o gestor entenda como identificar prioridades que façam uso efetivo do tempo de cada pessoa.

O gestor em particular enfrenta uma variedade de pressões conflitantes que exigem que ele seja capaz de concentrar seus esforços no conjunto correto de prioridades. Um erro comum cometido por muitos gestores na indústria da hospitalidade é o de gastar seu tempo sendo muito ativos, porém, fazendo trabalhos que outras pessoas na equipe poderiam e deveriam fazer.

Em parte, esse erro é fruto da personalidade das pessoas envolvidas. Vimos que as pessoas com personalidades extrovertidas são propensas a ser ativas e encontrar dificuldade com planejamento e pensamento. *Trabalhar com inteligência é mais importante que trabalhar duro.*

É essencial, portanto, que o gestor entenda e aplique as técnicas de planejamento de tempo à sua agenda e ao tempo de trabalho das pessoas na equipe da unidade. Para ser eficaz, o gestor precisa aplicar uma abordagem sistemática a objetivos estabelecidos:

- desenvolvendo planos de ação;
- delegando as ações necessárias para alcançar os objetivos;
- harmonizando horários e fornecendo treinamento de apoio, quando necessário;
- acompanhando as ações e avaliando desempenho.

8.1. ADMINISTRAÇÃO DO TEMPO

O gestor tem mais liberdade para usar seu tempo como lhe convier, mais que o restante da equipe. Paralelamente, o número de demandas em relação ao tempo aumenta, no mesmo ritmo de suas responsabilidades. Nessas circunstâncias, é fácil ser menos eficaz, em uma das seguintes maneiras:

- concentrando-se em tarefas em vez de planejar, porque prefere ser ativo;
- dando prioridade a áreas de trabalho que mais aprecia, por exemplo, lidar com pessoas, em vez de trabalhar com algumas tarefas técnicas ou administrativas;
- gastando tempo trabalhando em tarefas que outros membros da equipe poderiam realizar;
- gastando tempo em tarefas que não são importantes para o sucesso do negócio;
- gastando tempo em atividades que não são urgentes.

Em todos esses exemplos, o gestor poderia estar ocupado, talvez sobrecarregado de trabalho e estressado, mas sem usar o melhor de seu tempo. O tempo é um recurso limitado. Não importa o que se faça, o dia só tem vinte e quatro horas. Por causa das muitas demandas de tempo, o gestor precisa planejar como usá-lo da melhor maneira.

Porque terá contato limitado com seus gerentes de área, é importante que o gestor saiba como planejar e organizar horários que lhe permitirão realizar mais a cada dia, semana, mês e ano. *Ele deve pensar no que poderia realizar em doze meses se conseguisse ser dez por cento mais eficaz a cada dia do ano.*

O planejamento do tempo permite ao gestor ser proativo, antever eventos e lidar com eles antes que ocorram – por exemplo, planejando recrutar mais pessoal antes de um período comercial intenso. Planejar adiante ajudará o gestor a explorar novos mercados e a desenvolver o negócio continuamente.

Diariamente, o planejamento para cada turno que está por vir permite ao gestor administrar o negócio:

- assegurando que haja pessoas suficientes em serviço com o equilíbrio correto de habilidades para suprir as necessidades do período;
- tendo produto suficiente para servir as vendas de refeições e de bebidas que provavelmente ocorrerão no turno;
- certificando-se de que todo o equipamento necessário está funcionando perfeitamente.

Em longo prazo, a administração do tempo permite ao gestor dedicar-se a essas atividades que desenvolverão o negócio. Gestores que não lidam bem com o tempo frequentemente passam de uma crise a outra, sem conseguir encontrar a saída para suas dificuldades. Eles reagem às situações agindo em função delas, e não em função dos eventos.

O modo como o gestor gasta o seu tempo pode ser dividido em três áreas principais:

1. *tempo demandado pelo chefe* é o tempo gasto pelo gestor em atividades que foram exigidas por seus chefes;
2. *tempo demandado pelo sistema* é o tempo gasto respondendo a questões que surgem do trabalho normal do negócio – lidando com funcionários, com clientes, respondendo a questões levantadas pela equipe de administração, reunindo-se e lidando com fornecedores e a comunidade local;
3. *tempo autodemandado* é o tempo gasto proativamente, na administração do negócio.

O tempo demandado pelo chefe e o tempo autodemandado tendem a ser reativos, mas não podem ser ignorados. Medidas proativas de longo prazo que o gestor toma ao longo de seu tempo autoimposto podem levar a uma redução na quantidade de tempo gasto nessas questões. Por exemplo, o tempo gasto planejando a redução da quantidade de rotatividade de pessoal pode ao final resultar em menos tempo gasto recrutando e treinando novo pessoal, e lidando com reclamações de clientes que surgem do trabalho de má qualidade.

Se a maioria do tempo do gestor é gasta reagindo a problemas, então *o negócio é quem o está administrando*. Por outro lado, se o gestor gasta a maior parte do tempo de maneira proativa, *é ele quem está administrando o negócio*.

8.2. TEMPO PROATIVO, REATIVO E PASSIVO

Assim como no tempo do chefe, o do sistema e o autodemandado, o modo como o gestor usa seu tempo pode ser classificado como proativo, reativo ou passivo:

1. *tarefas proativas* são aquelas que o gestor escolheu realizar a fim de desenvolver o negócio. Ele pode estar trabalhando sobre um dos objetivos do negócio ou lidando com as necessidades de desenvolvimento de um único funcionário. Talvez haja pouca diferença a ser notada nos efeitos de curto prazo, porém o negócio se beneficiará em longo prazo;

2. *tarefas reativas* são aquelas que o gestor tem de realizar a fim de evitar consequências sérias. Isso normalmente inclui tarefas que ele não havia planejado fazer, por exemplo, lidar com uma reclamação de cliente ou um problema relacionado ao funcionário. Aqui as consequências podem ser negativas para o negócio se nada for feito, mas lidar com as questões não beneficia positivamente o negócio;

3. *tarefas passivas* incluem situações em que o gestor não está tomando atitude. Elas podem ser classificadas como perda de tempo, embora algum tempo passivo seja necessário – fazer intervalos, ter conversa social com membros da equipe, mensurar desempenho. A questão-chave é se isso levará a tarefas proativas e se contribuirá para os benefícios de longo prazo do negócio.

O gestor deve ter como objetivo gastar a maior parte de seu tempo de maneira proativa, porque está administrando o resultado dos negócios. Se estiver gastando seu tempo em tarefas mais reativas, correrá o risco de entrar em um ciclo vicioso que poderá ser difícil de ser rompido, porque ele estará frequentemente incomodado por problemas que são urgentes, e terá poucas oportunidades para recuar e planejar.

O exercício a seguir ajuda gestores a planejar seu tempo com eficácia, analisando o trabalho que está sendo feito no momento.

Exercício 8.1

Mantenha um registro detalhado do modo como gasta seu tempo no trabalho. Você deve incluir todas as atividades, mesmo o seu tempo na empresa. Não deixe nada de fora, mesmo se seu trabalho for planejado ou não, for produtivo ou não. Mantenha esse registro por uma semana e seja o mais honesto possível.

Registre todas as maneiras com que gasta seu tempo na primeira coluna, usando um gráfico semelhante ao da **Tabela 8.1**. Categorize essas tarefas como sendo proativas, reativas ou passivas.

Tabela 8.1 — Gráfico de análise do tempo

ATIVIDADE/ TAREFA	TEMPO GASTO	CHEFE/SISTEMA/ AUTODEMANDADO	PROATIVA/ REATIVA/ PASSIVA

(continua)

8.3. TAREFAS URGENTES/IMPORTANTES

Quando o gestor analisar o modo como gasta o seu tempo, deverá reconhecer a necessidade de fazê-lo proativamente, e de reduzir o tempo gasto em tarefas reativas ou passivas. Além disso, ele poderá reduzir o tempo gasto em atividades que sejam de pouco benefício. Outra maneira de melhorar sua produtividade é considerar tarefas em ordem de urgência e de importância:

- *urgente* significa aquela tarefa que tem de ser feita rapidamente. Ela não é necessariamente de grande relevância, mas tem de ser feita agora. Uma tarefa que pode ser deixada para ser feita daqui a uma semana ou duas não é urgente;
- *importância* refere-se a tarefas que causam impacto significativo sobre a melhora do negócio e seu desempenho. Atividades que não causam impacto positivo sobre o desempenho do negócio normalmente não são importantes.

Considerando ambas as tarefas, é possível construir uma caixa de quatro quadrantes, que pode ser útil para o planejamento da administração do tempo. A **Figura 8.1** mostra esses quatro quadrantes.

Figura 8.1 — Teoria do urgente/importante

URGENTE E IMPORTANTE	URGENTE, MAS NÃO IMPORTANTE
NÃO URGENTE, MAS IMPORTANTE	NÃO URGENTE E NÃO IMPORTANTE

- *Atividades urgentes e importantes,* que devem ser feitas agora e que beneficiarão o negócio, se encaixam nessa categoria. Lidar com uma reclamação do cliente ou uma questão relacionada ao funcionário são exemplos de situações assim. A questão-chave aqui é que a atividade deve ser tratada de modo a produzir benefício de longo prazo corrigindo o problema no futuro. Por exemplo, se um dos gestores assistentes estiver envolvido na seleção e no recrutamento de pessoal que mais adiante deixará a empresa rapidamente e o gestor der apoio a esse assistente, por meio de técnicas melhores de recrutamento e de seleção que reduzam o problema de recrutamento e de rotatividade de pessoal no futuro, essa será uma ação que foi ao mesmo tempo urgente e importante.
- *Atividades urgentes, mas não importantes,* que devem ser feitas agora, mas que não beneficiam diretamente o negócio, encaixam-se nessa categoria. Exemplos incluem levantar e monitorar informações que não necessariamente vão aprimorar o negócio. Em alguns casos, solicita-se do gestor que dê informações, ou ele está fazendo coisas porque sempre foram feitas dessa maneira. O ideal é que não se perca tempo com essas atividades. Sempre que possível, as tarefas devem ser erradicadas ou delegadas a outras pessoas.
- *Atividades não urgentes, mas importantes* vão beneficiar diretamente o gestor ou o negócio, mas não terão impacto negativo imediato se não forem feitas. Há o perigo de que o gestor se acomode ao não agir. No longo prazo, essas atividades beneficiam o negócio. Exemplos delas são o planejamento, o treinamento, os eventos de comunicação, e o trabalho de desenvolvimento do moral do funcionário.
- *Atividades não urgentes e não importantes* são aquelas que o gestor faz e se dá conta de que são coisas boas, mas que produzem poucos benefícios. Se algo está em sua lista de coisas a fazer há várias semanas, provavelmente se encaixa nessa categoria. Essas devem ser as primeiras coisas a serem excluídas da lista.

Agora que foram analisadas as maneiras como o tempo é gasto pelo gestor, é possível tomar posição no sentido de remover o tempo desperdiçado e trabalhar na melhora da produtividade. As ações a seguir podem ser úteis:

1. *delegação*: uma das maneiras principais de melhorar o uso do tempo do gestor é delegando trabalho aos colegas. Para ser eficaz, a delegação deve envolver investimento no treinamento e no desenvolvimento da pessoa que receberá o trabalho delegado;

2. *causas, não sintomas*: por exemplo, se o gestor constantemente contrata agências ou outro pessoal temporário para suprir os altos níveis de rotatividade de funcionários, está lidando com o sintoma, não com a causa. Isso talvez exija uma investigação detalhada e a reciclagem da equipe;

3. *comunicação*: a administração bem-sucedida de um negócio requer que o gestor faça com que toda a equipe entenda e trabalhe na direção dos objetivos estabelecidos. Para fazer isso, ele deve gastar um bom tempo comunicando-se com sua equipe, para que problemas e dificuldades futuros sejam evitados;

4. *mudanças proativas*: um problema recorrente necessita de uma solução de longo prazo. Se o gestor percebe estar repetindo as mesmas ações para superar os mesmos problemas, precisa de uma resposta sistemática de longo prazo que fará com que o ele não ocorra novamente;

5. *registros e ações*: a administração bem-sucedida do negócio se baseia no envolvimento ativo com a operação no cotidiano, mas a manutenção de registros, a auditoria, o acompanhamento, as estatísticas semanais e os relatórios diários determinam as decisões e ações no futuro. O gestor precisa manter o equilíbrio apropriado, para que os registros resultem em ações;

6. *tecnologia da informação*: a maioria dos negócios agora tem acesso a sistemas de tecnologia que podem reduzir bastante o tempo do gestor mantendo registros e o tempo tomado para responder mensagens. *E-mails*, processamento de textos e de planilhas são exemplos;

7. *organização pessoal*: a organização pessoal do gestor – registro e anotação de tarefas que são necessários, além do cumprimento de alvos e compromissos com outros – exigem a adoção de sistemas de lembrança eficazes para as tarefas rotineiras e únicas;

8. *melhorando o desempenho pessoal*: por causa da gama de compromissos, não há respostas fáceis para a administração do tempo. O gestor tem de continuar trabalhando nisso e sempre estar comprometido em usar seu tempo com eficiência.

Esse último ponto é de extrema importância porque a administração do tempo exige um compromisso de longo prazo, para que o gestor trabalhe com mais eficiência e concentre seus esforços nas tarefas que dão prioridade ao desenvolvimento e ao progresso do negócio – aquelas que trazem uma ou mais das seguintes consequências:

- crescimento das vendas;
- aumento da participação no mercado;
- aumento na lucratividade;
- aprimoramento da qualidade do serviço;
- mais satisfação do cliente;
- mais retenção de pessoal;
- mais satisfação do funcionário;
- outros objetivos estabelecidos.

A administração do tempo do gestor é um ponto de partida muito importante, se não vital, mas ele também precisa prestar atenção à administração do tempo de sua equipe. Uma abordagem sistemática o ajudará a ter certeza de que gestores e funcionários estão recebendo a direção e o apoio corretos, para que também cresçam e contribuam positivamente para o desenvolvimento do negócio.

8.4. PLANEJAMENTO E ADMINISTRAÇÃO DE ATIVIDADES

Vimos que existem algumas habilidades e abordagens necessárias para ser um líder de equipe eficaz. Um bom gestor precisa ser um bom líder, porque essas habilidades capacitam e encorajam pessoas a fazer uma contribuição positiva ao ambiente de trabalho, respondendo às necessidades de todos no negócio. A administração é diferente; tem a ver com a provisão de sistemas e direção por meio das quais resultados serão alcançados.

A **Tabela 8.2** sugere uma abordagem à administração sistemática do negócio que deve ser aplicada em cada unidade. Cabe ao gestor assegurar que os sistemas e o ambiente sejam criados para que todos os membros da equipe:

- entendam o que se espera deles;
- recebam o apoio para realizar a tarefa estabelecida;
- recebam informação e comentários de suas atividades.

Essa abordagem também reconhece duas partes diferentes para a atividade:

- desenvolver seu plano;
- implementar seu plano.

Nas seções a seguir, essa abordagem será explorada passo a passo.

Tabela 8.2 — O sistema de administração da unidade

Objetivos	
Avaliações de desempenho	Planos de ação
Acompanhamento	Delegação
Sincronização	
Treinamento	

8.4.1. Objetivos da empresa

Todas as atividades de negócios da área de hospitalidade têm objetivos comerciais. Eles dão direção estratégica em nível nacional ou até mesmo internacional. Espera-se do gestor que ele entenda esses alvos e administre seu negócio de modo a alcançá-los em sua área de atuação. Desse modo, não se espera que ele elabore alvos comerciais no nível da administração do negócio, mas que decida as prioridades mais relevantes para a sua unidade.

Um gestor precisa avaliar as prioridades e alvos, e assegurar que essas prioridades sejam relevantes e tenham o máximo de impacto sobre o negócio.

Como parte das atividades de *marketing* e de planejamento comercial (esses assuntos serão estudados mais à frente), o gestor identificará os *pontos fortes*, *fracos*, as *oportunidades* e *ameaças* que usará para desenvolver seus alvos. Isso o ajudará a determinar a direção de seu negócio para os próximos seis meses, e até um ano.

Tendo chegado à lista de alvos que dão ao negócio direção a longo prazo, o gestor precisa desenvolver objetivos que ajudarão a realizar os alvos.

8.4.2. Objetivos

Um objetivo deve ser o de ações e realizações específicas durante um período de tempo conhecido. Ele deve ser mensurável, para que o gestor saiba se o alcançou ou não. Objetivos são passos a serem tomados na direção da realização de um alvo. Cada alvo exige certos objetivos.

> *Por exemplo, um alvo de aumentar a retenção e reduzir a rotatividade de pessoal envolve objetivos relacionados a treinamento, reuniões de equipe, comunicações e satisfação do cliente.*

Objetivos também devem ser responsabilidade de indivíduos designados para isso. Membros da equipe de administração, ou funcionários pagos por hora, podem ser designados para projetos individuais que contribuam para a realização do alvo. Desse modo, diferentes membros da equipe de administração podem estar lidando com questões em separado que contribuam para a redução da rotatividade de pessoal.

Para a delegação eficaz é essencial, primeiro, que o indivíduo tenha habilidades necessárias para completar a tarefa com sucesso. O objetivo deve ser claramente definido, de modo que a pessoa saiba o que se espera dela, como o sucesso será mensurado e quando.

O acrônimo *RIME* é útil como guia para a elaboração de objetivos eficazes:

- *realista*: o objetivo deve ser desafiador para o indivíduo, mas também tem de ser alcançável. Nada é mais desmoralizante que estabelecer alvos inatingíveis. O objetivo e as capacidades do indivíduo têm de ser considerados aqui;
- *individual*: um indivíduo deve ser responsabilizado pelo objetivo, para que seja cobrado por alcançá-lo. Ele deve trabalhar com uma equipe de outras pessoas, mas, no final, é ele quem prestará contas ao gestor;
- *mensurável*: descreva com detalhes o tempo destinado e os meios pelos quais o objetivo será mensurado;
- *específico*: a declaração deve ser claramente expressa e usar palavras de ação – *intensificar* o treinamento de funcionários, *organizar* instruções à equipe. Por exemplo:
  - alvo da unidade: reduzir rotatividade de pessoal da empresa em média 70% nos próximos seis meses;
  - objetivo 1: começando em 1º de janeiro, João intensificará o treinamento de pessoal para que, em seis meses, todos os funcionários estejam plenamente treinados;

- objetivo 2: começando em 1º de janeiro, Helena organizará reuniões mensais com a equipe, que, em dois meses, fará sugestões para auxiliar na redução de rotatividade de pessoal.

8.4.3. Planos de ação

Planos de ação registram uma série de passos que têm de ser alcançados para fazer com que o objetivo aconteça. Dependendo da complexidade do objetivo, pode haver muitas ou poucas ações necessárias para alcançá-lo. Novamente, as habilidades, o conhecimento e a competência da pessoa nomeada para essa tarefa serão um fator a ser considerado. Uma pessoa mais experiente e habilidosa necessitará de menos orientação e de apoio do gestor do que uma pessoa que ainda tenha de se desenvolver. Os elementos a seguir precisam ser incluídos no desenvolvimento de um plano de ação para cada objetivo (**Tabela 8.3**):

1. *o que*: relacionar as tarefas que precisam ser feitas para se alcançar o objetivo;

2. *quando*: o tempo e a ordem em que cada tarefa deve ser concluída. Objetivos frequentemente falham porque o planejamento começa bem, mas não funciona nos estágios seguintes. Usar um planejador de tempo pode ser útil para tarefas complexas;

3. *como*: o padrão a ser alcançado pode ser um problema, embora, na maioria dos casos, trate-se provavelmente de uma questão de "feito não feito". Questões de treinamento podem exigir a avaliação do "como";

4. *recursos*: relacionar as pessoas, o material, as informações, o tempo e o dinheiro necessários para concluir a tarefa. Vale a pena considerar todos os recursos disponíveis dentro e fora da organização. Por exemplo, outras unidades, departamentos especializados, oficiais do governo locais etc. são recursos que podem ser usados para ajudar a alcançar do objetivo;

5. *quem*: as pessoas que concluirão a tarefa. O objetivo é determinado a um indivíduo que trabalhará com outras pessoas que podem ser nomeadas para concluir várias tarefas. O processo de delegação desenvolve pessoas na unidade e libera o tempo do gestor para apoiar pessoas em seu trabalho.

Uma folha de sincronização de tempo pode ser usada para ajudar o gestor a planejar tarefas mais complexas e com muitos estágios. Em particular, ela é útil para mostrar tarefas que podem ser executadas independentemente uma da outra e as que dependem que outras tarefas sejam concluídas.

Tabela 8.3 — Alvos, objetivos e planos de ação

Alvo/ Objetivo	Plano de Ação/ Objetivo
Plano de ação O que Quando Como Recursos Quem	O que Quando Como Recursos Quem

8.4.4. Delegação

Os mais diversos estilos podem ser usados para administrar o negócio como um todo, e vários graus de delegação são necessários para diferentes estilos de serviço aos clientes. Esta seção demonstra que, mesmo no comando e no controle de situações-modelo que funcionam da "única melhor maneira", o gestor pode desenvolver pessoas em sua equipe para que assumam mais das tarefas que são vistas tradicionalmente como "da administração". *Além disso, a delegação a membros da equipe é uma exigência positiva para a administração eficaz do tempo do gestor.*

A delegação a outras pessoas pode ser definida como:

- a habilidade de concluir o trabalho por pessoas que normalmente não assumiriam essas tarefas;
- ter as coisas feitas por outras pessoas;
- dar às pessoas a autoridade de tomar decisões em seu nome;
- desenvolver as habilidades e talentos de outros e desenvolver seu próprio senso de realização.

Para ser eficaz, a delegação requer que os indivíduos tenham recebido autoridade para tomar decisões significativas, que eles sintam serem importantes e relevantes. Acima de tudo, portanto, a delegação eficaz requer a "adesão" da pessoa que receberá autoridade.

Nesse sentido, a delegação está relacionada ao desenvolvimento de indivíduos, e o gestor deve reconhecer que a delegação eficaz representa um processo que tem de ser administrado. Mesmo em situações em que o estilo é predominantemente diretivo, consultivo ou participativo, o gestor gastará algum tempo em diferentes relacionamentos de comunicação com os funcionários e em relacionamentos onde o funcionário demonstra diferentes níveis de iniciativa.

O esquema a seguir explora cinco níveis diferentes de iniciativa. Cada uma delas envolve o funcionário de maneira diferente e requer níveis diferentes de instrução, treinamento e apoio ao membro da equipe.

NÍVEL 1 - ESPERA PARA SER ORIENTADO Tipicamente, o membro da equipe nunca realizou uma tarefa antes. Ele espera para ser orientado e para entender como concluir a tarefa. O papel do gestor é demonstrar, explicar, treinar e fazer comentários ao funcionário. Ele estará presente durante todo o tempo em que a tarefa for realizada. Seu papel é demonstrado na área sombreada.	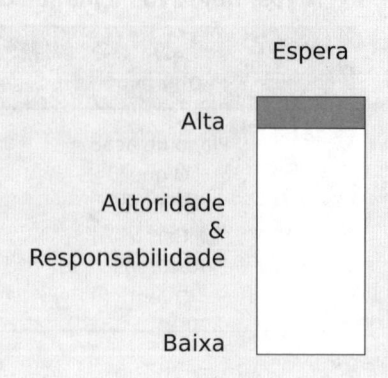 Espera Alta Autoridade & Responsabilidade Baixa
NÍVEL 2 - PERGUNTA O QUE FAZER O membro da equipe está ciente de que a tarefa precisa ser feita ou de que há uma maneira de tratar um problema, mas não sabe como fazê-lo. Eles perguntam o que precisa ser feito e são orientados. O gestor tem o papel de demonstrar, explicar, treinar e fazer comentários, mesmo que não como no nível 1, porque o funcionário tem no mínimo uma ideia básica da questão a ser tratada.	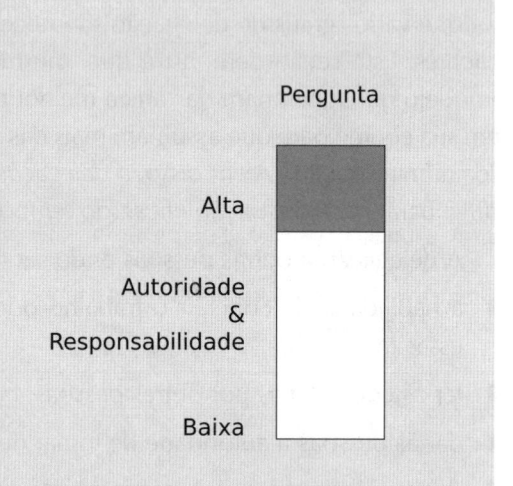 Pergunta Alta Autoridade & Responsabilidade Baixa
NÍVEL 3 - RECOMENDA O QUE FAZER O membro da equipe está familiarizado com o trabalho ou a tarefa e está confiante o suficiente para fazer recomendações quanto à correção ou melhora. Eles ainda não estão habilitados, experientes ou versados o bastante para agir. O papel do gestor agora é de receber e decidir sobre a sugestão, fazendo com que o membro da equipe trabalhe na tarefa e dando retorno sobre seus esforços. Ele precisa gastar menos tempo na supervisão direta do trabalho deles.	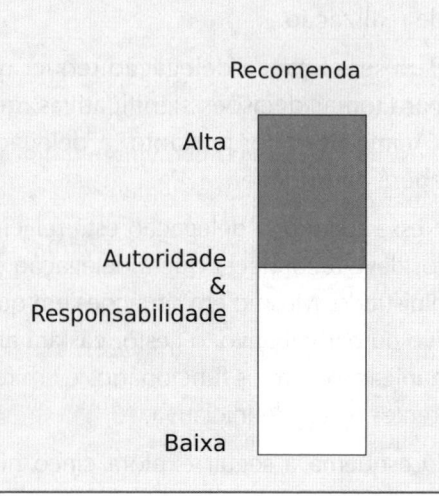 Recomenda Alta Autoridade & Responsabilidade Baixa

(continua)

NÍVEL 4 – TOMA AÇÃO, RELATA IMEDIATAMENTE	
O membro da equipe tem confiança e está familiarizado com a tarefa, mas não a concluirá sem supervisão. Ele agora precisa realizá-la, porém, o gestor deve checar se foi feita corretamente. Seu papel é o de confirmar a ação correta, ou prevenir outra que possa causar dano à unidade ou perda de confiança no membro da equipe. Supervisão mínima da pessoa encarregada da tarefa.	Relata Imediatamente Alta Autoridade & Responsabilidade Baixa
NÍVEL 5 – AGE / RELATA ROTINEIRAMENTE	
O membro da equipe é habilitado, versado e confiante o bastante para lidar com a tarefa e fazer o que for necessário. Não precisará informar o gestor sobre suas ações imediatamente, embora se reporte rotineiramente a ele. O papel do gestor é o de fazer comentários regulares, para que o membro da equipe fique informado sobre o seu progresso e seus níveis de motivação sejam mantidos. Não há, virtualmente, nenhuma supervisão do membro da equipe, embora o gestor esteja monitorando o progresso da ação indiretamente.	Relata Rotineiramente Alta Autoridade & Responsabilidade Baixa

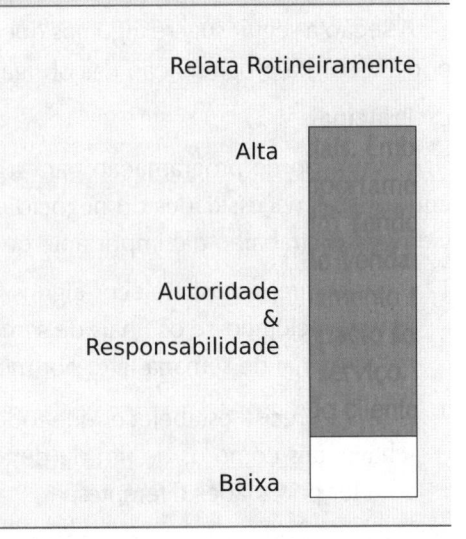

Antes de agir nesses cinco níveis, é importante lembrar que a delegação frequentemente falha, por várias razões, muitas delas previsíveis:

1. gestores apoiam o envolvimento do funcionário somente da boca para fora, pois não organizam adequadamente o seu desenvolvimento;
2. membros da equipe não recebem o nível correto de treinamento e de apoio;
3. gestores não são claros sobre o que precisa ser feito e quando;
4. há uma falha no compartilhamento da compreensão sobre quais ações são necessárias;
5. membros da equipe variam em suas habilidades, experiências e motivações para realizar tarefas adicionais.

O gestor precisa concentrar-se exclusivamente em fazer aquelas tarefas que são, de fato, verdadeiramente essenciais e exigem a capacidade e o julgamento que somente o gestor possui. Se ele perceber que está fazendo tarefas rotineiras, que outros membros da equipe poderiam estar fazendo – ordenamento de estoque, programação de pessoal, relatórios mensais e semanais de entrada – provavelmente não está gastando tempo suficiente treinando, desenvolvendo e motivando os membros da equipe ou levando o negócio adiante.

8.4.5. Programação

O planejamento das tarefas de administração da equipe e a programação apropriada da qualidade são uma parte importante do trabalho do gestor. Em muitas organizações de hospitalidade, ele tem de assegurar que a equipe de gerenciamento esteja programada para estar em serviço durante boa parte do horário comercial, e ainda ter tempo fora de serviço e seu pleno direito a folga. O envolvimento da equipe na administração da unidade é essencial para a execução dos alvos, objetivos e ações que foram planejados. A programação, portanto, precisa levar em conta as ações necessárias de indivíduos-chave e o tempo exigido para atingir os alvos estabelecidos.

A seção a seguir sugere algumas questões para consideração e os passos que o gestor poderia dar na programação das obrigações da equipe de gerenciamento.

c. Principais

O trabalho de programação para a equipe de gerenciamento precisa reconhecer e equilibrar as necessidades do negócio e os indivíduos envolvidos. As pessoas têm uma vida fora do trabalho e é importante que isso seja planejado e realizado:

1. o gestor precisa estabelecer alguns marcos básicos sobre o trabalho e a divisão de turnos, incluindo-se os finais de semana. Todos os gestores deveriam esperar ao menos um final de semana livre por mês;

2. o gestor precisa estabelecer que todos os gerentes trabalharão em alguns dos turnos-chave, tais como os de fim ou de abertura de expediente. Negócios diferentes podem ter prioridades diferentes;

3. a programação precisa permitir tempo para o trabalho em projetos que foram delegados a diferentes indivíduos;

4. a administração dos horários precisa ser concluída com bastante antecedência ao fim do mês, para que as pessoas tenham noção razoável de quando terão de trabalhar. O gestor precisa fixar um tempo-alvo que assegure que o plano esteja disponível no mínimo dez dias antes do fim do mês;

5. as prioridades que surgirem a partir dos objetivos e das ações estabelecidos precisam ser consideradas no processo de planejamento;

6. o gestor também precisa considerar os relacionamentos entre membros-chave da equipe, para que fortes laços de união se desenvolvam. É difícil para as pessoas conhecerem umas às outras se raramente estão em serviço juntas.

d. Planejando os horários

A seguir estão alguns passos que precisam ser dados na programação da equipe:

- em data combinada (digamos, quinze dias antes da implementação), programar os horários da equipe de gerenciamento para o mês seguinte;
- considerar os funcionários que devem ser incluídos – chefes de departamento, pessoal do escritório, trabalhadores com habilidades especiais;
- levar em consideração solicitações por alocação especial de tempo feita pela equipe;
- certificar-se de que todos os postos-chave necessários às atividades operacionais estejam ocupados e ter atenção especial com os planos de ação, objetivos e projetos nos quais os indivíduos estão trabalhando;
- alocar tempo na programação para que as pessoas concluam as tarefas;
- planejar a quantidade de treinamento e de aconselhamento necessários para que os indivíduos realizem as tarefas; e permitir tempo para que o próprio gestor se envolva com eles, à medida que estiverem nos vários estágios do processo de delegação. Em alguns casos, o gestor precisa treinar diretamente e supervisionar de perto a pessoa;
- consultar indivíduos tão logo tenha feito o primeiro rascunho da programação. Agir conforme as sugestões e solicitações, quando apropriado.

tendo a programação completa e adesão de todas as partes relevantes, assegurar que ela foi disponibilizada, com o entendimento de que será mudada somente sob circunstâncias excepcionais.

Durante todo o mês, monitorar a sua eficácia. Certificar-se de qualquer dificuldade ou sucesso para futura referência.

e. Acompanhamento

Tendo planejado os alvos, objetivos e planos de ação do negócio, e programado o tempo necessário para que os indivíduos trabalhem nas tarefas que lhes foram delegadas, eles agora devem ser capazes de fazer com que os planos se realizem. Claramente, isso vai requer treinamento e apoio concentrados. O capítulo 6 cobre os processos para a identificação e o suprimento das necessidades de treinamento e de desenvolvimento dos indivíduos. É importante lembrar que esses processos estarão concentrados nas necessidades específicas do plano, e o gestor apoiará os indivíduos para que concluam as tarefas que lhes foram delegadas, da seguinte forma:

1. o acompanhamento é um elemento importante na execução da tarefa, porque completa o ciclo de treinamento ao dar retorno sobre suas ações;
2. o retorno ajuda os indivíduos a desenvolver sua compreensão do desempenho e dos padrões apropriados;
3. o acompanhamento ajuda a motivar as pessoas, porque elas estão conscientes de seu próprio desenvolvimento e de suas habilidades crescentes;

4. o retorno aos indivíduos os ajuda a entender se há algum problema e o que precisa ser feito para corrigi-los.

O acompanhamento pode acontecer de duas maneiras: *conferindo o progresso* e *conferindo o resultado*.

8.4.6. Conferindo o progresso

O processo de conferir como o indivíduo está progredindo durante a execução da tarefa pode acontecer em vários estágios de sua realização. Claramente, para tarefas mais complexas, ou quando o indivíduo tiver experiência limitada, o gestor pode acompanhar o processo mais regularmente do que quando a tarefa é simples, ou o indivíduo é mais experiente.

Durante a conferência do progresso, é preciso informar o indivíduo sobre como ele está se saindo. Isso precisa ser feito com sensibilidade, particularmente quando alguma forma de ação corretiva for necessária. Em alguns casos, talvez o indivíduo precise de treinamento e apoio adicionais. Em outros, o gestor apenas confirmar que está na direção certa, reforçando suas ações. A conferência também mantém o gestor atualizado com o progresso e o provável resultado da tarefa estabelecida.

8.4.7. Conferindo resultados

Isso sempre acontece na conclusão da tarefa. Esse estágio do processo ajuda o indivíduo a refletir sobre o que funcionou ou não na experiência como um todo. O gestor pode elogiar e reconhecer o bom trabalho, ou encorajar o indivíduo a ter ações corretivas quando necessário.

Se a conferência do estágio de progresso foi bem-sucedida, o número de dificuldades e de problemas será minimizado. O resultado deve ser razoavelmente bem conhecido, porque o gestor terá uma boa ideia sobre o indivíduo e o progresso que este tem com a tarefa.

O progresso e os estágios de resultado precisam ser incluídos em todos os projetos, porque são essenciais à administração de como andam das tarefas delegadas, e para se assegurar que os resultados contribuam genuinamente para o aprimoramento do negócio, além de fornecer oportunidades de aprendizado ao indivíduo interessado.

8.5. PLANEJANDO O ACOMPANHAMENTO

A seguir, uma abordagem para que o processo de acompanhamento se amolde ao modo como o gestor planeja e organiza o negócio:

- fazer uma lista de objetivos e ações que foram desenvolvidas no estágio de planejamento;
- acrescentar os nomes de pessoas responsáveis pelos objetivos e ações necessários;
- usar o conhecimento do novo contratado, avaliar seu nível de iniciativa, e considerar o treinamento e o acompanhamento que serão necessários. Isso pode vir do próprio gestor ou da pessoa responsável pelo objetivo;

- certificar-se de que foi alocado tempo para atividades de treinamento e de apoio na programação para o próximo período. Fazer ajustes, se necessário, ou reconsiderar a alocação de tarefas delegadas a fim de incluir mais pessoas que tenham as habilidades necessárias para concluí-las;
- criar tempo para treinamento, conferência de progresso com o indivíduo e auxiliar no desenvolvimento de sua motivação e de seu aprendizado a partir da experiência;
- assegurar que a conferência dos resultados esteja agendada e que ocorra;
- fazer comentários sobre o desempenho é vital. Assim, o gestor deve separar tempo para que isso efetivamente aconteça.

8.6. REVISÃO DO DESEMPENHO

A maioria das organizações de hospitalidade usa alguma forma de revisão de desempenho para gestores e funcionários. Revisões de desempenho bem-sucedidas precisam ser estabelecidas como um processo contínuo, por meio de um sistema constante. Documentos e registros precisos, mantidos durante o período de revisão, juntamente com o retorno e os processos de conferência de progresso discutidos anteriormente, resultarão provavelmente em um processo de revisão justo e genuinamente benéfico para o desenvolvimento do indivíduo.

Uma pessoa fica mais propensa a considerar que a revisão foi injusta se experimenta um dos seguintes itens:

a. falta de fatos e de informação precisa;

b. a revisão traz novas críticas, que não foram mencionadas antes;

c. a revisão é baseada exclusivamente no desempenho mais recente e não explora o desempenho do funcionário durante todo o período da revisão;

d. falha no reconhecimento das realizações da pessoa, e consideração apenas das áreas que necessitam de aprimoramento;

e. discordância sobre as questões levantadas durante o estágio de conferência do progresso;

f. falta de preparo por parte de quem faz a revisão;

g. a revisão é atrasada e apressada.

Avaliações de desempenho não precisam ser prejudiciais, contanto que sejam feitas de maneira positiva e conduzidas com um interesse genuíno de registrar o desenvolvimento do indivíduo até ali, bem como dar base ao desenvolvimento futuro. A maioria das pessoas aceitará a crítica se for tratada como uma oportunidade para melhorar.

O sistema de avaliação de desempenho do gestor precisa incluir três estágios:

- atualização do desempenho;
- revisão do trabalho;
- revisão do desempenho.

8.7. ATUALIZAÇÃO DO DESEMPENHO

São incidentes não programados, relacionados ao desempenho do indivíduo, e que são dignos de nota. Eles podem ser positivos ou negativos. Tipicamente, podem estar relacionados a incidentes disciplinares, ou a sucessos, por exemplo, no trato com um cliente ou um projeto especial. O ponto-chave é que eles devem ser discutidos com o indivíduo na hora e registrados em arquivo.

Uma mudança de unidade ou de gestor devem também ocasionar uma atualização de desempenho, registrando a atuação do indivíduo até a data da mudança.

a. Revisão do trabalho

Este é tempo formal programado para conferir o progresso com o indivíduo. O gestor deve separar um tempo em sua agenda que lhe permita discutir o progresso referente aos objetivos e responsabilidades que foram delegados à pessoa. Deve haver um registro por escrito das questões levantadas e das acordadas. É essencial que o indivíduo seja tratado com igualdade em relação às discussões e ações a serem planejadas; porque ele deve aderir a um processo que se propõe a ser genuinamente desenvolvido. Uma possibilidade é a de que o indivíduo escreva um resumo da revisão que seja acrescentado ao registro, embora seja claramente aprovado e assinado pelo gestor.

b. Revisão de desempenho

O estágio final é o de revisar formalmente o desempenho durante o período e identificar prioridades para o próximo. Se o gestor tratou corretamente o elementos anteriores no processo, deve haver poucas surpresas, de modo que seja um procedimento relativamente curto e objetivo. A revisão será usada para registrar formalmente o desenvolvimento do indivíduo e as necessidades para o desenvolvimento futuro. Na maioria dos casos, essas revisões serão usadas para promoções e transferências entre unidades, porque formam parte dos registros de realizações e planos do indivíduo. Em outros casos, elas são usadas como base para pagamentos de bônus e aumentos de salário.

b1) Administrando a revisão de desempenho

A lista de passos a seguir é sugerida como um conjunto de ações que ajudarão o gestor a planejar revisões de desempenho eficazes em sua equipe:

- crie alvos, objetivos e planos de ação que desenvolverão a unidade;
- assegure que eles sejam delegados a indivíduos;
- deve haver um tempo planejado na programação de trabalho para que os indivíduos consigam assumir as tarefas que lhes foram designadas;

- estabeleça um sistema de manutenção de registro para acompanhar o progresso do indivíduo, e que inclua resultados, responsabilidades e desempenho;
- separe tempo para conferir o progresso e dar retorno sobre desempenho;
- durante as sessões programadas, assegure a comunicação de duas vias. Faça elogios e identifique necessidades de treinamento quando necessário. Acima de tudo, tente encorajar e ser positivo. Registre todas as decisões tomadas;
- continue o processo de registro do progresso e retorno;
- planeje tempo para rever os resultados de acordo com as datas de conclusão planejadas de cada ação, tarefa ou objetivo;
- quando da revisão de desempenho anual, o gestor deve ter um registro completo de documentos de todas essas atividades para basear a revisão dos indivíduos.

8.8. CONCLUSÃO

A administração eficaz de um negócio exige que o gestor planeje a direção e as prioridades da unidade de forma a contribuir com os alvos gerais da organização. Para começar, ele precisa administrar seu próprio tempo com eficiência. Como gestor, há várias oportunidades de manter-se ativo e trabalhar duro, mas se ocupando de ações que não são essencialmente o que ele deveria estar fazendo. Fazer um planejamento pessoal ajuda o gestor a identificar as tarefas que outros membros da equipe poderiam e deveriam desempenhar. Seu papel-chave é desenvolver a equipe, para que tenha um desempenho melhor.

Embora a maioria dos alvos seja estabelecida pela gerência regional ou nacional, o gestor precisará entendê-los e considerar os que têm de ser prioridade operacional para a sua unidade. Em alguns casos, ele pode desejar desenvolver alvos adicionais e específicos para o seu negócio. Em todos os casos, ele tem de desenvolver objetivos e planos de ação que levem o negócio na direção dos alvos identificados.

Os alvos, objetivos e planos de ação identificados formarão parte do plano de negócios da unidade – que serão discutidos no capítulo 10. No entanto, este capítulo tomou esses objetivos e planos de ação e descreveu os processos através dos quais o gestor administra sua implementação e realização. A alocação detalhada de tarefas e objetivos a indivíduos nomeados requer a delegação planejada e cuidadosamente administrada. O alicerce da delegação eficaz requer uma inspeção minuciosa das necessidades de cada indivíduo e apoio de treinamento.

Tarefas delegadas a indivíduos treinados com supervisão e apoio apropriados precisam então ser administradas por meio da programação oportuna do tempo e de acompanhamento. A conferência do progresso, o ajuste e o apoio ao desempenho confirmando que o progresso está no caminho certo e, em geral, a manutenção de algum contato com o progresso do indivíduo, também têm de ser administrados e planejados. A quantidade de contato que o gestor tem com diferentes indivíduos trabalhando em diferentes planos de ação ou objetivos varia, mas o ponto-chave é que algum contato será exigido em todos os casos. Um registro bem documentado desses contatos e progressos forma a base para as revisões de desempenho motivadoras.

CAPÍTULO 9
Geração de vendas e *marketing*

OBJETIVOS DO CAPÍTULO

Após a leitura deste capítulo, você deverá ser capaz de:

- discutir modelos de segmentos de negócios e *mix* de *marketing* para os serviços de hospitalidade;
- definir e realizar as principais conquistas dentro de contextos específicos de negócios;
- promover e aumentar as vendas no seu negócio;
- conceber e avaliar planos de *marketing* para uma operação voltada para o público de serviços da área de hospitalidade.

Atingindo e ultrapassando as expectativas do cliente.

Na função de gerente de uma empresa da área de hospitalidade voltada para o público em geral, às vezes pode acontecer de o controle sobre a estratégia básica de *marketing* ser limitado, ou se tratar de um negócio independente. No caso das franquias, os valores da marca costumam já estar bem definidos. No entanto, o gestor desempenha um papel fundamental quanto a repassar esses valores ao consumidor final. Duas das razões pelas quais os serviços da área de hospitalidade estão tendo sucesso – sejam negócios franqueados ou independentes – são sua consistência e sua confiabilidade. A mensagem que os clientes recebem acerca do que esperar é bastante clara, e o sistema de operações é projetado tendo em vista o cumprimento dessas expectativas. O seu trabalho como gerente é garantir que a consistência e a confiabilidade sejam concretizadas em experiências endereçadas ao cliente.

Tanto nas franquias quanto nos negócios independentes, é preciso recorrer ao *marketing*. Por isso, para buscar sempre a eficiência, é necessário, antes de tudo, entender a essência do *marketing* de serviços, bem como compreender os diferentes aspectos da segmentação de clientes feita na área. O capítulo 1 mostrou que serviços são diferentes de produtos porque os primeiros são:

- intangíveis: não podem ser tocados;
- heterogêneos: são únicos para cada cliente;
- perecíveis: não podem ser armazenados;
- pessoais: o consumidor precisa estar presente.

São essas as razões que fizeram os pequenos negócios da área de hospitalidade se destacar. Visto que a qualidade de bares, restaurantes e hotéis pode ser algo bastante incerto, a presença de uma marca pode ajudar os consumidores a identificarem o que esperar. Portanto, a função do *marketing* das empresas de hospitalidade é transmitir mensagens claras aos clientes, além de garantir – a partir do momento em que se entra no estabelecimento – que o cliente saiba exatamente o que esperar e ter a certeza de que suas expectativas serão satisfeitas.

Cada marca (de negócios franqueados ou independentes) deve se concentrar nas razões que levam os clientes a escolherem o estabelecimento, e no fornecimento de experiências que estejam em consonância com as razões que os levaram a fazer tal escolha. Em um contexto local, é preciso se certificar de que o negócio seja eficaz na comunicação com os clientes, abranja todos os mercados locais em potencial e maximize as oportunidades de venda.

9.1. *MARKETING* DE SERVIÇOS

Já houve inúmeros debates quanto à questão do *marketing* de serviços e suas diferenças em relação ao *marketing* de produtos. A grande preocupação é garantir que o *mix* de *marketing* seja apropriado. Em outras palavras, garantir que os parâmetros de produto, preço, praça e promoção estejam em harmonia entre si e voltados para a identificação de um *segmento de mercado* de clientes. Os 4Ps foram acrescentados por conta dos elementos dos serviços listados anteriormente. A **Tabela 9.1** traz uma lista do *mix* de *marketing* para serviços, com a inclusão de três novos parâmetros: pessoal, procedimentos e propriedade.

Tabela 9.1 — O *mix* de *marketing* de serviços

PRODUTO	No caso dos serviços de hospitalidade isso inclui comidas, bebidas, acomodação no local e vários serviços complementares oferecidos.
PREÇO	Inclui a estratégia geral de preços – ela fornece informações sobre o produto. Por exemplo: preço alto, qualidade idem; preços baixos, maior custo-benefício.
PRAÇA	Inclui a estratégia de distribuição de pontos de venda: regiões centrais da cidade; subúrbios; rodovias; zonas rurais.
PROMOÇÃO	As mensagens e as mídias usadas para informar o público acerca da marca e desenvolver expectativa nos clientes.

(continua)

PESSOAL	O tipo de funcionário a ser contratado e as expectativas a serem cumpridas influenciam as fases de recrutamento, treinamento, desenvolvimento e premiações.
PROCEDIMENTOS	Como os clientes são atendidos e os serviços de apoio disponíveis. A rapidez do serviço e o potencial de sucesso são fatores importantes.
PROPRIEDADE	Decoração, distribuição de assentos e mesas, presença de serviços complementares, limpeza, criação de uma atmosfera com música e afins – todos esses elementos têm de ser consistentes com a marca.

O *mix* de *marketing* de serviços oferece às organizações de hospitalidade uma estrutura básica para que possam analisar as características de sua marca, e, assim, garantir que todos os elementos estejam em consonância entre si. Os produtos vendidos, os preços cobrados, o pessoal responsável pela entrega e prestação de serviços e os procedimentos utilizados reforçam os principais atributos da marca. Todo esse processo acontece em propriedades situadas nas imediações dos mercados-alvo e também auxiliam na criação da imagem da marca.

Outra característica do *marketing* de serviços é o fato de ser direcionado a grupos específicos de clientes. Pode-se obter um maior entendimento de quem são seus clientes ao se examinarem algumas variáveis que os descrevem conforme o lugar que ocupam no mundo. A **Tabela 9.2** lista algumas dessas variáveis, que podem ser usadas para a elaboração de um perfil de grupos-chave de clientes. Não é atípico as organizações de hospitalidade atraírem tipos diferentes de clientes de acordo com o período do dia ou da semana.

Tabela 9.2 — Características dos segmentos de mercado

GRUPOS SOCIOECONÔMICOS	POR RENDA E POSIÇÃO SOCIAL A : profissionais, Médicos, diretores executivos B: intermediários, gerentes, professores C1: setor administrativo C2: trabalhadores manuais especializados, engenheiros D: não especializados, empregos de rotina, prestação de serviços produtos E: renda baixa, desempregados, pensionistas.
CICLO DE VIDA	PESSOAS EM DIFERENTES ESTÁGIOS DA VIDA Solteiros Recém-casados, sem filhos Ninho cheio I (filhos com menos de 6 anos) Ninho cheio II (filhos com mais de 6 anos) Ninho cheio III (filhos mais velhos ainda dependentes) Ninho vazio I (nenhum filho na casa, pais empregados) Ninho vazio II (pais aposentados) Sobrevivente solitário (não aposentado) Sobrevivente solitário (aposentado)

(continua)

GÊNERO/ORIENTAÇÃO SEXUAL	Masculino Feminino Homossexuais
GEOGRAFIA	DISTRIBUIÇÃO POR ÁREA GEOGRÁFICA Bairro, região
ESTILO DE VIDA	EDUCAÇÃO, RENDA, OCUPAÇÕES, VIDA SOCIAL E PREFERÊNCIAS INDIVIDUAIS, COMO: - preocupação com o meio ambiente - preocupação com a saúde - preocupação com bens materiais
PERSONALIDADE	Extrovertidos / introvertidos Estáveis / instáveis Realistas / sonhadores

Após a definição dos grupos de clientes, tem-se melhores condições de se concentrar nos serviços que eles requisitam e nas formas mais adequadas de se comunicar com eles. A bem da verdade, não existe um método de segmentação que seja plenamente satisfatório; por essa razão, a maioria das organizações opta por usar a *segmentação multivariável* como ferramenta para definir sua posição no mercado de forma mais precisa, e, assim, melhor direcionar o seu *mix* de *marketing*.

9.2. OCASIÕES DE USO POR PARTE DOS CLIENTES

É cada vez mais comum encontrar organizações de hospitalidade que definem e desenvolvem suas marcas baseando-se nas ocasiões que levam os consumidores a utilizarem seus serviços. De certa forma, isso foge da restrição imposta pela segmentação de clientes baseada nas características esboçadas na **Tabela 9.2.** Nos últimos anos, pôde-se perceber que o mesmo grupo de clientes de uma mesma marca pode visitar lugares distintos por inúmeras razões ao longo de diferentes momentos da semana. Sendo o gerente do negócio, você precisa estar atento aos motivos que levam seus consumidores a visitá-lo, e o que é preciso para atender aos consumidores que usam seu negócio em ocasiões especiais.

Os exemplos a seguir ilustram ocasiões especiais de uso por parte dos clientes que se aplicam a vários negócios do ramo de hospitalidade: restaurantes, bares e hotéis. Acompanhando cada exemplo, há hipóteses do que seriam fatores decisivos para o sucesso, além de outros que podem desapontar os clientes, visto que interferem em suas principais necessidades na respectiva ocasião – clientes que saem para uma "ocasião especial" sendo confundidos com pessoais que estão "dando uma volta pela cidade". Em cada caso, há também a inclusão de algumas sugestões para incrementar as vendas.

9.2.1. *Pit-stop*

Hora do almoço e final de tarde, especialmente no centro das cidades ou em avenidas principais, ou mesmo em praças de alimentação de *shopping centers*. É uma ocasião associada a grandes ambientes de trabalho em geral, ou a sessões de compras. O foco aqui é dar um tempo, seja almoçando, tomando um café ou um suco. Os clientes em questão podem ser gente de negócios, fregueses ou funcionários de lojas, pessoal de escritório, ou mesmo turistas. Nesses casos, a visita costuma ser limitada por premência de tempo e necessidade de retomar a atividade principal – seja o trabalho, as compras ou qualquer outra. O *timing* e a rapidez do serviço são essenciais. Em alguns casos, serviços como embalagens para viagem, *drive-thru* ou compra antecipada podem ser oferecidos para que os clientes (especialmente os que estão trabalhando) possam contatar o estabelecimento para fazer seus pedidos com antecedência e coletá-los assim que forem ao lugar.

Fatores decisivos para o sucesso:

- rapidez nos serviços de alimentação;
- caixas expressos e *drive-thrus*, para algumas lojas;
- pessoal de qualidade: simpático, porém dinâmico;
- áreas para não fumantes;
- divulgação intensa de ofertas de vendas: boa sinalização, quadros-negros, cartões dobráveis etc.;
- atenção ao público feminino; visão ampla das dependências da loja; níveis elevados de limpeza;
- exemplos de marcas que se encaixam nessa filosofia incluem:

    McDonald's

    Burger King

    Habib´s

Além desses elementos fundamentais para o sucesso, o gerente da loja precisa levar em conta os diferentes tipos de clientes e suas necessidades específicas. Alguns fatores adicionais que também são importantes:

- alto padrão de visibilidade – os clientes querem poder olhar o que há dentro do lugar e se sentirem seguros;
- poucas filas – é preciso oferecer evidências visuais de que os clientes serão servidos rapidamente, ou poderão esperar sentados etc;
- toda a propriedade tem de estar limpa e bem cuidada, incluindo banheiros e estacionamentos;
- a oferta de produtos e serviços tem de ser comunicada de forma clara e visível, e precisa estar em consonância com a demanda dos clientes;

- decoração externa atrativa – plantas, assentos do lado de fora, estacionamento amplo;
- a mescla entre mesas grandes e pequenas tem de corresponder à variedade no tamanho dos grupos de clientes que você recebe;
- pessoal treinado com bom conhecimento dos produtos e jeito para lidar com os clientes;
- técnicas de *upselling* para incrementar as vendas.

Sugestões para promoção de vendas:

- parcerias com outros negócios (lojas, escritórios, companhias de transporte, estacionamentos), materiais promocionais ou ofertas de desconto para clientes de ambos os negócios, ou alguma espécie de incentivo para que o público cativo do outro negócio passe também a frequentar o seu;
- ofertas especiais e lançamentos ocasionais de itens para atrair novos clientes e renovar o interesse dos antigos. Se bem elaborados, eles podem trazer um lucro adicional por conta de preço baseado em sua raridade;
- técnicas de *upselling* executadas pelos funcionários – fornecimento de alvos adicionais para a promoção de vendas ou produtos extra etc.

9.2.2. Dia longe da cozinha

Deve cobrir todos os períodos do dia e possíveis horários de refeição do café da manhã em diante. Os clientes não devem ter de desembolsar muito para comer – ou seja, o custo-benefício tem de ser bom, embora isso seja determinado pela renda do consumidor, no fim das contas. A decisão de ir ao estabelecimento é geralmente feita em cima da hora, e, por isso, os trajes são informais e as famílias podem levar todos os seus integrantes. Essa decisão de comer fora pode vir como resultado de um dia difícil, de trabalho até mais tarde, problemas no trânsito etc. Como gerente do negócio, você precisa ver quem costuma tomar a decisão de comer fora, e a razão por trás disso. A natureza da oferta e os tipos de refeição precisam ser pensados com cuidado. Talvez seja necessário criar um cardápio infantil, ou então uma seleção que ofereça tanto petiscos quanto pratos principais. Essas empresas geralmente ficam localizadas junto às áreas residenciais, ou em avenidas de grande movimento, e requerem estacionamentos adequados.

Fatores decisivos para o sucesso:

- informar ao público que o serviço está disponível o dia todo por meio da divulgação do cardápio para as refeições típicas: café da manhã, almoço, jantar e lanches;
- natureza e preço dos itens no cardápio precisam ser divulgados de forma clara; cardápios tem de ser expostos na área externa e também sobre as mesas;
- entrega do pedido deve ser feita rapidamente e dentro de um tempo limite: por exemplo, em até 15 minutos após o pedido;
- bom conhecimento dos itens presentes no cardápio;

- jeito para lidar com a clientela; capacidade de interagir bem com os vários tipos de clientes;
- variedade de mesas para acomodar grupos dos mais diversos tamanhos;
- áreas exclusivas para não fumantes;
- máquinas para pagamento com cartão.

Como gerente da loja, você precisa elaborar um perfil da sua clientela e das ocasiões em que ela visita seu negócio. Há diferenças entre as visitas feitas em determinados momentos do dia e dias da semana? Quem sabe a clientela do fim de tarde semanal seja composta por casais jovens, sem filhos e empregados, enquanto os fins de semana sejam dominados pelas famílias? Alguns fatores adicionais importantes são:

- dentre as bebidas, vinhos, refrigerantes e cafés;
- implementação de cardápios infantis nos casos em que famílias formam a base da clientela;
- mesas externas podem ser um ponto positivo no verão;
- boa iluminação, para que se possa ver a comida;
- padrões rígidos de limpeza, incluindo o estacionamento;
- máquinas para pagamento com cartão.

Sugestões para promoção de vendas:

- prepare ofertas especiais para tornar seu negócio mais frequentado em horários alternativos. Existem restaurantes que fazem promoções, por exemplo, direcionadas para quem chega antes das 19 horas. Em geral isso implica acrescentar algo grátis ao pacote, como um aperitivo ou uma sobremesa de brinde ao se pedir uma refeição;
- ofertas especiais buscando o público de menor poder aquisitivo, principalmente nos períodos de menor movimento no local. Elas podem ganhar forma por meio de ofertas semelhantes às citadas acima: aperitivos grátis, ou mesmo algo no estilo "pague-1--leve-2" para itens pré-determinados;
- montagem de um menu de preços reduzidos a ser oferecido no almoço ou jantar. Se a clientela souber da existência de um cardápio a "preços populares", ela provavelmente vai comparecer. Um cardápio mais ambicioso pode ser utilizado para *upselling* no local;
- publicação de anúncios em jornais locais e folhetos para distribuição gratuita pode ser usada na promoção do negócio;
- *upselling* e venda de itens adicionais, como guarnições, café, vinho e outras bebidas;
- exemplos de marcas que se encaixam nessa filosofia incluem:

    America.

    Galeto's.

    Restaurantes de funcionamento estendido, desde o almoço até o jantar, com cardápio diferenciado por refeições.

9.2.3. Passeios em família

São famílias com crianças de até 10 anos de idade, que geralmente aparecem no começo da noite, nos fins de semana ou durante as férias escolares. Em alguns casos, quando se tem um único responsável cuidando de crianças pequenas, as visitas podem ocorrer mais cedo, e em dias úteis. Nessas circunstâncias, almoços mais baratos, ou mesmo lanches, podem atrair o adulto, enquanto seus filhos se divertem com os brinquedos. Espaços equipados para entreter as crianças são fundamentais para as famílias que saem em passeios, e tais grupos podem permanecer durante horas em um dado local se seus filhos estiverem se divertindo em um ambiente seguro. De igual modo, os cliente podem se dispor a percorrer longas distâncias se as dependências forem atrativas o suficiente. Por conta disso, um bom estacionamento e proximidade de estradas importantes são aspectos essenciais.

Fatores decisivos para o sucesso:

- áreas de recreação para as crianças, tanto internas quanto externas;
- oferta de comida e bebida que atenda às necessidades das crianças – um cardápio infantil é imprescindível;
- brindes para as crianças, como quebra-cabeças, joguinhos variados e livros de colorir com canetinhas ou lápis grátis;
- atenção ao público feminino – áreas tranquilas e limpas para não fumantes;
- pessoal e gerência que saiba lidar com crianças;
- comidas e bebidas com bom custo-benefício.

Mais uma vez você, no papel de gerente de negócio, tem a obrigação de analisar as visitas e traçar um retrato do público que frequenta seu negócio ao longo de diferentes períodos do dia, da semana e do ano. Em especial, você precisa considerar a possibilidade de criar eventos voltados para o entretenimento e outras razões que despertem o interesse do cliente. Essa análise vai possibilitar ver que as crianças pequenas que vão a esses lugares levadas pela sua família têm demandas diferentes das crianças mais velhas, ou mesmo adolescentes, que vão com os pais. Em seguida, são feitas algumas sugestões para melhor atender os clientes que vão aos lugares durante passeios de família:

- as placas e o material promocional devem deixar claro que famílias são bem-vindas;
- cadeiras altas, assentos de altura ajustável e acesso para carrinhos de bebê;
- estacionamento amplo e de fácil acesso;
- divulgação da área e equipamento de recreação;
- a apresentação externa deve ser acolhedora e agradável, com flores, luzes e placas;
- setores para troca de fraldas e serviços de aquecimento de mamadeiras, com fornecimento de material e comida extra para as crianças pequenas;
- disponibilidade de uma doceria;

- jogos eletrônicos para as crianças;
- agrupamento de clientes conforme tipos de família, idade das crianças etc.;
- padrões rígidos de limpeza, incluindo o estacionamento.

Sugestões para promoção de vendas:

- maximize as oportunidades promocionais derivadas de datas comemorativas, como *Halloween*, Dia das Mães e dos Pais, Páscoa, além de aproveitar as férias escolares. Na época de Natal, monte alguma atração infantil tendo o Papai Noel como destaque;
- organize eventos especiais em certos dias, com atrações como pula-pula, palhaços e outros elementos festivos;
- faça parcerias com jardins de infância e creches, patrocinando eventos e afins;
- promova a realização de festas de aniversário nas suas dependências por meio de listas de discussão; faça uma base de dados com informações sobre clientes que usaram seu negócio em ocasiões do tipo; envie cartões de parabéns, e crie promoções para incentivar o retorno desses fregueses;
- cobertura de eventos especiais em jornais locais e materiais promocionais;
- parcerias com outros negócios, lojas de brinquedos, postos de combustível e outros lugares que queiram fazer promoções conjuntas;
- exemplos de marcas que se encaixam nessa filosofia incluem:

    Viena

    America

    Outback Steakhouse

    McDonald´s

9.2.4. Refeições para ocasiões comemorativas

Valem tanto para casais quanto para grupos maiores. Englobam todas as idades, embora seja costume, nesses casos, as crianças serem um pouco mais velhas e os equipamentos típicos de recreação não serem oferecidos. As ofertas de comidas e bebidas têm como foco as refeições tradicionais, mas os cardápios precisam espelhar os temas específicos adotados pela marca. As visitas dos clientes não têm restrições por conta do tempo, e eles costumam ficar conversando após comer. Ainda assim, há alguns requerimentos no que diz respeito à agilidade do serviço prestado: é necessário fazer um primeiro contato com o cliente, além de oferecer cardápio e bebidas assim que – ou pouco tempo depois – ele entre no estabelecimento. Os fregueses têm grandes expectativas acerca da qualidade do serviço e também dos alimentos servidos. Normalmente eles preferem fazer reservas de mesa. No presente caso, as idas ao local ocorrem em ocasiões especiais de importância para o cliente: bodas, aniversários, dia dos namorados, dia das mães, almoços de negócios etc.

Fatores decisivos para o sucesso:

- ambiente de alta qualidade: decoração, banheiros, limpeza e áreas exclusivas para não fumantes;
- cardápios que cubram vários tipos de refeições e ofereçam uma ampla variedade de pratos, inclusive vegetarianos;
- nível de serviço relevante para a ocasião: reserva da mesa, forma de pagamento, contingente de pessoal suficiente para proporcionar um excelente serviço;
- drinques à altura do cardápio: vinhos, coquetéis, licores, cafés etc.;
- pessoal bem treinado, que saiba lidar com vários tipos de fregueses e tenha ótimo conhecimento do cardápio oferecido.

Os clientes que usam serviços de hospitalidade em tais ocasiões buscam uma experiência consistente e de qualidade, tanto advinda do cardápio quanto dos funcionários. Eles querem que a ocasião seja realmente especial, principalmente se for motivada por um evento pessoal de cunho significativo, como um aniversário ou as bodas de algum casal. A interação da equipe do restaurante com os clientes assume uma função de suma importância nesses casos, porque a forma como se lida com as ordens e pedidos dos clientes tem um impacto diferenciado em momentos tão preciosos. É comum os participantes estarem preparados para desembolsar uma boa quantia em dinheiro, o que constitui momento perfeito para a venda de itens mais caros, como champanhes e vinhos finos. Seguem algumas sugestões para aumentar suas chances de sucesso:

- utilize um sistema de reserva de mesas, principalmente nos dias mais movimentados da semana, ou nas épocas mais abarrotadas do ano, como o Natal e a Páscoa. Aceite reservas por fax ou *e-mail*;
- forneça um serviço de mesa completo, realizando todas as interações necessárias na própria mesa;
- embeleze as mesas com decoração interessante, guardanapos, copos e flores;
- um cardápio chamativo, com uma seção de iguarias especiais para manter o interesse dos fregueses regulares;
- carta de vinhos variada e drinques adicionais, como coquetéis, cafés exóticos etc.;
- áreas para não fumantes e ar-condicionado de qualidade ajudam a manter o ar fresco;
- uniformes e higiene pessoal da equipe de trabalho, juntamente com sua capacidade de lidar com os clientes, são critérios essenciais. A equipe precisa saber tomar decisões acerca de pedidos estranhos, além de lidar sem demora com reclamações. Níveis elevados de treinamento e repasse de autoridade são recomendados;
- incentive seu pessoal a explorar a ocasião especial, para também oferecer alguns elementos a mais, como flores ou velas na hora da sobremesa, para que os clientes se sintam especiais;

- habilidade na preparação da comida por meio da contratação de chefs com experiência;
- atributos externos convidativos, como decoração, sinalização e aparência geral.

Sugestões para promoção de vendas:

- assegure-se da inclusão de seu estabelecimento em guias renomados de restaurantes e catálogos locais que registram os locais da região que oferecem refeições. Tente aparecer em especiais da imprensa local. Crie vínculos com os jornalistas, em especial com aqueles especialistas da área de gastronomia e lazer;
- envie material promocional a seus clientes mais antigos. Promova ofertas e eventos especiais. Em épocas de menor movimento, elabore estratégias de redução de preços, descontos especiais para determinados itens do cardápio ou promoções de duas refeições pelo preço de uma;
- estabeleça parcerias com organizações locais – como firmas de escritórios ou afins – que estimulem os executivos a priorizar o uso do seu negócio como local para entretenimento. Descontos especiais ou festas de agradecimento são formas de se fomentar essas parcerias;
- em certos casos, parcerias com teatros ou cinemas da localidade podem estimular a ida de fregueses; vincular ofertas a essas parcerias é uma forma de incentivar o cliente a frequentar ambos os lugares;
- disponibilize cardápios e cartões para os consumidores levarem embora, o que permite que eles tenham uma lembrança do restaurante, bem como os telefones de contato para reservas;
- siga a tendência e monte um *website*, de preferência com um sistema para reservas *on-line*.

Exemplos de locais que se encaixam nessa filosofia incluem os restaurantes à *la carte* e aqueles instalados dentro de hotéis mais luxuosos.

9.2.5. Uma volta pela cidade

Essa situação costuma acontecer na região central das cidades ou nos bairros mais "na moda". Envolve fregueses de faixa etária entre 18 e 40 anos, normalmente em grupos, ou casais de estudantes ou colegas de trabalho. São ocasiões em que a ordem é relaxar, e, que dependem de uma atmosfera animada e acolhedora. Nessa situação, os clientes pensam em tomar "uns drinques", não apenas "uma bebida só". Os trajes são casuais, e após essa primeira rodada, os clientes podem ir a algum outro lugar, como um restaurante japonês ou uma pizzaria. Tal ocasião se baseia em bares bares onde a ideia de uma experiência agradável é transmitida pela atmosfera do local, pela clientela que o frequenta e pelos atendentes.

Fatores decisivos para o sucesso:
- uma atmosfera movimentada, com boa música e diversão;

- atendentes que gostam de fazer parte desse clima e conseguem se comunicar com os clientes usando sua própria linguagem – os processos de recrutamento e seleção são particularmente importantes nesse caso;
- divulgação clara da atmosfera do local, tanto externa quanto internamente;
- serviços rápidos: vários pontos de atendimento e tempo de espera mínimo por parte dos clientes;
- drinques que estão na moda e uma seleção variada de bebidas; mostruário de bebidas; pessoal treinado para promover os drinques mais pedidos.

Neste caso, o segredo é criar um clima de festa. A diversão e a música, com o apoio de uma equipe que gosta do que faz, são elementos fundamentais dentro das expectativas dos clientes. A música pode ser trabalho de um *DJ*, de músicos contratados ou mesmo de um equipamento de som. Pode haver necessidade de conseguir licenças especiais para funcionar até determinadas horas da madrugada (principalmente em fins de semana de maior movimento ou para eventos comemorativos especiais), e também um alvará geral para que a casa entre em funcionamento.

Na sequência, alguns fatores adicionais que podem ajudar a aumentar as chances de sucesso:

- é preciso planejar muito bem determinados arranjos operacionais antes de encarar o serviço: geladeiras cheias, garrafas em baldes de gelo, organização na adega para reabastecimento rápido nos horários de pico de movimento, pessoal para lavar os copos e afins;
- certifique-se de que todos os pontos de atendimento fluam bem. Faça uma análise de cada período do serviço e ajuste os pontos em que houve demora ou atraso;
- treinamento de pessoal melhora a qualidade do serviço e aumenta as oportunidades de *upselling*. Avaliação e monitoramento de desempenho também são ferramentas úteis na criação de uma boa equipe de trabalho;
- maximize a utilização do seu espaço físico garantindo espaço tanto para pessoas sentadas quanto para quem fica em pé;
- noites temáticas contam com a participação dos próprios atendentes: para que se crie a atmosfera de diversão apropriada, é necessário que eles estejam fantasiados e entrem no clima;
- o palco pode ser usado para eventos de entretenimento;
- jogos, brincadeiras e *karaokê* podem fazer parte do esquema.

Sugestões para promoção de vendas:

- noites temáticas permitem que clientes e funcionários se vistam de acordo com algo específico – pode ser um tipo de traje, ou estilo musical, ou época – em torno de que se possa construir um evento "especial";
- os funcionários devem divulgar eventos futuros aos clientes;

- faça promoções baseadas em datas comemorativas;
- firme parcerias com grupos estudantis; empregue estudantes para servir estudantes;
- faça parcerias também com clubes e locais de recreação, bem como com firmas que possam oferecer consumidores em potencial. Em alguns casos, descontos preferenciais no primeiro drinque ou mesmo ofertas com percentual de reembolso são formas eficazes de se arrebanhar novos clientes;
- utilize bastante sinalização externa, espalhe propagandas por pontos importantes da cidade, e também em ônibus.

9.2.6. Uma noite fora de casa

Neste caso, temos possíveis hóspedes que procuram um lugar conveniente e seguro onde pernoitar. Preço e localização são os critérios determinantes na escolha do local. Normalmente, os fregueses são viajantes de negócios que vão ficar por um curto período (uma ou duas noites) durante a semana. Clientes de fim de semana costumam ser casais ou famílias inteiras que decidiram visitar amigos e parentes, ou irão comparecer a algum tipo de evento. Casamentos e festas de família são ocasiões que levam integrantes deste último grupo a frequentar hotéis. Em ambos os casos, o hóspede em questão passa um tempo reduzido nas dependências do hotel. A principal razão pela qual viajantes a negócios ou a lazer se encontram na região está em algum outro lugar, e por isso eles passam a maior parte do tempo fora do hotel. Tais propriedades devem ficar bem localizadas, de preferência junto a rodovias ou avenidas de acesso, o que aumenta muito a possibilidade de uma visita espontânea e permite um acesso bastante rápido ao local. Os principais motivos para a escolha de um dado lugar são eficiência e preço, junto com uma oferta de comodidades, atenção com a limpeza e segurança básicas.

Fatores decisivos para o sucesso:

- recepção rápida e prestativa de hóspedes; saída rápida de serviço; assistência para pagamento antecipado;
- serviços de apoio;
- quartos confortáveis, limpos e climatizados, com itens adicionais;
- ambiente seguro e acolhedor;
- consistência na oferta de serviços;
- equipe de funcionários bem treinada, capaz de executar serviços com a eficiência que sua clientela demanda;
- comida e bebida de qualidade disponível ao longo do dia.

Exemplos de marcas que se encaixam nessa filosofia incluem:

Tryp

Ibis

Holiday Inn Express

Confort Inns

O que os clientes querem, nesse caso, é a provisão de acomodações básicas que tenham padrões consistentes de qualidade de serviço, o suficiente para que eles tenham privacidade e um lugar onde possam "descansar a cabeça". Visto que o tempo que se passa no hotel é mínimo, serviços complementares como frigobares e ferro de para passar roupas não são obrigatórios. Pagamento antecipado das diárias e por ligação feita são procedimentos que fazem com que não seja necessário fechar a conta de um cliente, e, com isso, ele pode ir embora do hotel sem precisar ficar acertando esses últimos detalhes com os funcionários. As instalações para refeições noturnas são divulgadas nos quartos, e tudo é pago diretamente no restaurante. Esses serviços de hospitalidade reduziram ao mínimo necessário a questão da hospedagem, permitindo assim que os clientes tenham rapidez de serviço e acessibilidade de preço combinados com limpeza, organização e consistência. Eis alguns fatores adicionais que podem contribuir para tornar a estadia de seus clientes em um sucesso:

- a equipe responsável pelas reservas deve ter conhecimento da demanda dos clientes, e também poder dar indicações da localização da franquia por telefone ou *fax*;
- os funcionários devem ter informações a respeito de atrações turísticas e companhias de negócios locais. Pode-se também disponibilizar mapas da região aos clientes, para melhor lhes explicar como chegar aos locais mais requisitados;
- o pessoal responsável pela recepção dos clientes deve ser simpático e eficiente, capaz de dar-lhes as boas-vindas e ser eficaz nos procedimentos de registro e pagamento;
- deve haver suprimentos emergenciais de artigos de higiene pessoal para clientes que porventura esqueceram coisas como lâminas de barbear, desodorantes etc.;
- os estacionamentos precisam ser bem cuidados e aceitáveis;
- a limpeza e manutenção dos quartos precisam ser verificadas e seguir os padrões estabelecidos pela marca;
- é necessário que haja quartos para fumantes e para não fumantes;
- hóspedes do sexo feminino devem ficar com os quartos do primeiro andar, pois são tidos como mais seguros;
- costuma-se valorizar a presença de TVs e facilidades para se preparar café ou chá.

Sugestões para promoção de vendas:

- no caso desse segmento do mercado de hospitalidade, os quartos não costumam receber descontos de preço. Ainda assim, há oportunidades para travar relações com organizações locais que frequentemente levam funcionários, fornecedores ou clientes para a região. Além disso, podem visitar a região também alunos de universidades locais, organizações de treinamento que possuem instalações na região e firmas com um grande contingente de vendas;
- em alguns casos, talvez seja possível firmar ofertas conjuntas com outros tipos de orga-

nização, visando à promoção de seus serviços de hospedagem junto com os serviços de lazer que a outra companhia oferece: teatros, cinemas, arenas esportivas e afins;

- hóspedes assíduos podem ter acesso a incentivos especiais, como descontos com comida, refeições grátis ou duas diárias pelo preço de uma.

Essa última sessão propôs inúmeras ocasiões em que clientes decidem visitar locais que oferecem serviços de hospitalidade. Não se trata de uma lista completa, mas ela é ampla o suficiente para mostrar que:

- os clientes vão a restaurantes, bares e hotéis por razões previsíveis e levando consigo expectativas quanto aos serviços que vão encontrar;
- clientes diferentes vão a esses lugares por motivos diferentes;
- algumas dessas ocasiões são compatíveis com outras, mas é um erro colocar no mesmo grupo pessoas com demandas diferentes e que estão no local por razões completamente distintas.

9.2.7. Comunidade local

Embora alguns negócios do ramo de hospitalidade atendam fregueses que vêm de regiões maiores, a maioria das empresas funciona em torno de uma comunidade local, e é uma boa ideia – para incrementar seu conhecimento acerca de seus clientes – considerar alguns aspectos da comunidade da qual eles provêm. É importante traçar um retrato da sua área geográfica de atuação, para que futuras oportunidades possam ser identificadas mais facilmente. Essas informações serão úteis quando você for realizar uma análise *SWOT* (*Strengths, Weakness, Opportunities and Threats* – Forças, Fraquezas, Oportunidades e Ameaças).

9.3. ANÁLISE DE VENDAS

Além de obter detalhes acerca dos tipos de clientes e das razões pelas quais eles frequentam o seu negócio, você precisa desenvolver um entendimento completo do padrão atual de vendas. De posse desses dados, você conseguirá perceber:

- o que está sendo vendido e quando;
- quando os níveis de venda estão altos e quando estão baixos;
- por que os padrões de venda são modelados dessa forma;
- em que pontos é possível aumentar as vendas ao se focar os períodos de baixa;
- de que forma se pode priorizar o crescimento das vendas.

Tabela 9.3 — Exemplo de análise de vendas por tipo de refeição ao longo de 12 meses (porcentual de vendas mensais)

	CAFÉ DA MANHÃ	ALMOÇO	JANTAR
Janeiro	10	25	65
Fevereiro	11	27	62
Março	10	28	62
Abril	9	30	61
Maio	9	30	61
Junho	8	35	57
Julho	7	40	53
Agosto	7	35	58
Setembro	8	30	62
Outubro	9	25	66
Novembro	9	25	66
Dezembro	10	25	65

O exemplo fornecido na **Tabela 9.3** pode ser adaptado para corresponder a qualquer situação de negócios. Essa tabela é apenas um instrumento para evidenciar tendências gerais nas vendas anuais e transferir a importância das diversas ocasiões de vendas. Ela poderia muito bem comparar:

- vendas de comidas e bebidas;
- vendas de petiscos e refeições;
- refeições especiais – principais linhas;
- padrões de venda gerais comparados com as médias nacionais da marca.

Embora essa tabela proporcione um retrato geral que pode mostrar áreas com potencial para crescimento de vendas em diferentes partes do ano, a informação ali presente não é detalhada o bastante para fornecer padrões diários ou semanais nos quais se pode basear uma linha de ação. As tabelas seguintes (**Tabelas 9.4** e **9.5**) mostram exemplos do tipo de tabela que pode ser usada para estabelecer, respectivamente, padrões de vendas diários e semanais.

Ao usar a análise de vendas, você vai perceber que as oportunidades de aumento de vendas se apresentam em uma relação com os clientes-alvo e com as ocasiões em que frequentam o estabelecimento. Por exemplo, em uma lanchonete de *fast food*, talvez seja possível aumentar as vendas ao estimular a venda de itens de café da manhã para os trabalhadores que estão a caminho do serviço, ou então ao atrair as pessoas que saem cedo para fazer compras para tomar um café e comer um salgado.

Tabela 9.4 — **Exemplo de análise de vendas diárias por faixas de horário**

FAIXAS DE HORÁRIO	PORCENTAGEM DE VENDAS DIÁRIAS
23:00 - 07:00	
07:00 - 11:00	
11:00 - 14:00	
14:00 - 17:00	
17:00 - 20:00	
20:-00 - 23:00	

(continua)

Tabela 9.5 — **Exemplo de análise de vendas semanais por dia**

DIAS DA SEMANA	PORCENTAGEM DE VENDAS SEMANAIS
Segunda-feira	
Terça-feira	
Quarta-feira	
Quinta-feira	
Sexta-feira	
Sábado	
Domingo	

Por fim, esse retrato pode ser aprofundado ainda mais ao se investigar a venda média. As caixas registradoras modernas podem fornecer informações valiosas acerca das taxas de venda em determinados períodos, conforme indicado; mas elas também dão o valor médio em dinheiro de cada transação, junto com análises de vendas de cada produto, além de revelar também a quantidade de dinheiro que cada funcionário arrecadou. Conforme já mostrado, informações desse gênero podem destacar a necessidade de se treinar melhor a equipe. A **Tabela 9.6** traz um modelo para análise de vendas em uma rede de restaurantes.

Após identificar os padrões atuais de vendas, você pode definir metas específicas para que aumentem. Elas devem sempre ser expressas em *objetivos mensuráveis*, com palavras que sirvam de definição para uma meta e possam ser medidas – para que você saiba quando elas foram atingidas. Um exemplo de objetivo seria "aumentar o valor médio das transações para 50 por transação".

Tabela 9.6 — Exemplo de comparação da média de vendas de uma franquia/marca em um período de 12 meses

	GASTO MÉDIO POR CLIENTE NO RESTAURANTE	GASTO MÉDIO NACIONAL POR CLIENTE	DIFERENÇA +/-	COMENTÁRIOS
Janeiro				
Fevereiro				
Março				
Abril				
Maio				
Junho				(continua)
Julho				
Agosto				
Setembro				
Outubro				
Novembro				
Dezembro				

9.4. ATIVIDADES DA CONCORRÊNCIA

O mundo dos negócios de hospitalidade é incrivelmente competitivo. Há duas questões com relação a esse clima de concorrência sobre as quais é preciso ponderar:

- há concorrentes imediatos, que são franquias que atuam visando o mesmo mercado-alvo, oferecem mercadorias e serviços similares e recebem em suas dependências eventos e clientes por ocasiões parecidas. Exemplos anteriores trazem nomes de marcas que são potenciais concorrentes, como McDonald's e Bob´s;

- há concorrentes que podem satisfazer as necessidades do consumidor de alguma outra forma. Nesse caso, o cliente provavelmente lançou mão de algum outro serviço em uma ocasião em que uma visita a um negócio de hospitalidade resolveria o problema. Por exemplo, a ocasião "dia longe da cozinha" pode ser solucionada por uma refeição entregue em casa ou mesmo comprado no supermercado.

Em ambos os casos, é importante que você esteja ciente dos preços praticados, da variedade de alimentos oferecida, dos níveis de serviço, da acessibilidade e outras questões que tenham poder de influência sobre a escolha do cliente. É preciso também estar atento aos problemas básicos relativos à qualidade dos produtos oferecidos aos clientes. Uma boa análise da concorrência precisa levar em conta tanto os aspectos gerais do serviço prestado quanto sua qualidade (utilizando-se o exemplo na **Tabela 9.7** e atribuindo-se um sistema de pontuação: 10 = excelente; 5 = satisfatório; 1 = ruim).

Tabela 9.7 — Sugestão de análise da concorrência

Nome do concorrente_____

PARÂMETRO	COMENTÁRIOS GERAIS	PONTUAÇÃO
Visibilidade e localização: qual sua eficiência?		
Acessibilidade: é fácil chegar à franquia? Tem estacionamento?		
Cardápio e variedade?		
Estilo do serviço?		(continua)
Ofertas complementares: - especiais - drinques		
Básicos de instalação - áreas para trocar fraldas - cadeiras altas - banheiros para deficientes - acesso para deficientes		
Acomodação - número de assentos - variedade de mesas		
Higiene sanitária - externa - interna - banheiros		
Atividades promocionais - sinalização externa - comunicação interna - descontos especiais		

É interessante conduzir análises regulares da concorrência, comparando seus adversários diretos com a avaliação de seu próprio negócio. É fundamental ser o mais honesto possível, e refletir com calma sobre onde estão seus pontos fortes e fracos em relação aos concorrentes. A **Tabela 9.8** fornece um exemplo daquilo que pode ser aprendido ao se fazer uma análise da concorrência.

Tabela 9.8 — Sugestão de auditoria da concorrência

SERVIÇOS	VALOR POSSÍVEL	VALOR REAL
Aparência do gerente e dos funcionários	10	
Rapidez de serviço	10	
Acerto na execução do pedido	10	

(continua)

Níveis corretos de pessoal	10	
Serviço cortês e simpático	10	
Temperatura agradável	10	
Volume e qualidade da música	10	
Oferta de produtos visível e clara	10	
Presença do gerente	10	
Disponibilidade de talheres, guardanapos, etc.	10	
Subtotal dos serviços	100	
Qualidade		(continua)
Temperatura da comida	20	
Temperatura da bebida	15	
Aparência da comida	20	
Aparência da bebida	10	
Sabor da comida	20	
Sabor da bebida	15	
Subtotal da qualidade	100	
Higiene sanitária		
Limpeza externa	10	
Limpeza da sinalização principal	10	
Limpeza das lixeiras	10	
Limpeza das mesas e cadeiras	20	
Limpeza do piso	10	
Banheiros limpos, supridos de artigos básicos e com aroma agradável	20	
Limpeza das portas e janelas	10	
Paisagismo e plantas	10	
Subtotal da higiene	100	
Total	300	

Lógico que os exemplos dados de instrumentos para análise de clientela e análise de vendas apenas ilustram um dos possíveis formatos da documentação que você pode usar. Ela terá de ser adaptada a fim de satisfazer as demandas do seu negócio. Entretanto, tais exemplos abrangem muitas das questões que são comuns para várias organizações do ramo de hospitalidade.

9.5. AMBIENTE LOCAL

Além da compilação de informações sobre a concorrência, um plano sólido de *marketing* para uma franquia precisa ser dotado de entendimento a respeito dos avanços no ambiente local. Tendências econômicas – seja na forma de novas companhias aparecendo na região, ou antigas empresas fechando as portas – podem gerar oportunidades ou ameaças para suas franquias. De forma análoga, modificações na parte habitacional podem resultar em mudanças no perfil dos moradores, o que, por sua vez, pode gerar alterações na base de clientes. É preciso estar atento a isso, e preparado para planejar os próximos movimentos, como se verifica na **Tabela 9.9**.

Tabela 9.9 — Sugestão para auditoria do ambiente local

QUESTÕES A SEREM AVALIADAS	SIM	NÃO	COMENTÁRIOS
Há alguma fábrica, loja ou escritório que esteja para fechar as portas e ter impacto negativo na suas vendas?			
Há planos para a abertura de fábricas, lojas ou escritórios nas imediações que podem provocar um aumento nas suas vendas?			
Há planos para a construção de novas instalações com potencial de trazer novos consumidores para a área, e contribuir para o aumento de suas vendas?			
Há alguma restrição de planejamento urbano que possa refletir no seu negócio?			
Há planos para alguma mudança de pequeno porte no tráfego da região que possa influir no seu negócio?			
Há planos para modificações de grande porte na malha viária, que resultarão na criação de novas estradas que vão afetar o seu negócio?			
O conselho comunitário dispõe de alguma política que tenha efeitos imediatos sobre o seu negócio – horário mínimo de abertura, lei do silêncio após certas horas etc.?			
Há planos para modificações de grande porte na malha viária que resultarão na criação de novas estradas que vão afetar o seu negócio?			

A lista da **Tabela 9.9** também não é completa. Cada tipo de negócio de hospitalidade tem seu próprio conjunto de características a ser levado em consideração quando da análise do ambiente local. Negócios que precisam de algum tipo de licença terão de levar em conta a postura do conselho comunitário e dos corregedores quanto à emissão de licenças. Algumas áreas em particular têm acordos e restrições quanto ao número de bares que podem funcionar por lá.

9.6. A ANÁLISE *SWOT*

Uma análise profunda e sincera das virtudes, fraquezas, oportunidades e ameaças relacionadas ao seu negócio é essencial para a elaboração de uma estratégia e um plano de *marketing* para ele. Essa análise junta grande parte das informações já coletadas – a saber: análise de vendas, perfis de clientes, dados sobre a comunidade local, questões relativas à concorrência e ao ambiente da região. O exemplo na **Tabela 9.10** é apenas uma forma de se realizar esse procedimento – há outras, como organizar um quadro dividido em quatro quadrantes, no qual cada um é ocupado por um dos parâmetros da análise (forças, fraquezas, oportunidades e ameaças). A vantagem do modelo aqui apresentado é proporcionar maior possibilidade de refletir acerca das ações que merecem prioridade.

Tabela 9.10 — Sugestão de análise *SWOT* com prioridades de ação

COLOQUE, EM CADA ARGUMENTO, OS FATOS COLETADOS NAS ANÁLISES ANTERIORES.

Inspeção da qualidade de serviços – conversas com clientes e relatórios do cliente misterioso, além de auditoria interna (ex.: o serviço está lento demais)	Força ou fraqueza?	Prioridade: alta, média ou baixa?
Metas de vendas ou custos – podem ter relação com o aumento de vendas/produtos prioritários ou com redução de custos (ex.: aumentar as vendas de café da manhã ou aumentar a média de vendas)	Força ou fraqueza?	Prioridade: alta, média ou baixa?
Merchandising – explorar toda a atividade promocional interna e externa (ex.: melhorar a eficácia do material promocional)	Força ou fraqueza?	Prioridade: alta, média ou baixa?
Visibilidade – Consciência da localização da franquia e problemas ligados a pouca visibilidade (ex.: melhorar a visibilidade do norte).	Força ou fraqueza?	Prioridade: alta, média ou baixa?
Acessibilidade – capacidade de todos os potenciais consumidores terem acesso ao local (ex.: ausência de rampa para cadeira de rodas)	Força ou fraqueza?	Prioridade: alta, média ou baixa?

(continua)

Dependências – Todos os espaços e instalações disponíveis, e o que precisa ser feito para ficar mais competitivo (ex.: área de recreação infantil tem poucos assentos)	Força ou fraqueza?	Prioridade: alta, média ou baixa?
Clientes – O perfil do cliente atual e das ocasiões de visita (ex.: grande número de compradores; necessário buscar outros grupos, como o dos funcionários de escritório)	Força ou fraqueza?	Prioridade: alta, média ou baixa?
Geradores de negócios na comunidade – instalações nas imediações que podem trazer novos consumidores à área (ex.: piscina pública nas redondezas)	Oportunidade ou ameaça?	Prioridade: alta, média ou baixa?
Parcerias comunitárias – polícia, bombeiros e outros grupos comunitários que apóiam o negócio (ex.: excelente parceria com a polícia local)	Oportunidade ou ameaça?	Prioridade: alta, média ou baixa?
Concorrência – provisão atual e questões de qualidade – aproveitar-se de promoções em comum ou fraquezas nos serviços (ex.: restaurante concorrente está fazendo uma grande promoção)	Oportunidade ou ameaça?	Prioridade: alta, média ou baixa?
Ambiente – questões com potencial para afetar as condições dos negócios na comunidade – número maior ou menor de futuros clientes (ex.: novos planos de desenvolvimento habitacional quase concluídos)	Oportunidade ou ameaça?	Prioridade: alta, média ou baixa?

9.6.1. Ações de prioridade alta, segundo a *SWOT*

Após contemplar toda a gama de virtudes e fraquezas junto com as oportunidades e ameaças que podem afetar seu negócio, é hora de decidir quais serão suas prioridades. É quase impossível que você consiga realizar tudo, então pense no seguinte:

- considere o objetivo a longo prazo (aumento de vendas, melhoria na qualidade);
- decida qual pode ser atingido com o menor esforço;

- veja qual deve dar retornos mais rápidos;
- analise o que será preciso organizar para ganhos a longo prazo.

A partir disso, você deverá ser capaz de listar as ações que exigem prioridade imediata. A **Tabela 9.11** traz um exemplo que pode ajudar na tarefa de listar e atribuir prioridades às ações que pedem maior premência. Isso, por sua vez, vai auxiliar na hora de estabelecer os objetivos e definir as ações necessárias para que seu plano de *marketing* ganhe vida.

Tabela 9.11 — Sugestão de formulário para o sumário *SWOT*

Sumário *SWOT* - prioridades altas e realistas para ações

9.6.2. Estabelecimento de objetivos

SWOT supriu você com uma lista de prioridades que precisam ser executadas. Seus objetivos precisam enfocar cada uma dessas prioridades, e deixar bem claro o que você pretende alcançar, por quanto e em quanto tempo. Estabelecer metas de preço é algo importante porque você precisa ter como determinar se conseguiu cumprir seus objetivos originais, e, se não conseguiu, descobrir o porquê do fracasso. A **Tabela 9.12** traz um modelo simples de documento que você pode usar para listar esses objetivos e esboçar o que pretende com eles.

Tabela 9.12 — Estabelecimento de objetivos no ramo de hospitalidade

QUAL O OBJETIVO A SER ALCANÇADO?	POR QUANTO?	EM QUANTO TEMPO?
ex.: aumentar o valor médio de vendas	R$ 5	3 meses

9.6.3. Plano de *marketing*

Ações bem-sucedidas são baseadas em objetivos minuciosamente estabelecidos que são convertidos em um plano de ação motivado por uma simples pergunta: "Como posso alcançar os objetivos estabelecidos?" (**Tabela 9.13**) Talvez seja preciso fixar o foco em determinados grupos de clientes, ou promover ocasiões de uso do seu negócio que complementem as ocasiões em que ele é usado mais frequentemente. Por exemplo, um restaurante que se mantém muito bem graças à ocasião "*pit-stop*" pode começar a promover a ocasião "dia longe da cozinha". Para concretizar outros objetivos, talvez você precise fazer mudanças na forma como seu negócio e seus funcionários operam. Por exemplo, aumentar as vendas pode implicar uma participação maior dos empregados, com sugestões e decisões conjuntas quanto às ações a serem tomadas.

Tabela 9.13 — Plano de ações de *marketing*

OBJETIVO: ex.: aumentar o gasto médio em R$ em até 3 meses.	COMO: a) treinamento de pessoal em *upselling*; b) formando times de ação entre os funcionários.

9.7. CONCLUSÃO

Este capítulo procurou oferecer alguma luz e também ferramentas para que você entenda melhor os clientes e as razões pelas quais eles se utilizam dos serviços de hospitalidade, além de mostrar como o seu negócio pode ser divulgado de forma eficiente. Na maior parte dos casos, as marcas de hospitalidade têm características bem definidas e que são comunicadas aos clientes. Até certo ponto, é tarefa sua garantir que as expectativas do cliente sejam ao menos atingidas – ou mesmo ultrapassadas – quando eles visitam o seu negócio. Nessas circunstâncias, entender a natureza dos serviços oferecidos pela marca, bem como os fatores decisivos para o sucesso deles, é algo fundamental, uma vez que é isso que dá ao seu trabalho o foco e os objetivos necessários.

Ademais, este capítulo mostrou que você, no papel de gerente de uma franquia, tem liberdade considerável para trabalhar a marca e identificar os atributos que podem ser oferecidos aos clientes cujas demandas são complementares à atividade básica da sua franquia. Ou seja, podem-se aumentar as vendas ao garantir que as demandas do consumidor básico sejam satisfeitas ao mesmo tempo em que se estimula o consumidor suplementar a usar o seu negócio de formas diferentes, porém aplicáveis à filosofia da marca. Lógico que não se trata apenas de ir somando números – atrair o tipo errado de consumidor com necessidades diferentes pode acabar deturpando sua atividade básica e afastando o consumidor principal.

Seja qual for a abordagem que você adotar, seu negócio precisa ser analisado de forma meticulosa. Essa análise tem de ser seguida pela elaboração de um plano detalhado que mostre em que pé está o seu negócio em comparação aos concorrentes diretos e a outros negócios na mesma área geográfica de atuação. Uma análise bem informada sobre a comunidade e o ambiente local, assim como sobre a base de clientes, ajuda na definição de prioridades, objetivos e plano de ações de *marketing*, por meio dos quais você poderá incrementar suas vendas e, por conseguinte, seus lucros.

CAPÍTULO 10
Preparando um plano de negócios para a empresa

OBJETIVOS DO CAPÍTULO

Após concluir a leitura deste capítulo, você deverá ser capaz de:

- compreender o porquê de se elaborar e trabalhar segundo um plano de negócios;
- coletar as informações e o histórico necessários para a elaboração do plano;
- redigir e apresentar um plano de negócios eficiente;
- trabalhar seguindo as diretrizes do plano e fazer os ajustes necessários.

Como qualquer mapa, um plano de negócios aumenta as chances de se chegar ao lugar certo.

Ainda que você esteja trabalhando para uma grande marca de serviços de hospitalidade, e gerencie uma empresa que já segue as diretrizes do plano básico de negócios da marca, nunca é demais elaborar um plano específico para o seu negócio. Para negócios independentes – sejam eles totalmente autônomos, arrendados, alugados ou mesmo franqueados –, um plano de negócios é imprescindível. Tais planos auxiliam administradores a guiar seus negócios na direção certa, comparar o desempenho previsto com o desempenho real, e tomar medidas de correção de rumo.

Elaborar um plano de negócios permite que você:

- pense a respeito da missão e dos objetivos principais do seu negócio, assim como das ações a serem tomadas para atingir tais objetivos;
- identificar as informações necessárias para melhor compreender os clientes e a concorrência;

- desenvolver uma estratégia competitiva de negócios para a franquia;
- planejar as atividades necessárias para que a estratégia funcione bem;
- traçar um prognóstico dos resultados a serem apresentados pela franquia, e criar estratégias para superar as dificuldades vindouras;
- manter o controle sobre o negócio e lançar mão de medidas corretivas quando preciso.

Preparar um plano de negócios ajuda você a entender o próprio negócio em questão e o processo de planejamento. É esse o processo que realmente importa para sua função de gerente de franquia, uma vez que o setor de hospitalidade evolui com rapidez e é extremamente dinâmico – ter um plano em mãos é sinônimo de senso de direção e propósito. Ele fornece uma base sobre a qual se pode implementar mudanças e retificações à medida que as circunstâncias vão se desenrolando. No tocante ao grupo, seu plano de negócios demonstra como sua franquia vai contribuir para a concretização das metas e objetivos gerais da companhia.

10.1. DESCREVENDO O NEGÓCIO

O processo de planejamento de um negócio começa com uma descrição cristalina acerca do que ele é e das atividades da gerência, da equipe de trabalho e do próprio negócio dentro do mercado.

10.2. DECLARAÇÃO DE MISSÃO, OBJETIVOS E AÇÕES

A declaração de missão e objetivos (**Figura 10.1**) é importante porque oferece a todos na franquia um direcionamento e um propósito. Além disso, é algo que dá ferramentas para que os envolvidos possam refletir acerca dos problemas e dificuldades que precisarão ser superados no caminho.

Figura 10.1 – A pirâmide de metas

a. Declaração de missão

No caso de grandes organizações, são as próprias que fornecem essa declaração, mas é sua tarefa como gerente de franquia compreender essa informação em todo seu alcance, e estimular os membros de sua equipe de trabalho a perceber a contribuição individual e coletiva deles na busca pela realização dessa missão. Uma boa declaração concede objetividade à sua empresa, e ajuda a concentrar as equipes administrativas e operárias nas atividades principais, sem que tentem fazer inúmeras coisas ao mesmo tempo. Em especial, é importante que a declaração de missão enfoque os seguintes pontos:

- qual a área de negócios em que você se encaixa e qual o seu propósito?
- Que objetivos pretende alcançar dentro de um a três anos?
- Como você vai alcançá-los (seus valores e padrões)?

Uma declaração de missão não pode ser muito reduzida, nem ampla a ponto de dificultar a definição do ramo de negócios em que você está inserido.

b. Metas

São as metas específicas que foram projetadas para serem atingidas nos três anos seguintes. Elas têm de ser redigidas em temos bem definidos e mensuráveis. Por exemplo:

- aumentar vendas em 20% ao longo de três anos;
- reduzir a rotatividade de pessoal em 10% por ano;
- aumentar os níveis de satisfação do cliente em 5% dentro de um ano.

Ao definir as metas principais, você está criando um conjunto de alvos de negócio; desse modo, fica mais fácil concretizar o propósito geral do seu negócio. Tais metas são um coletivo de indicadores mensuráveis que orientam as ações a serem tomadas no período de tempo que está por vir.

c. Objetivos

São as atividades específicas que precisam ser empreendidas a fim de que as metas sejam atingidas. determinam como as metas serão cumpridas. Por exemplo:

- identificar ocasiões complementares em que os clientes usam o negócio, para atrair novos clientes;
- direcionar esforços para negócios que podem trabalhar produtos próprios em conjunto com meus produtos e serviços;
- preparar materiais promocionais e ofertas especiais para clientes que utilizam meu negócio em períodos de baixa atividade.

◀ **Ações**

Aqui se mostra o que precisa ser feito, e quando. O que você vai fazer segunda de manhã; vislumbrar as ações que precisam ser tomadas e quando serão implementadas. Por exemplo:

- ◀ fazer um levantamento dos e dos possíveis clientes e dos atuais;
- ◀ visitar todos os concorrentes situados nas redondezas;
- ◀ começar, em agosto, sessões de recrutamento e treinamento de pessoal para a temporada de fim de ano.

Você, como gerente de franquia, tem na determinação de metas, objetivos e ações atividades da maior importância, porque elas são úteis em fornecer um suporte para que você cumpra a missão geral estabelecida pela organização. É seu trabalho dirigir a franquia de modo que ela contribua conforme esperado para o sucesso da marca. Chefes regionais e executivos vão monitorar sua performance, e o plano de negócios vai ajudar você a eles a fiscalizar o seu progresso.

10.3. DESCRIÇÃO DE PRODUTOS E SERVIÇOS

Até mesmo em situações nas quais você está comandando uma franquia de uma marca bem-sucedida de hospitalidade, vale a pena se concentrar em um dos produtos e serviços que você pode oferecer por vez. Operações voltadas ao mercado de hospitalidade geralmente envolvem a venda de uma mescla de itens para comer e beber. Tais itens precisam ser analisados:

- ◀ por tipo de refeição: se são refeições completas ou lanches;
- ◀ por tipo de bebida: alcoólicas ou não, por exemplo;
- ◀ por outras fontes de entrada de dinheiro: máquinas, talvez.

Nos locais onde também há oferta de hospedagem, a análise deve incluir as vendas e os tipos de quartos.

Conforme já foi feito em capítulos anteriores, essa análise (**Tabela 10.1**) precisa levar em conta as principais ocasiões de uso por parte de clientes que estão sendo atendidas pelo negócio em questão. Somado a isso, ela precisa também identificar potenciais ocasiões complementares que podem ser exploradas como fonte de aumento de vendas.

Tabela 10.1 — Análise de produtos e serviços

	PRODUTO/SERVIÇO	DESCRIÇÃO	% DE VENDAS
1			
2			
3			
4			
5			

A declaração dos produtos e serviços básicos oferecidos pelo negócio, junto com a declaração sobre a qualidade esperada de tais produtos e serviços, mais algumas metas administrativas, são os ingredientes para uma indispensável ferramenta de planejamento. O capítulo 7 trouxe um resumo das diferentes maneiras de abordar a gestão de qualidade. No entanto, uma declaração com objetivos cristalinos é um aspecto muito importante da forma como se planeja a gestão de um negócio. A sua análise sobre as ocasiões de uso por parte dos clientes que formam a atividade básica do seu negócio também deve originar uma lista de fatores decisivos para o sucesso. Assim, você pode se concentrar em parâmetros de produtos e serviços que são os mais importantes na hora de atingir as expectativas do consumidor.

10.4. VOCÊ E SEU TIME

Uma cuidadosa análise da experiência, do treinamento recebido e das habilidades disponíveis, tanto na equipe administrativa quanto na de funcionários, funciona como um ponto de partida de grande valor quando se pensa em avaliar as necessidades de sua equipe. O plano de negócios pode auxiliar nos seguintes aspectos:

- identificar potenciais virtudes na equipe;
- destacar as principais habilidades e experiências que podem ser usadas em projetos e iniciativas especiais;
- focar a carência de determinadas habilidades e necessidades de desenvolvimento para o futuro;
- planejar o progresso da carreira de empregados e executivos.

É cada vez mais comum encontrar franquias de marcas de hospitalidade preocupadas em contratar pessoal de qualidade para todos os níveis administrativos da empresa. Montar a equipe administrativa mais perfeita possível, com habilidades e experiência para tocar e fazer evoluir um negócio multimilionário, é algo vital.

Além disso, essa incapacidade de atrair, recrutar e treinar funcionários é intensificada – em várias organizações do setor – por níveis altíssimos de rotatividade de funcionários, coisa que representa uma das grandes fraquezas e um custo adicional considerável para o negócio. Um comprometimento sem meias-palavras com a formação de uma equipe sólida e com a manutenção dessa equipe são posturas que você precisa acrescentar às suas políticas e objetivos gerais, e também à sua análise da equipe.

- explique a linha de raciocínio por trás da declaração de missão da companhia, e mostre como você, a partir de sua franquia, vai trabalhar para cumprir a missão estipulada;
- liste os objetivos a curto e longo prazo de sua franquia;
- liste as tarefas e ações que você precisa realizar para concretizar os objetivos;
- descreva seus produtos e serviços como se os tivesse apresentando a um novo funcionário;

- em que ponto suas mercadorias e serviços diferem das dos concorrentes?
- Há possibilidades complementares por meio das quais você poderia atrair novos clientes?
- Que habilidades e talentos relevantes você tem disponíveis?
- Quais as carências nessas mesmas áreas? Como você pensa em preencher as lacunas?
- Quais os níveis atuais de manutenção e de rotatividade de equipe?
- Quais os níveis atuais de desempenho financeiro – níveis de custo, aumento de vendas, níveis de lucro, alvos para o futuro etc.?

10.5. PESQUISA DE MERCADO

Muitos dos operadores de marcas de hospitalidade encomendam pesquisas para saber mais sobre a marca em si, seus clientes, concorrentes e mercados, e você provavelmente terá acesso a essas informações. No entanto, você precisa interpretá-las de acordo com o que elas representam para sua empresa e a comunidade na qual ela está inserida. Portanto, elementos importantes do seu trabalho como gerente de negócio são os seguintes:

- as demandas básicas dos clientes que são atendidos por sua empresa;
- os tipos de cliente vinculados ao negócio;
- as atividades dos concorrentes;
- a postura geral do mercado no qual você opera.

Uma análise contínua dessas questões pode ajudar a manter o plano em foco e a reagir de forma adequada a quaisquer mudanças ou adversidades que venham a surgir, como a abertura imprevista de um negócio concorrente ou o fechamento de um empregador local de grande porte – acontecimentos que vão ter efeitos negativos e que pedem respostas imediatas.

10.6. CLIENTES

O foco argumentativo deste texto sugere que cada empresa representa uma série de vantagens tangíveis e intangíveis para seus clientes, vantagens essas expressas na forma de, respectivamente, produtos e serviços. Eles podem ser melhor entendidos por meio de uma análise das "ocasiões" que levam os clientes a comparecer nos estabelecimentos de hospitalidade.

O ponto inicial de seu plano é considerar as várias necessidades dos consumidores (**Tabela 10.2**). No entanto, você está atendendo com seu negócio, e os fatores decisivos para seu sucesso nessa empreitada. Além disso, esses critérios precisam ser aprofundados por uma análise dos próprios clientes.

Tabela 10.2 — Necessidade dos clientes

1. GRUPOS SOCIOECONÔMICOS	Qual a divisão dos clientes dentro dos principais grupos socioeconômicos? Questões relativas à renda, *status* e emprego podem ter consequências importantes, principalmente se você for traçar um quadro dos empregadores para quem seus clientes trabalham.
2. POSIÇÃO NO CICLO DE VIDA	Uma descrição desse parâmetro pode ajudar a analisar o número de clientes em potencial na sua região, além de determinar as demandas e preocupações deles acerca de negócios como o seu.
3. GÊNERO	A mistura de homens e mulheres na clientela traz uma série de consequências para os produtos e serviços que você comercializa. Cardápios com opções de comida saudável, provisão de áreas para não fumantes e segurança são questões que ganham em importância se uma parcela substancial da clientela é composta por mulheres.
4. GEOGRAFIA	Em que área vive a maior parte dos clientes? Qual o tipo de habitação em que eles moram? Há áreas similares que possam ser fonte de novos clientes? Que avanços presentes nessas áreas podem ter algum impacto no seu negócio?
5. ESTILO DE VIDA	Há problemas quanto à conscientização ambiental, de saúde ou apelos que podem ser feitos àqueles cujos interesses materiais são mais evidentes? Em certas franquias, a adição de opções de serviços e produtos mais saudáveis pode fazer com que a clientela se torne mais assídua.
6. PERSONALIDADE	Quais os tipos de personalidade que dominam a base de clientes? Há oportunidades suplementares para atrair clientes parecidos, ou mesmo um tipo diferente de cliente em horários distintos?

Esses assuntos requerem uma deliberação séria, visto que nas últimas décadas o surgimento de marcas de hospitalidade tem sido vinculado a mudanças na população e seu poder aquisitivo. Aqui há alguns exemplos:

- há mais mulheres empregadas, e elas não abandonam mais suas carreiras se têm filhos; elas simplesmente as interrompem e depois as retomam;
- a renda familiar agora é fruto do trabalho de ao menos duas pessoas;
- há mais núcleos familiares formados por uma única pessoa hoje em dia;
- os idosos estão vivendo mais e tendo rendas maiores;
- houve um aumento no número de pessoas que comem fora;
- houve um acréscimo no número de pessoas preocupadas com uma alimentação saudável.

Tais mudanças resultaram em oportunidades adicionais, como, atrair clientes do núcleo dos aposentados para frequentarem bares e restaurantes do final da tarde ao início da noite, mediante ofertas de preços especiais. O número maior de mulheres com renda própria significa que há mais delas interessadas em comer e beber sozinhas. Um crescimento na conscientização rumo a uma vida saudável e o interesse cada vez maior no vegetarianismo indica que hoje a maioria dos cardápios tem de oferecer alguma espécie de prato vegetariano e mais saudável; além disso, fregueses que não fumam estão exigindo a abertura de casas onde o fumo seja proibido, ou, ao menos, a criação de espaços para não fumantes em restaurantes e bares.

10.7. PRINCIPAIS OCASIÕES DE USO PELOS CLIENTES E FATORES DECISIVOS DE SUCESSO

Essa seção funciona como um lembrete das ocasiões de uso pelos clientes que são mais apropriadas para os negócios no ramo de hospitalidade em geral. A lista não é definitiva, e o seu negócio pode muito bem esbarrar em clientes que foram levados até você por necessidades que não foram incluídas aqui. Seu plano precisa listar as ocasiões de uso pelos clientes que são as principais fontes de atividade do seu negócio, e também as ocasiões complementares que têm potencial de atrair mais consumidores:

- *pit-stop*;
- um dia longe da cozinha;
- passeio em família;
- refeição comemorativa;
- uma volta pela cidade;
- uma noite fora de casa.

Além disso, seu plano precisa explicitar os fatores decisivos de sucesso que são os motivadores das expectativas que os clientes têm de vivenciarem uma visita agradável e completa ao seu estabelecimento.

10.8. CONCORRÊNCIA

Pesquisas feitas em concorrentes locais são uma fonte importantíssima de informações nas quais você pode se basear para planejar suas próprias atividades. Vários segmentos do mercado de hospitalidade são dominados por marcas cuja filosofia de trabalho é "eu também tenho". Em outras palavras, são marcas que buscam atingir nichos de mercado similares às outras, e oferecem serviços para satisfazer as necessidades de clientes parecidos em ocasiões também muito próximas às abarcadas por outras marcas. É preciso que você conheça as virtudes e fraquezas atuais dessas marcas para poder aprender com essas virtudes e atacar suas fraquezas.

Lembre-se que há concorrentes diretos e indiretos pelos seus clientes. Em primeiro lugar, concentre-se na concorrência imediata, mas nunca tire os olhos dos outros adversários que também estão atendendo às demandas de uma base de consumidores praticamente igual àquela em que você está inserido.

Seu negócio pode ter suas próprias características em relação aos consumidores, e devem ser acrescentadas à lista de preocupações principais na **Tabela 10.3**. O importante aqui é que a questão a ser investigada seja relevante para o seu negócio e para as demandas da clientela que você está procurando satisfazer.

Quando for esboçar seu plano de negócios, você precisa traçar um quadro preciso e sincero das virtudes e deficiências de seus concorrentes, as quais devem permear seu plano. Em que pontos em que você pode obter autênticas vantagens competitivas? Que metas e ações são necessárias para que você consiga deixar a concorrência para trás?

Partindo da pesquisa inicial, você precisa monitorar seus concorrentes constantemente. Investigue questões que vão além dos clientes, mercadorias e serviços mais imediatos. Vocês normalmente competem no mesmo mercado de trabalho e no mesmo espaço geográfico, então talvez seja necessário averiguar níveis salariais e suas ligações com os empregadores locais, as escolas da região, o governo local, escritórios de planejamento etc.

Tabela 10.3 — Análise da concorrência

FATOR	CONCORRÊNCIA	NEGÓCIO PRÓPRIO
Visibilidade e acessibilidade		
Cardápio e variedade		
Estilo de serviço		
Ofertas complementares		
Dependências		

(continua)

Acomodações		
Horários de funcionamento		
Preços e ofertas especiais		
Higiene sanitária		
Atividades promocionais		
Estimativa de receita de vendas		
Gasto médio por transação		
Auditoria interna da concorrência		

10.9. O AMBIENTE LOCAL

Agora, seu plano de negócios precisa avaliar o ambiente em que seu negócio está inserido, já que ele pode gerar várias oportunidades e ameaças que terão algum tipo de efeito sobre o negócio em questão. Contatos com autoridades governamentais podem ajudar na coleta de dados úteis a respeito da realidade econômica, política, social e legal desse ambiente. Os itens apresentados a seguir são exemplos de questões que podem surgir da sua própria análise de *marketing*, e ilustram alguns dos pontos que mais costumam merecer atenção:

- perfil demográfico da população local: tendências e mudanças;
- nível geral da atividade econômica: empregos, rendas, mudanças e tendências;
- escritórios e fábricas locais: empregadores que podem causar impacto nos seus negócios que estejam entrando ou saindo do mercado;
- mudanças no tráfego ou outras decisões de planejamento que possam afetar seu negócio;
- a abordagem das autoridades com relação ao tipo de negócio que você dirige.

O segredo é sondar o futuro para descobrir potenciais abalos no mercado de que você participa. Será que esses abalos vão atrair ou afastar clientes? Como disse Wellington uma vez: "O bom de se reconhecer algo é saber o que está por vir." No dinâmico mundo dos negócios de hospitalidade, você precisa estar ciente das mudanças antes mesmo que elas ocorram. Fazendo isso, você estará em uma posição privilegiada para se beneficiar do aumento na clientela, ou então para lidar com os problemas decorrentes das mudanças:

- qual é a região geográfica de onde sai a maioria dos clientes? Considere todos os dados possíveis, como número de casas disponíveis, localização exata etc.;
- quais as demandas dos consumidores expressas nas ocasiões de uso que formarão a atividade básica do seu negócio? Identifique também ocasiões de uso em potencial;
- considere os fatores decisivos para o sucesso de cada um desses grupos de clientes, e as diferenças entre eles;
- os mercados dos quais você planeja extrair clientes estão em expansão ou retração?
- Possíveis mudanças nos gostos ou hábitos dos consumidores vão aumentar ou reduzir as vendas?
- Liste seus concorrentes diretos;
- liste oportunidades de concorrentes para satisfazer as mesmas demandas dos clientes;
- destaque as virtudes e deficiências de sua abordagem ao servir esses clientes;
- corresponda os dados da pergunta acima com as virtudes e deficiências que você comparou com clientes;
- descreva a economia e o contexto social do local em que seu negócio está inserido;

- identifique firmas locais com quem se podem firmar alianças;
- identifique as ameaças e oportunidades principais geradas pelo ambiente.

10.10. ESTRATÉGIA COMPETITIVA DE NEGÓCIOS

Você agora deve ter a possibilidade de formular uma estratégia competitiva de negócios. Ela vai ajudaá-lo a montar suas táticas e ações a serem executadas a curto, médio e longo prazos. Como gerente de negócio, você deve pensar da seguinte forma: ações de curto prazo serão realizadas dentro de um ano; as de médio prazo, entre um e dois anos; e as de longo prazo, daqui a três anos ou mais.

Em se tratando de uma marca, a estratégia de negócios no que diz respeito à postura geral é decidida e montada na sala da diretoria. Seu papel como gerente de negócios é entender essa estratégia e adaptá-la ao contexto local. Em termos gerais, são três os tipos de estratégia seguidas pelas organizações:

- *liderança de custo geral*: geralmente grandes firmas que podem tirar vantagem de custos reduzidos por meio de economias de escala. As dimensões do negócio permitem que a firma trabalhe com custos reduzidos devido a despesas menores com produção e distribuição, maior poder de barganha com o fornecedor, despesas reduzidas com publicidade e vendas. Além de fornecer um serviço uniformemente dominante, a rede de lanchonetes McDonald's também segue uma política que tem muito a ver com a liderança de preços;
- *diferenciação*: qualidade, *design* e imagem que criam uma aura de lealdade em torno da marca e estimulam no cliente uma vontade de pagar mais pelo serviço. Em certos casos, a "etiqueta" é o grande benefício do cliente. Uma marca que busca ganhar espaço com essa estratégia é a TGI Friday´s;
- *foco:* é quando dada companhia direciona seus esforços para um segmento específico do mercado que fica dentro de outro segmento que já é tão especializado que não atrai concorrência. Com tal nível de especialização, a companhia acaba por se tornar dona do mercado em questão. Em alguns casos, ser o único fornecedor de um determinado serviço de hospitalidade para um mercado específico pode conter elementos disso. No entanto, os obstáculos de entrada para novas firmas do ramo são tão baixos que essa estratégia não tem como se firmar de forma realista.

A estratégia geral de negócios reúne os vários elementos da missão e objetivos, da pesquisa de mercado, das estratégias de *marketing*, da praça do mercado e do *mix* de *marketing*, fazendo de tudo isso um plano geral. O *mix* de *marketing* de serviços precisa aparecer no seu plano de negócios, acrescido de um tempero local que será indispensável na hora de trabalhar com a estratégia geral da marca.

10.11. PREÇOS

Conforme visto no capítulo anterior, o preço é um dos elementos presentes no *mix* de *marketing*. No caso das marcas, você tem de trabalhar com as estratégias de preço nacionais estabelecidas por elas. Seguem alguns indicadores com relação ao preço.

- o preço de venda ajuda na modelagem das percepções dos clientes – preços mais altos podem passar a ideia de maior qualidade;
- o preço está associado ao conceito de valor, mas os clientes usam as percepções relativas às vantagens para avaliar se o preço pago tem relação direta com o valor;
- muitos mercados competitivos são sensíveis a mudanças de preços, e mesmo as mais sutis podem provocar diferenças na demanda dos clientes.

Seu plano de negócios precisa ter uma declaração sobre a estratégia de preços da marca, e como você vai usá-las nas campanhas locais.

10.12. PROMOÇÃO E PROPAGANDA

Você precisa se comunicar com seu mercado local, tanto com clientes atuais quanto com outros em potencial. Propagandas são mensagens pagas veiculadas em forma de anúncios na mídia local; promoções englobam as atividades que vão ajudar a gerar vendas.

Seu plano de *marketing* precisa levar em consideração como você vai promover as vendas por meio de uma gama de variedades diferentes. Na sequência, alguns exemplos a serem considerados:

- jornais locais são eficientes porque atingem mercados específicos e conseguem criar mensagens sob medida para localidades em particular. Os anúncios são mais eficientes quando ligados a um editorial – uma matéria sobre seu negócio que seja de interesse da comunidade, por exemplo;
- folhetos passam pelas portas ou são mandados para áreas específicas pelos correios, e são úteis para encaminhar mensagens diretas às pessoas que mais têm chances de frequentar seu estabelecimento;
- parcerias com firmas complementares – cinemas, teatros e outros centros de entretenimento – podem originar ofertas conjuntas, como jantares antes de espetáculos ou vales-desconto para refeições.

Seu plano de negócios precisa mostrar como você vai promovê-lo ao longo do período determinado.

- Quais são as metas e objetivos?
- Quanto ele vale?
- Quais os métodos que serão usados?
- Que vantagens você espera ter?
- Como planeja verificar os resultados?

10.13. PRAÇA

Seu plano de negócios precisa considerar a natureza da propriedade onde o negócio será aberto. A propriedade pode garantir uma série de benefícios tangíveis e intangíveis para os clientes. Como já foi visto, questões como a aparência, a sinalização, a limpeza, a visibilidade do interior do local, a decoração externa e o estacionamento são elementos externos que podem tanto ser benefícios quanto limitações.

Já internamente, a atmosfera, a limpeza, a decoração, a música, os artigos de higiene pessoal, as áreas para não fumantes e a disponibilidade de uma área de recreação infantil são aspectos que também precisam ser avaliados, já que podem exigir gastos extras para atender as novas expectativas dos clientes.

É costume se dizer que a localização é determinante para o sucesso dos negócios de hospitalidade, mas deficiências na área podem ser superadas com atenção aos serviços prestados, às expectativas do consumidor e às atividades promocionais.

Seu plano de negócios deve incluir uma análise das dependências do local, para que você possa analisá-las e agir de acordo com os pontos fortes e fracos que elas representam no caso de atingir e ultrapassar as expectativas dos clientes:

- quais os principais elementos de custo com que seu negócio precisa arcar para poder ter lucros operacionais?
- Qual a estratégia básica de preços?
- Como seus preços se comparam com os de seus concorrentes?
- Há diferenças entre clientes na questão de sensibilidade à mudança de preços?
- Quais são seus principais objetivos ao veicular propagandas e realizar atividades promocionais?
- Que métodos você vai usar para atingir os objetivos e por quê?
- Como os resultados serão monitorados e avaliados?
- As dependências são adequadas para necessidades futuras?
- Que trabalhos de aprimoramento são necessários e por quê?

10.14. OPERAÇÕES

"Operações" são as atividades necessárias para que a estratégia aconteça. No ramo da hospitalidade, essas atividades englobam a produção e a prestação de serviços relacionados à comida, bebida e, às vezes, hospedagem. Seu plano de negócios precisa mostrar detalhadamente como os produtos e os serviços serão fornecidos aos clientes:

- é interessante começar com uma indicação, em termos amplos, do que você está vendendo – você pode incluir um apêndice para falar sobre toda a linha de produtos;
- a partir daí, você indica o horário de funcionamento da franquia, e o *mix* de vendas específico para cada período do dia;

- ofereça um plano organizacional que mostre a hierarquia da franquia e indique os cargos responsáveis pela produção das mercadorias e realização dos serviços. Isso vai servir de demonstração dos cargos administrativos envolvidos, bem como descrições amplas de suas responsabilidades. Aqui também é possível usar um apêndice para descrições mais pormenorizadas dos cargos (com deveres e responsabilidades) e também das especificações pessoais (mostrando habilidades e qualidades) para cada um dos cargos disponíveis.

Você também pode mostrar como os indivíduos serão administrados, premiados e incentivados. Questões a serem levantadas incluem o trabalho em equipe na gestão de grupos de clientes e ocasiões de uso específicas de clientes. Em outras palavras, como você vai administrar os fatores decisivos de sucesso?

Depois, você deve indicar sua estratégia para lidar com as reclamações dos clientes e as responsabilidades de quem for lidar com a satisfação dos clientes.

Seu plano de negócios precisa levar em conta também a gestão de materiais e de dinheiro envolvidos na operação.

Em várias operações de negócios de hospitalidade, há rígidas responsabilidades legais vinculadas à higiene sanitária, saúde e segurança, licenciamento e outras responsabilidades para os clientes e para a equipe. Seu plano deve mostrar como esses assuntos serão abordados.

O plano operacional oferece um esquema a ser seguido das questões que são prioridades para o fornecimento de uma franquia bem-sucedida e capaz de satisfazer as expectativas de seus clientes e empregados.

10.15. PREVISÃO DE RESULTADOS

O plano de negócios foi descrito neste capítulo como sendo um mapa, e seu objetivo final é garantir a realização de uma operação lucrativa que represente uma contribuição positiva ao balanço financeiro da companhia.

10.15.1. Previsão de vendas

A previsão de vendas é, com certeza, o mais importante conjunto de dígitos a sair do processo de planejamento. Essas previsões ajudam a estabelecer as metas que serão usadas ao longo do ano, além de criarem um conjunto de prestação de contas para a franquia, que vai indicar se houve ganhos ou perdas:

- sua estimativa de vendas das várias fontes de renda (refeições, bebidas alcoólicas e não alcoólicas, máquinas e acomodações etc.) precisa responder, acima de tudo, à razão. Como gestor, você tem experiência prévia no mundo dos negócios, mesmo que porventura esteja assumindo um novo negócio. Em vários casos, no entanto, você estará dirigindo um negócio que já está no mercado há algum tempo. Os pontos a seguir fornecem uma lista de questões para se ter na cabeça quando for o momento de calcular e justificar as estimativas de vendas;

- quão grande é o mercado, tendo em mente o perfil de consumidor que você pretende atrair e a população que habita a área geográfica de atuação da franquia. O mercado geral está em expansão ou em retração? Qual a velocidade desse movimento? Evite afirmações sem embasamento – você precisa ter certeza de que as metas são alcançáveis;

- quantos são os clientes que provavelmente comprarão de você, e quanto eles gastam em média por visita? Há variações sazonais ou entre tipos de clientes? Quem fornece serviços de hospitalidade pode obter dados sobre a área, os tipos de cliente, o fluxo de tráfego e afins tanto com as autoridades locais quanto com institutos de pesquisa;

- a abordagem de renda desejada é apropriada para esse tipo de operação, e seu objetivo é atingir as metas estipuladas pela previsão de vendas. Por meio de uma análise aprofundada de vendas em potencial, você pode fazer ajustes caso as vendas caiam por alguma razão;

- há algum problema que mereça consideração em relação à vida útil de algum produto? Alguns negócios de hospitalidade – bares, por exemplo – estão em segmentos de mercado nos quais o comparecimento de clientes tem sofrido queda. No entanto, o setor de restaurantes tem ganhado força;

- que período sua previsão de vendas vai cobrir? Em meio ao dinamismo do mercado de hospitalidade, é atípico traçar planos que se estendam para além de três anos. O comum é as organizações operarem em um ciclo de 12 meses.

10.16. DECLARAÇÃO DE LUCRO OPERACIONAL

A declaração de lucro operacional tem como propósito correlacionar a renda com as despesas durante o tempo apropriado conforme estipulado pelo seu plano de negócios. Esse é o instrumento que permite o cálculo dos ganhos e das perdas do período.

a. Receita das vendas

Esse atributo mostra a receita total derivada das vendas para cada mês do ano. O valor final inclui a receita de todas as atividades da franquia capazes de gerar renda bruta – venda de refeições, lanches, bebidas com e sem álcool, máquinas, acomodações etc. – por mês, conforme o rendimento esperado de cada uma. Isto é, você precisa considerar a possibilidade de variações de mês a mês. Tradicionalmente, as operações de hospitalidade passam por um período de atividade menos intensa em janeiro, após os picos de dezembro.

b. Custo das vendas

Para calcular o lucro de um negócio, você precisa deduzir o custo da matéria-prima usada na produção das mercadorias vendidas. Sendo assim, o custo da comida, das bebidas e outros materiais usados diretamente na produção das mercadorias é deduzido da renda bruta gerada pelas vendas. O lucro do negócio é o balanço após o custo dos materiais com influência direta na geração de renda bruta de vendas tiver sido subtraído. Normalmente, tais custos representam uma média e podem ser calculados como uma porcentagem, embora possa haver diferenças consideráveis entre a lucratividade de serviços e produtos diferentes.

c. Custos de mão de obra

Mais uma vez trata-se de custos que têm relação com a fabricação de produtos e serviços associados à renda bruta gerada pelas vendas. Sendo assim, os custos totais diretos de mão de obra de cozinhas, bares, restaurantes e acomodações são calculados como uma maneira de se chegar a um lucro bruto. Trata-se do excedente após os custos diretamente associados com a geração de receita de vendas terem sido considerados. Os custos de mão de obra também podem ser calculados como uma porcentagem, embora haja diferenças entre departamentos e seções, dependendo da intensidade de trabalho e do uso de suprimentos que pedem diferentes graus de manuseio por parte da equipe.

O lucro bruto mostra que muita receita será gerada após a dedução dos custos imediatos de produção dos produtos e serviços a serem vendidos. No entanto, essas não são as únicas despesas do negócio. Há também os salários dos gerentes e outros custos administrativos, bem como aluguéis, eletricidade, publicidade, uniformes e outras despesas que precisam ser levadas em conta para que se descubra o real lucro com que sua franquia vai contribuir com o negócio em geral.

Claramente, os pequenos negócios da área de hospitalidade são diferentes de um negócio independente, porque não é comum para essas organizações elaborar balanços específicos. Contudo, cada negócio é considerado como um investimento, e o retorno do capital empregado pode ser uma questão que a companhia vá levar em consideração.

10.17. REDIGINDO, APRESENTANDO E TRABALHANDO COM O SEU PLANO DE NEGÓCIOS

O plano de negócios é um documento a ser apresentado a seus colegas que serve de prova de como você pretende administrar o negócio. Ele também é um documento que vai servir de base para seu trabalho ao longo do ano e um instrumento com o qual você poderá avaliar seu progresso. O plano de negócios, por essas razões, precisa ser apresentado de uma forma profissional e ser acessível.

a. Apresentação do documento escrito

O plano de negócios precisa se conformar a padrões profissionais de escrita e apresentação:

- uma pasta de negócios simples com encadernação em espiral é o bastante;
- o documento precisa ser digitado;
- o leiaute tem de ser o mais próximo de um relatório do que de um memorando ou um ensaio;
- as páginas devem estar conFiguradas com margens amplas e serem agradáveis para a leitura; a impressão deve ser feita em folha única de papel A4;

- deve conter paginação;
- tabelas, figuras e gráficos auxiliam na compreensão e são maneiras rápidas de se transmitir informações, mas precisam ser explicadas e discutidas no texto.

Lembre-se de que o apêndice deve ser usado para proporcionar informações secundárias que tenham valor; toda a informação essencial para o plano deve ser incluída no texto.

b. Leiaute e conteúdo

Não há um leiaute para plano de negócio que seja formalmente reconhecido, mas o plano tem de ser diferente para negócios franqueados e independentes. O balanço e as justificativas – obrigatórias para um negócio independente – não são necessárias no documento de uma franquia de marca.

A capa do documento tem de expor, de forma clara, o nome do negócio e a data de elaboração do plano. É importante também deixar claro que se trata da versão mais recente do documento. A segunda folha após a capa deve conter as seguintes informações:

- a posição atual do estabelecimento no mercado, sucessos referentes ao passado e uma análise geral do desempenho nos últimos anos;
- os produtos e serviços que são comercializados atualmente, e o *ranking* da franquia em comparação com a concorrência;
- os clientes e a base de clientes em potencial da área, junto com os motivos por que eles usam a franquia;
- as metas e objetivos a curto prazo da franquia, e as estratégias que serão empregadas para atingi-los;
- um sumário de estimativas, vendas e lucros.

c. Sumário

O Sumário é importante porque ajuda os leitores a se localizarem no documento, e se concentrarem nas questões que mais interessam naquele dado instante. Lembre-se de que você vai usar bastante esse documento, o que implica poder ir rapidamente às seções que interessam quando for necessário.

Há diversas formas de numerar páginas e seções. É mais apropriado usar um sistema que marque cada seção com um novo número, e diferencie subseções com o uso de números decimais.

Embora seja provável encontrar variações entre os diferentes tipos de negócio, o exemplo a seguir pode servir de base para você projetar o seu próprio documento.

Exemplo 10.1

Modelo de Sumário

Seção

Sumário executivo

1 O negócio e sua administração
- 1.1 História e síntese do progresso feito até hoje
- 1.2 Missão atual
- 1.3 Objetivos e ações necessárias
- 1.4 A equipe

2 Produtos e serviços
- 2.1 Produtos e serviços
- 2.2 *Mix* de vendas atual

3 Mercado e concorrência
- 3.1 Descrição dos clientes
- 3.2 Ocasiões, demandas e benefícios dos clientes
- 3.3 Segmentos de mercado
- 3.4 Dimensões do mercado na área
- 3.5 Localização e fluxo de clientes
- 3.6 Projetos de mercado no período
- 3.7 Concorrência

4 Estratégia competitiva de negócios
- 4.1 Política de preços
- 4.2 Planos promocionais
- 4.3 Dependências
- 4.4 Respostas à concorrência

5 Operações
- 5.1 Fatores decisivos para o sucesso
- 5.2 Gestão e controle de qualidade
- 5.3 Estrutura organizacional
- 5.4 Gestão e incentivo de funcionários

6 Estimativas e resultados
- 6.1 Previsões de vendas
- 6.2 Orçamento operacional

Apêndice

A escrita do plano talvez precise atravessar vários estágios: a princípio, ao menos uma primeira versão, para mostrar aos colegas e discutir com eles; e uma segunda versão, que será o documento final. É importante que a versão definitiva seja coesa e coerente, bem escrita e não contenha erros ortográficos e gramaticais. O documento precisa ser detalhado o bastante para mostrar que você levou tempo refletindo acerca das questões e elaborando um relato que ilustra suas linhas de raciocínio no momento da escrita; entretanto, ele não deve ser longo demais. Parte do processo de edição é justamente garantir que toda a informação necessária esteja inclusa no documento, e que não houve exageros em nenhuma parte.

10.18. TRABALHANDO COM O PLANO DE NEGÓCIOS

Esse plano deve ser usado ao longo do ano para monitorar o progresso. Se as suposições e cálculos colocados no plano fizerem sentido para você e seus colegas na época da apresentação, então é necessário usar o senso crítico para definir como usar o plano para guiar sua performance no mercado:

1. *análise de vendas:* de hora em hora, diária, semanal e mensal – inspeções de vendas organizadas dessa forma ajudam a fiscalizar o andamento de assuntos como o *mix* de vendas, as vendas das linhas mais lucrativas de produtos, os gastos médios por transação, a quantidade de transações, o tamanho dos grupos, fluxos irregulares nos horários de utilização do negócio por parte dos clientes etc;

2. *planos e atividades promocionais:* o impacto de ofertas particulares, bônus e iniciativas locais e nacionais que foram mais ou menos bem-sucedidas;

3. *clientela:* usuários regulares e retenção de clientes; localização e motivos para frequentar o estabelecimento; perfis demográficos; reclamações e demonstrações de satisfação; grupos de enfoque em clientes; relatórios de clientes misteriosos;

4. *funcionários:* retenção e rotatividade de pessoal; levantamentos de satisfação da equipe; custos de treinamento, benefícios de treinamento e desenvolvimento de pessoal; análises de vendas e oportunidades de *upselling*; custos de mão de obra e investimentos em capital humano;

5. *atividades da concorrência:* tomar nota das iniciativas da concorrência que atrapalham as suas vendas, e como eles responde às suas próprias iniciativas;

6. *controle de custos e lucratividade:* garantir que você controla os custos dos materiais e da mão de obra necessários para a produção de produtos e serviços é essencial para desenvolver uma plataforma de desempenho lucrativo.

10.19. CONCLUSÃO

Há algumas diferenças entre esse plano apresentado aqui e um plano tradicional de negócios, porque aqueles raramente são usados como suporte de um pedido de financiamento, o que seria o caso de um negócio independente; no entanto, há momentos em que um plano de negócios pode ser usado para justificar um aumento de investimento feito em uma franquia. Em um aspecto geral, contudo, os planos de uma franquia de marca de hospitalidade não envolvem cálculos que consideram os benefícios do investimento no negócio. Por isso, é bastante incomum encontrar um plano de negócios desse tipo que apresente um balanço e as várias razões associadas a retorno do capital investido etc.

O plano de negócios fornece um mapa detalhado de como sua empresa vai se desenvolver e implementar suas atividades. Na essência, ele é uma descrição tática da franquia e das questões que precisam ser trabalhadas para que cumpra com o compromisso da marca de satisfazer as expectativas do consumidor, além de gerar crescimento de vendas e lucros; e continuar a história de sucesso dessa marca na comunidade em que a franquia se situa.

Ainda que não haja um conjunto de regras talhado em pedra sobre como esse tipo de plano de negócios deve ser apresentado, é importante que você realize todas as pesquisas necessárias e faça todas as atividades sugeridas neste capítulo da forma mais completa possível. Quanto mais você investir na tomada racional de decisões baseadas em um sólido entendimento de informações relevantes, mais provavelmente o seu plano de negócios vai evoluir para se tornar um alicerce altamente confiável sobre o qual você vai erguer um negócio que atingirá todos os seus objetivos.

Referências

BATESON. Perceived control and the service encounter. In *The Service Encounter.* J. A. Czepiel, M. R. Solomon and M. R. Superenant (eds). Boston MA: Lexington, 1985.

CONGER, J. A. and KANUNGO, R. B. The empowerment process: integrating theory and practice. *Academy of Management Review,* 13, 471–482, 1988.

EAGLEN, A., LASHLEY, C. and THOMAS, R. *Benefits and Costs Analysis: the impact of training on business performance.* Leeds Metropolitan University, 1999.

HERZBERG, F. Work and the Nature of Man. Staple Press. Lockwood, A., Baker, M. and Ghillyer, A. (1996). *Quality Management in Hospitality.* Cassell, 1966.

HONEY, P. and MUMFORD, A. *Manual of Learning Styles.* BBC, 1986.

LASHLEY, C. and ROWAN, W. Wasted Millions: the costs of staff turnover in licensed retailing. *CHME Hospitality Research Conference Proceedings.* University of Huddersfield, 2000.

LASHLEY, C.; TAYLOR, S. *Hospitality retail operations,* 1998.

PETERS, T. *Liberation Management.* Harper & Row, 1992.

Cartão Resposta

0501200048-7/2003-DR/RJ
Elsevier Editora Ltda

CORREIOS

SAC 0800 026 53 40 | sac@elsevier.com.br
ELSEVIER

CARTÃO RESPOSTA
Não é necessário selar

O SELO SERÁ PAGO POR
Elsevier Editora Ltda

20299-999 - Rio de Janeiro - RJ

Acreditamos que sua resposta nos ajuda a aperfeiçoar continuamente nosso trabalho para atendê-lo(la) melhor e aos outros leitores.
Por favor, preencha o formulário abaixo e envie pelos correios ou acesse www.elsevier.com.br/cartaoresposta. Agradecemos sua colaboração.

Seu nome: _____

Sexo: ☐ Feminino ☐ Masculino   CPF: _____

Endereço: _____

E-mail: _____

Curso ou Profissão: _____

Ano/Período em que estuda: _____

Livro adquirido e autor: _____

Como conheceu o livro?

☐ Mala direta   ☐ E-mail da Campus/Elsevier
☐ Recomendação de amigo   ☐ Anúncio (onde?) _____
☐ Recomendação de professor
☐ Site (qual?) _____   ☐ Resenha em jornal, revista ou blog
☐ Evento (qual?) _____   ☐ Outros (quais?) _____

Onde costuma comprar livros?

☐ Internet. Quais sites? _____
☐ Livrarias ☐ Feiras e eventos ☐ Mala direta

☐ Quero receber informações e ofertas especiais sobre livros da Campus/Elsevier e Parceiros.

Siga-nos no twitter @CampusElsevier

Qual(is) o(s) conteúdo(s) de seu interesse?

Concursos
- [ ] Administração Pública e Orçamento
- [ ] Arquivologia
- [ ] Atualidades
- [ ] Ciências Exatas
- [ ] Contabilidade
- [ ] Direito e Legislação
- [ ] Economia
- [ ] Educação Física
- [ ] Engenharia
- [ ] Física
- [ ] Gestão de Pessoas
- [ ] Informática
- [ ] Língua Portuguesa
- [ ] Línguas Estrangeiras
- [ ] Saúde
- [ ] Sistema Financeiro e Bancário
- [ ] Técnicas de Estudo e Motivação
- [ ] Todas as Áreas
- [ ] Outros (quais?): _____

Educação & Referência
- [ ] Comportamento
- [ ] Desenvolvimento Sustentável
- [ ] Dicionários e Enciclopédias
- [ ] Divulgação Científica
- [ ] Educação Familiar
- [ ] Finanças Pessoais
- [ ] Idiomas
- [ ] Interesse Geral
- [ ] Motivação
- [ ] Qualidade de Vida
- [ ] Sociedade e Política

Jurídicos
- [ ] Direito e Processo do Trabalho/Previdenciário
- [ ] Direito Processual Civil
- [ ] Direito e Processo Penal
- [ ] Direito Administrativo
- [ ] Direito Constitucional
- [ ] Direito Civil
- [ ] Direito Empresarial
- [ ] Direito Econômico e Concorrencial
- [ ] Direito do Consumidor
- [ ] Linguagem Jurídica/Argumentação/Monografia
- [ ] Direito Ambiental
- [ ] Filosofia e Teoria do Direito/Ética
- [ ] Direito Internacional
- [ ] História e Introdução ao Direito
- [ ] Sociologia Jurídica
- [ ] Todas as Áreas

Media Technology
- [ ] Animação e Computação Gráfica
- [ ] Áudio
- [ ] Filme e Vídeo
- [ ] Fotografia
- [ ] Jogos
- [ ] Multimídia e Web

Negócios
- [ ] Administração/Gestão Empresarial
- [ ] Biografias
- [ ] Carreira e Liderança Empresariais
- [ ] E-business
- [ ] Estratégia
- [ ] Light Business
- [ ] Marketing/Vendas
- [ ] RH/Gestão de Pessoas
- [ ] Tecnologia

Universitários
- [ ] Administração
- [ ] Ciências Políticas
- [ ] Computação
- [ ] Comunicação
- [ ] Economia
- [ ] Engenharia
- [ ] Estatística
- [ ] Finanças
- [ ] Física
- [ ] História
- [ ] Psicologia
- [ ] Relações Internacionais
- [ ] Turismo

Áreas da Saúde
- [ ]

Outras áreas (quais?): _____

Tem algum comentário sobre este livro que deseja compartilhar conosco?

_____

_____

Atenção:
- As informações que você está fornecendo serão usadas apenas pela Campus/Elsevier e não serão vendidas, alugadas ou distribuídas por terceiros sem permissão preliminar.
- Para obter mais informações sobre nossos catálogos e livros, por favor acesse www.elsevier.com.br ou ligue para 0800 267 753 9

Sistema CTcP,
impressão e acabamento
executados no parque gráfico da
Editora Santuário
www.editorasantuario.com.br - Aparecida-SP